선물·옵션 투자자가
가장 알고 싶은 101가지

선물·옵션 투자자가 가장 알고 싶은 101가지

개정판 1쇄 발행 · 2009년 10월 12일
개정판 8쇄 발행 · 2024년 7월 30일

지은이 · 최규찬
펴낸이 · 이종문(李從聞)
펴낸곳 · (주)국일증권경제연구소

등 록 · 제406-2005-000029호
주 소 · 경기도 파주시 광인사길 121 파주출판문화정보산업단지(문발동)
사무소 · 서울시 중구 장충단로8가길 2(장충동1가, 2층)

영업부 · Tel 02)2237-4523 | Fax 02)2237-4524
편집부 · Tel 02)2253-5291 | Fax 02)2253-5297
평생전화번호 · 0502-237-9101~3

홈페이지 · www.ekugil.com
블 로 그 · blog.naver.com/kugilmedia
페이스북 · www.facebook.com/kugilmedia
E - mail · kugil@ekugil.com

· 값은 표지 뒷면에 표기되어 있습니다.
· 잘못된 책은 구입하신 서점에서 바꿔드립니다.

ISBN 978-89-5782-079-7(14320)

선물·옵션투자의 기본개념과
대박의 원리를 쉽고 자세하게 풀어쓴 책!

선물 옵션

투자자가 가장 알고 싶은

101가지

최규찬 지음

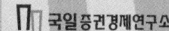
국일증권경제연구소

코스피 200 선물·옵션과 스타지수선물, 개별주식선물·옵션 등 다양한 선물·옵션 상품의 등장은 고위험 고수익을 선호하는 투자자들에게 매력적인 재테크 수단으로 떠오르고 있습니다.

선물·옵션시장의 거래규모가 현물시장을 넘어설 정도로 커지면서, 파생상품인 선물·옵션시장이 몸통인 현물시장을 움직이는 현상도 빈번하게 발생하고 있습니다.

이러한 시장의 변화로 이제 현물주식시장에만 참여하는 투자자들도 선물·옵션을 이해하지 못하고는 현물시장의 움직임을 제대로 이해하기 어려운 상황이 되었습니다.

선물·옵션거래는 현물주식투자에 비하여 하락장에서도 고수익이 가능하고 적은 돈으로 큰 수익을 기대할 수 있습니다. 이러한 점 때문에 현물주식거래보다 선호하는 투자자들이 많습니다.

그러나 선물·옵션거래에는 고수익의 기대만큼이나 고위험이 도사리고 있을 뿐 아니라 훨씬 복잡한 거래규칙과 이론지식이 요구되기 때문에 투자에 앞서 거래규칙과 이론을 충분히 숙지하고 나서 거래를 시작하는 것이 필요합니다.

이 책은 현물주식과 선물·옵션의 상관관계를 알고 싶은 현물주식투자자와 선물·옵션시장에 참여하려는 초보 투자자, 그리고 기초가 부족해 투자수익을 못내 고민하는 선물·옵션 중급투자자를 대상으로 만들었습니다.

선물·옵션에 대한 기초지식이 없는 독자들도 선물·옵션의 기본개념과 선물·옵션시장의 기능, 선물옵션의 이론가격과 손익구조, 대박의 원리, 선물·옵션을 이용한 각종 투자전략에 대한 내용을 무리 없이 이해할 수 있도록 비유와 사례, 삽화, 그래프를 이용하여 최대한 쉽게 설명하였습니다.

옵션의 가격 움직임과 매매시점을 종잡을 수 없어 고민하던 투자자들도 이 책에 소개된 선물·옵션의 개념과 그래프를 통해서 '선물·옵션의 손익구조의 원리'와 '옵션 대박의 원리'를 깨칠 수 있을 것입니다.

특히 이 책에는 많은 선물·옵션 그래프들이 소개되어 있습니다. 많은 그래프 때문에 책의 내용이 어려울 것으로 짐작하는 독자도 있겠지만 알고 보면 그 반대입니다.

서울 지리를 설명들을 때 말로만 듣는 것보다 약도를 보면서 듣는 것이 이해하기 쉬운 것처럼, 선물·옵션의 개념과 다양한 전략을 이해하는데도 그래프를 이용하면 더욱 이해하기 쉽고 또 오래 기억할 수 있습니다.

그래프에 대해 기본지식이 없는 독자라도 이 책의 순서대로 차근차근 따라가면 어떤 다른 방법보다 쉽게 선물·옵션의 개념과 투자전략을 이해할 수 있을 것입니다.

선물·옵션투자에 있어서 어려운 이론까지 알 필요가 없다는 사람들의 말은 믿지 마십시오. 제로섬 게임의 시장에서 아군은 없습니다. 선물도 그러하지만 특히 옵션에는 이론에 밝은 투자자에게 유리한 게임의 원리가 있습니다.

2001년 초판을 펴낸 이후 지금까지 꾸준히 이 책을 찾아주신 독자 여러분들에게 감사드리며, 금번 개정판 출판에 힘써주신 국일증권경제연구소 여러분에게도 감사드립니다.

독자 여러분들의 건승과 행복을 기원합니다.

최규찬

|차례|

머리말 ‥ •4

01
원리를 알면 너무도 쉬운 선물·옵션

001 선물거래의 기본 원리를 쉽게 알고 싶어요 ‥ •14
002 옵션거래의 기본 원리를 쉽게 이해하고 싶어요 ‥ •20
003 주가지수 선물·옵션거래의 기능이 궁금해요 ‥ •24
004 선물·옵션을 보면 정말 현물의 움직임도 보이나요 ‥ •30
005 선물·옵션시장은 왜 점점 커질까요 ‥ •32
006 개별주식 선물과 개별주식 옵션이 뭔가요 ‥ •35
007 선물·옵션거래의 대상품목에는 어떤 것들이 있나요 ‥ •37
008 코스피200 지수와 스타지수에 대해 알려주세요 ‥ •39
009 선물·옵션의 거래단위, 약정금액, 프리미엄이 뭐죠 ‥ •41
010 선물·옵션의 매수 매도는 어떻게 이루어지죠 ‥ •44
011 행사가격, 등가격, 내가격, 외가격이 뭔가요 ‥ •50
012 옵션의 행사가격은 몇 종류가 거래되나요 ‥ •55
013 거래량과 미결제약정에 대해 알려주세요 ‥ •62
014 선물·옵션은 고위험 고수익의 제로섬 게임이라죠 ‥ •67
015 선물거래의 손익그래프는 어떻게 읽나요 ‥ •69
016 옵션거래의 손익그래프 보는 법도 궁금하군요 ‥ •72
017 코스피 선물·옵션의 계좌개설과 거래는 어떻게 하나요 ‥ •80
018 ELW는 주식을 옵션처럼 거래하는 방법이라면서요 ‥ •89

02

선물·옵션의 이론가격과 대박의 원리

019 선물이론가격이 뭔가요 · · 94
020 베이시스와 괴리율도 중요한 건가요 · · 97
021 콘탱고와 백워데이션은 무얼 하는 거죠 · · 101
022 옵션의 이론가격을 형성하는 요인들은요 · · 103
023 옵션가격에서 내재가치와 시간가치의 의미는요 · · 106
024 옵션의 내재가치에 대해 좀더 알고 싶어요 · · 108
025 옵션의 시간가치를 외재가치라고 하는 이유는요 · · 113
026 옵션 프리미엄 그래프는 어떻게 읽나요 · · 116
027 옵션 프리미엄을 내재가치와 시간가치로 분해할 수 있나요 · · 122
028 옵션가격 결정요인은 프리미엄 증감에 어떤 영향을 주나요 · · 126
029 주가는 옵션가격에 어떤 영향을 미치나요 · · 128
030 행사가격은 옵션가격에 어떤 영향을 미치나요 · · 131
031 잔존기간은 옵션가격에 어떤 영향을 미치나요 · · 133
032 변동성은 옵션가격에 어떤 영향을 미치나요 · · 141
033 이자율은 옵션가격에 어떤 영향을 미치나요 · · 149
034 블랙·숄즈의 옵션가격결정 모형이란 무엇인가요 · · 151
035 옵션의 민감도 지표는 어디에 쓰나요 · · 157
036 옵션에서 델타는 뭘 하는 거죠 · · 162
037 옵션의 감마에 대해서 알고 싶어요 · · 171
038 옵션에서 베가의 역할은요 · · 177
039 옵션의 세타에 대해서도 알고 싶어요 · · 181
040 옵션에서 만기보유와 중간청산의 차이는 무엇인가요 · · 183
041 만기보유 시 옵션의 손익그래프는 어떻게 읽나요 · · 187
042 중간청산 시 옵션의 손익그래프는 어떻게 읽나요 · · 192
043 옵션의 행사가격과 수익률의 관계를 알고 싶어요 · · 201

03

현물시장을 움직이는 선물 투자전략

044 선물을 이용한 투자전략에는 어떤 것이 있나요 · · 212
045 선물을 이용한 투기거래는 위험한가요 · · 214
046 선물을 이용한 헤지거래로 위험을 어떻게 줄이나요 · · 218
047 선물을 이용한 차익거래는 어떻게 하죠 · · 224
048 차익거래는 현물시장에 어떤 영향을 미치나요 · · 227
049 차익거래와 프로그램매매의 차이점은 뭔가요 · · 229
050 무위험 차익거래의 조건에 대해 알고 싶어요 · · 231
051 매수차익거래 잔고는 어떻게 활용하나요 · · 233
052 투기적 차익거래가 시장을 흔들 수도 있나요 · · 235
053 현물 바스켓과 트래킹 에러가 뭐죠 · · 240
054 두 번째 목요일이 오면 왜 주가가 요동치나요 · · 242
055 롤오버에 대해 자세히 알고 싶어요 · · 245
056 선물을 이용한 스프레드거래는 어떻게 하는 거죠 · · 249

04

주가방향과 변동성을 이용한 옵션 단순전략

057 옵션을 이용한 투자전략에는 어떤 것이 있나요 · · 254
058 옵션의 단순전략은 쉽게 할 수 있는 전략인가요 · · 258
059 콜옵션 매수의 장단점은 뭐죠 · · 262
060 풋옵션 매수는 언제 쓰는 전략인가요 · · 269
061 콜옵션 매도는 초보자가 하기에 위험한가요 · · 277
062 풋옵션 매도는 언제 사용하는 전략인가요 · · 284

05

위험회피와 초과수익을 노리는 옵션 헤지전략

063 옵션을 이용한 헤지거래는 어떤 것이 있나요・・292
064 보증된 콜거래에 대해 알고 싶어요・・295
065 보호적 풋거래는 어떤 이점이 있나요・・298

06

옵션 간의 가격차이를 이용한 옵션 스프레드전략

066 옵션을 이용한 스프레드거래에 대해 알고 싶어요・・304
067 수직스프레드는 어떻게 나눠지나요・・307
068 수직강세 콜 스프레드가 궁금해요・・309
069 수직강세 풋 스프레드도 알고 싶어요・・311
070 수직약세 콜 스프레드 전략은 왜 필요하죠・・313
071 수직약세 풋 스프레드도 꼭 알아야 되나요・・315
072 나비형 스프레드는 어떤 경우에 사용하나요・・317
073 콜옵션을 이용한 나비형 스프레드 매수는 어떻게 하는 거죠・・320
074 풋옵션을 이용한 나비형 스프레드 매수는요・・323
075 콜옵션을 이용한 나비형 스프레드 매도는 어떻게 하죠・・326
076 풋옵션을 이용한 나비형 스프레드 매도전략은요・・329
077 수평스프레드는 어떤 경우에 사용하나요・・332
078 수평스프레드 전략의 기본 원리를 알고 싶어요・・334
079 수평스프레드 손익구조도 궁금해요・・336
080 수평스프레드 매수방법을 알려주세요・・340
081 수평스프레드 매도는 어떻게 하는 거죠・・343

07

주가 횡보 시에도 이익을 내는 옵션 콤비네이션전략

082 콤비네이션 전략은 어떤 경우에 사용하나요 ·· 346
083 스트래들 매수전략의 목표는 뭐죠 ·· 351
084 스트래들 매도전략은 주가가 횡보하면 수익이 난다죠 ·· 354
085 스트랩 매수전략의 유리한 점은 뭔가요 ·· 357
086 스트랩 매도는 어떻게 하는 거죠 ·· 359
087 스트립 매수의 유리한 점은 뭐죠 ·· 361
088 스트립 매도전략의 포인트는 뭔가요 ·· 363
089 스트랭글 매수전략은 어떻게 하는 거죠 ·· 365
090 스트랭글 매도전략도 궁금해요 ·· 368
091 거트 매수방법을 가르쳐 주세요 ·· 371
092 거트 매도로 어떤 효과를 볼 수 있나요 ·· 373
093 스트랩과 스트립의 응용전략도 알고 싶어요 ·· 375
094 스트래들, 스트랭글, 거트의 차이점은 뭔가요 ·· 377

08

반드시 수익이 나는 옵션 차익거래전략

095 옵션을 이용한 차익거래는 어떤 장점이 있죠 ·· 380
096 합성선물(옵션으로 선물 만들기) 어떻게 만드는 거죠 ·· 386
097 합성옵션(선물로 옵션 만들기) 어떻게 만드는 거죠 ·· 392
098 컨버전과 리버스 컨버전의 차이점은 무언가요 ·· 401
099 크레딧 박스와 데빗 박스도 수익이 보장되나요 ·· 407
100 최고의 옵션전략이란 어떤 것인가요 ·· 413
101 옵션가격은 주가에 따라 얼마나 오르내릴까? ·· 415

01
원리를 알면 너무도 쉬운 선물·옵션

선물·옵션 투자자가 가장 알고 싶은 101가지

선물거래의 기본 원리를 쉽게 알고 싶어요

선물거래는 미래에 얼마에 매매하기로 약속했다가 만기일이 되면 약속한 대로 결제를 이행하는 거래입니다.

|선물거래와 밭떼기거래|

우리들이 일상생활에서 현금을 주고 현물을 받는 일반적인 거래방식을 현물거래라고 합니다. 그리고 현물거래에 대비되는 개념으로서 선물거래와 선도거래가 있습니다.

선물거래와 선도거래는 현물거래와 달리 계약시점과 결제시점이 서로 다릅니다. 현물거래는 계약과 동시에 상품 인도와 대금결제가 종료됩니다. 그러나 선물거래와 선도거래는 훗날 얼마에 매매하기로 약속하는 계약입니다. 즉, 특정 물건을 미래의 정해진 시점에 얼마에 사고팔기로 미리 계약했다가 만기가 되면 계약한 대로 결제를 이행합니다.

선도거래의 대표적인 예로서 농촌에서 흔히 이루어지는 '밭떼기거래'를 들 수 있는데, 선물거래는 이러한 선도거래가 발전한 거래 방식입니다. 그러면 밭떼기거래의 예를 통해서 선물거래의 개념을 알아보겠습니다.

대개 농부들은 미래의 수익이 매우 불확실합니다. 수확기의 농산물의 작황과 시세에 따라 큰 손해를 볼 수도 있고 큰 이익을 볼 수도 있기 때문입니다. 농부들도 이러한 불확실한 미래의 수익으로부터 벗어나서 안전한 수익을 올릴 수 있는 방법이 있다면 좋을 것입니다.

한편, 정보가 밝은 어느 중간상인이 전국의 농작물 재배 현황을 파악한 결과 특정 농산물의 가격이 가을에 폭등할 것으로 판단하게 되었다면, 이 중간상인은 해당 농산물을 미리 확보하여 가을에 큰 수익을 올리려는 시도를 할 것입니다.

이런 필요에 의하여 미래의 안정적인 수익을 보장받고 싶어하는 농부와 위험을 무릅쓰고라도 큰 수익을 올리고 싶어하는 상인이 서로 만나서 생겨난 것이 바로 '밭떼기거래' 입니다.

그러면 고추 농사를 짓는 농부에게 밭떼기 중간상인이 다가와서 지금 농사짓고 있는 고추 전부를 가을 수확 시점에 5,000만 원에 사겠다고 제안해 농부와 중간상인 사이에 계약이 성립된 경우를 생각해 보겠습니다.

이 계약이 성립되면 농부는 수확기의 고추 시세에 상관없이 5,000만 원의 안정된 수익을 보장받을 수 있게 됩니다. 이에 따른 농부의 손익을 따져보면, 만약 가을에 고추 가격이 폭락할 경우에는 손실위험을 중간상인에게 넘길 수 있지만 그 반대로 고추 가격이 폭등할 경우에는 수익 역시 중간상인에게 넘겨줘야 하므로 초과수익의 기회는 잃게 됩니다.

한편, 중간상인은 가을에 고추 값

이 5,000만 원보다 큰 폭으로 오를 경우에는 미리 싼 가격으로 물량을 확보해 두었기 때문에 고추 값의 인상폭만큼 큰 수익을 올릴 수 있게 되지만, 예상과 달리 고추 값이 하락할 경우에는 하락폭만큼의 손실을 농부 대신 떠안게 됩니다.

그러나 당사자간의 필요에 의하여 생겨난 밭떼기거래에는 몇 가지 문제점이 있습니다. 우선 농부와 중간상인이 서로 계약조건이 일치하는 상대를 직접 찾아다녀야 하므로 거래상대방을 찾는데 많은 시간과 자금이 소요됩니다.

더욱이 수확기가 되어 고추 가격이 폭등할 경우에 농부가 계약을 위반하고 다른 상인에게 더 높은 가격에 고추를 팔아버린다거나, 반대로 고추 가격이 폭락할 경우에 상인이 고추를 사기로 한 적이 없다고 하는 등 한쪽에서 일방적으로 계약이행을 거부하여 계약불이행 사태가 생길 수도 있습니다.

선물거래는 이처럼 몇 가지 불합리한 요소를 지닌 선도거래를 표준화하고 규격화한 것으로, 거래되는 상품의 종류, 수량, 품질, 인도시기 등 계약 내용을 표준화시켜 공식적인 거래소를 통해 거래할 수 있도록 함으로써 철저한 계약의 이행을 보장할 수 있게 한 것입니다. 이렇게 제도적으로 거래의 안전장치가 마련되면서 시장참여자도 늘어나고, 그만큼 유동성 높은 거래시장으로 발전하게 된 것입니다.

|선물의 만기보유|

선물투자와 옵션투자에는 현물주식의 경우와 달리 '만기'라는 개념이 있습니다. 현물주식은 그 회사가 부도가 나지 않는 한 투자자가 원하면 1년이고 2년이고 얼마든지 장기 보유가 가능하지만 선물과 옵션은 결제일이 도래하면 매수·매도 포지션을 더 이상 보유할 수가 없게 됩니다.

만기일이 되면 약정한 가격으로 현물을 사고파는 것이 아니라 '만기일의 기초자산의 종가'와 '포지션 설정 당시에 미리 약정한 가격'을 비교하여 그 차액을 수수함으로써 결제를 이행합니다.

선물을 150포인트에 매수한 투자자는 만기일이 되었을 때 기초 자산의 가격 수준이 얼마가 되든지 상관없이 150포인트를 지불하고 현물을 사야 하므로, 기초자산의 가격이 오를수록 이익이 커지고 내릴수록 손실이 커집니다. 반면에 선물을 150포인트에 매도한 투자자는 만기일에 기초자산이 얼마가 되든지 상관없이 150포인트에 현물을 팔아야 하므로, 기초자산이 내릴수록 이익이 커지고 오를수록 손실이 커집니다.

|선물의 중간청산|

거래가 이루어진 후 선물가격이 내리기 시작하면 선물을 매수한 투자자는 손실이 발생하기 시작합니다. 시장이 하락추세라고 판단한 선물 매수자가 계약의 의무에서 벗어나려면 선물 매수자가 보유하고 있는 미결제약정을 청산해야 하는데 이를 위해서는 이미 매수한 계약수만큼의 선물을 되팔면 됩니다.

선물가격이 내리면 매도자는 이익이 발생하는데 매도자가 만기일까지 기다리지 않고 현재의 이익을 확정시키고자 하면 이미 매도한 계약수만큼 선물을 되사면 됩니다.

이상과 같이 선물을 매수하거나 매도한 투자자는 만기일 전이라도 도중에 반대매매를 함으로써 손절매하거나 이익을 확정지을 수 있는데 이것을 중간청산이라고 합니다.

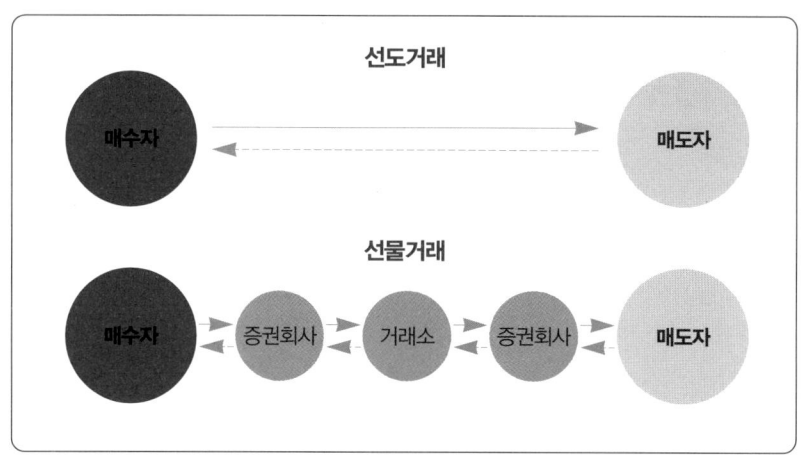

	선물거래와 옵션거래	선도거래
거래소	• 조직화된 거래소가 있으며 거래소에서만 거래함 • 지정된 시간에만 거래함 • 여러 사람들 사이에 경쟁호가방식으로 가격을 결정함	• 조직화된 거래소가 없으며 아무 곳에서나 거래 가능함 • 24시간 거래 가능함 • 계약 당사자간 1:1 합의로 가격을 결정함
거래조건	• 표준화된 계약조건이 있음 　- 대상물의 품질, 수량, 인수도 시점, 인수도 조건, 가격의 변동폭, 거래시간 등이 규격화되어 있음 • 유동성이 풍부함	• 표준화된 계약조건이 없음 　- 쌍방 합의로 결정함 • 유동성이 부족함
청산소	• 청산소(결제회사)가 있음 • 계약이행의 보증은 청산소가 하므로 계약불이행의 위험이 없음	• 청산소가 없음 • 계약이행의 보증은 거래상대방의 신용도에 좌우되므로 계약불이행의 위험이 있음
중간청산	• 만기 전에 반대매매로 중도청산이 가능함 • 계약이행의 보증을 위해 증거금과 일일정산제도를 적용함	• 거래상대방과의 합의 없이는 만기 이전에 결제가 불가능함 • 증거금과 일일정산제도가 없음
결제	• 실물의 인도를 통하지 않고 차액수수로 거래목적 달성	• 현물 인도 원칙

옵션거래의 기본 원리를 쉽게 이해하고 싶어요

옵션거래는 어떤 금융·상품자산의 가격이 상승할 것으로 예상되면 미래 시점에서 살 수 있는 권리를, 하락할 것으로 예상되면 팔 수 있는 권리를 사고파는 거래입니다.

옵션거래는 프리미엄을 주고 아파트 분양권을 사고파는 것과 비슷한 개념으로 이해할 수 있습니다.

아파트를 매매할 때 아파트 가격 전액을 지불하고 매매하는 경우가 일반적이지만, 아파트 분양이 활발할 때는 프리미엄을 주고 아파트 분양권만을 사고파는 시장이 형성되곤 합니다. 이때 아파트 분양권을 사겠다는 사람이 많으면 분양권의 프리미엄이 오르고, 팔겠다는 사람이 많으면 프리미엄이 내리는데, 이와 같이 분양권을 매매하면서 프리미엄의 차액을 노리는 거래방식이 옵션거래와 매우 유사하다고 하겠습니다.

그러면 아파트 분양권의 매매 사례를 통해서 '옵션거래의 원리'와 '옵션에서 대박이 나오는 원리'에 대하여 알아보기로 하겠습니다.

| 옵션의 만기보유 |

1억 원을 주고 입주할 수 있는 '새나라 아파트'의 분양권이 현재 500만 원의 프리미엄에 거래가 되고 있습니다. 갑돌 씨는 아파트 가격의 폭등을 예상하고 프리미엄 500만 원을 주고 길동 씨에게 새나라 아파트의 분양권을 매수했습니다.

갑돌 씨가 분양권을 매수하고 나서 개발계획이 발표되고 아파트 가격이 50% 올라서 입주일이 되었을 때 시가 1억 5천만 원의 가치를 지니게 되었습니다. 이렇게 되면 갑돌 씨는 분양권을 제시하고 1억 5천만 원짜리 아파트에 1억 원만 주고 입주할 수 있게 됩니다. 따라서 갑돌 씨는 500만 원의 프리미엄만 지불하고 무려 5,000만 원(10배)의 수익이 났으니 이른바 대박을 터뜨린 셈입니다.

그러나 예상과 달리 아파트 시세 가격이 7,000만 원으로 하락할 경우에 분양권을 매수한 갑돌 씨는 어떻게 될까요? 1억 원을 주고 7,000만 원짜리 아파트에 입주하면 3,000만 원의 손실이 생기므로, 갑돌 씨는

분양권을 포기하고 입주하지 않는 것이 오히려 이익입니다. 갑돌 씨가 분양권을 포기하면 500만 원을 주고 매수한 분양권은 휴지조각이 되는데, 이 금액이 분양권을 매수한 갑돌 씨의 최대손실 금액입니다.

옵션거래도 선물거래와 마찬가지로 이익을 본 사람 뒤에는 반드시 그만큼의 손실을 본 사람이 있습니다.

그러면 갑돌 씨에게 분양권을 매도한 길동 씨의 경우를 보겠습니다. 길동 씨는 아파트가 없으면서도 입주일이 되면 아파트를 1억 원에 매도하기로 약속하고 프리미엄으로 500만 원을 받았습니다. 입주일이 될 때쯤 아파트 가격이 하락할 것으로 예상했기 때문인데, 만기일에 아파트 가격이 떨어지면 시장에서 싸게 구입하여 갑돌 씨에게 넘기면 될 것이라고 생각한 것입니다.

예상대로 아파트 가격이 내려서 7,000만 원이 되면 갑돌 씨가 분양권을 포기할 것이므로 미리 받았던 프리미엄 500만 원을 고스란히 챙길 수 있습니다.

그러나 계약 후 예상과 달리 아파트가 1억 5천만 원으로 오르면, 길동 씨는 시장에서 1억 원만 받고 팔아야 하므로 5,000만 원의 손실이 발생하게 됩니다.

이상과 같이 만기일이 되면 아파트 입주일의 현물가격과 미리 약정한 금액, 그리고 최초에 주고받은 프리미엄의 크기에 따라 손익이 확정됩니다.

| 옵션의 중간청산 |

그런데 옆에 있던 삼돌 씨도 '새나라 아파트' 값이 오를 것이라는 소문을 들었습니다. 그래서 갑돌 씨에게 다가와서 "프리미엄을 더 줄 테니 그 분양권을 나에게 파세요"라고 제안했습니다. 이때 갑돌 씨는 입주일이 되기 전이라도 자기가 매수했던 분양권을 구입했던 금액보다도 더 비싼 프리미엄을 받고 삼돌 씨에게 되팔아서 미리 수익을 확정지을 수 있습니다.

만약 아파트의 가격이 내리기 시작하면 갑돌 씨는 분양권을 구입가인 500만 원 이하의 값으로 손절매할 수도 있습니다. 이렇게 하면 갑돌 씨는 손실은 보더라도 분양권을 매수할 때 지불한 프리미엄의 일부를 회수할 수 있습니다.

이상과 같이 구입한 아파트 분양권을 입주일(만기일)까지 보유하지 않고, 도중에 반대매매하는 방식이 옵션거래에서의 중간청산입니다.

주가지수 선물·옵션거래의 기능이 궁금해요

주가지수 선물·옵션거래는 현물 주식투자에 따른 위험을 헤지하기 위한 수단으로 생겨난 파생상품거래입니다.

주가지수 선물·옵션거래는 원래 현물 주식투자에 따른 위험을 헤지하기 위한 수단으로 생겨난 상품으로서 헤지 기능이 선물·옵션시장의 본질적인 기능입니다.

현물(주식)을 보유하고 있거나 현물을 공매도한 투자자는 현물 가격이 급변할 경우 바로 위험에 노출됩니다. 더욱이 운영규모가 큰 경우에는 보유주식을 일시에 처분하거나 필요주식을 일시에 취득하는 것이 용이하지 않습니다.

대규모의 현물주식을 일시에 매도하거나 매수하려고 하면 해당 종목의 주가가 심하게 급등락하게 되어 원하는 가격에 매매하기가 어렵기 때문입니다.

이때 선물·옵션을 이용하면 비교적 적은 금액으로도 큰 금액의 헤지효과를 올릴 수 있는데, 현물을 보유하고 있는 투자자는 선물 매도(또는 풋옵션 매수, 콜옵션 매도)를 하면 되고, 현물을 공매도한 투자자는 선물 매수(또는 콜옵션 매수, 풋옵션 매도)를 하면 됩니다.

이렇게 하면 현물포지션에서 발생하는 손실을 선물이나 옵션포지션에서 발생하는 이익으로 상쇄할 수 있습니다. 이처럼 현물의 위험을 회피하기 위하여 선물·옵션을 이용하는 투자자를 '헤지거래자'라 합니다.

헤지거래자가 현물에 대한 위험을 헤지하기 위하여 선물시장에 물량을 내놓으면, 그 선물을 매수하거나 매도하는 것이 이익이 될 것이라고 판단하는 투기거래자가 초과수익을 노리고 선물거래에 참여합니다. 또 단순히 시장의 상승을 예상하는 투기세력과 시장의 하락을 예상하는 투기세력이 서로 충돌하여 매매 공방을 펼치기도 합니다.

이러한 매매과정에서 종종 현물가격과 선물가격 사이에 비정상적인 가격차이가 발생하게 되는데, 이때 현물과 선물 간의 가격차익을 얻기 위해 차익거래자가 개입하게 됩니다. 차익거래가 이루어지면 선물과 현물간의 가격차이는 적절한 수준으로 회복됩니다.

한편 유사 선물이나 유사 옵션 간에도 비정상적인 가격차이가 발생하면 스프레드거래가 이루어져서 이들 간의 가격차이 역시 적절한 수준으로 균형을 찾게 됩니다.

이처럼 선물·옵션을 이용하면 헤지의 기능뿐 아니라 투기거래, 차익거래, 스프레드거래 등의 다양한 전략 구사가 가능하고, 소액의 증거금으로 큰 금액의 포지션을 설정할 수 있으므로 현물을 이용하는 것보다 더 적은 비용으로 거래의 목적을 달성할 수 있습니다.

더욱이 시장의 예측에 따라 선물과 옵션을 적절히 매수·매도함으로써 상승장은 물론 하락장과 횡보장에서도 고수익을 올릴 수 있는 전천후 투자상품입니다.

그러나 투자자금이 많지 않고 전산시스템을 갖추기 어려운 개인투자자들은 기관투자가와 외국인 투자자들처럼 헤지거래나 차익거래, 스프레드거래를 하기가 쉽지 않기 때문에 대부분 초단기적인 투기거래에 집중하고 있습니다.

이것은 개인투자자들이 그만큼 위험에 크게 노출되어 있다는 것을 의미하기도 하는데, 우리나라 주가지수 선물·옵션시장은 개인투자자의 비중이 매우 높을 뿐 아니라 투기거래의 정도가 심해, 본래의 기능인 헤지수단으로 이용되기보다도 투기적인 시장으로 변질되고 있다는 지적을 받기도 합니다.

차익거래자
- 현물가격과 선물가격 사이에 비정상적인 가격차이가 발생할 때 그 차익을 얻기 위해 참여
- 선물·현물 간의 가격 균형에 기여

헤지거래자
- 가격상승의 위험회피를 목적으로 선물 매수하거나 가격하락의 위험회피를 목적으로 선물 매도
- 선물시장의 주기능인 헤지효과 달성

투기 거래자
- 선물가격의 가격상승을 예상하고 선물 매수하거나 선물가격의 가격하락을 예상하고 선물 매도
- 헤지물량을 소화하고 선물시장에 활성화에 기여

스프레드거래자
- 유사한 선물 간의 비정상적인 가격차이가 발생할 때 그 차익을 얻기 위해 참여
- 유사한 선물간의 가격균형에 기여

	KOSPI200 선물	KOSPI200 옵션
거래대상물	KOSPI200 지수	KOSPI200 지수
포지션	선물 매수 포지션 선물 매도 포지션	콜옵션 매수 포지션 콜옵션 매도 포지션 풋옵션 매수 포지션 풋옵션 매도 포지션
만기일	3, 6, 9, 12월 두 번째 목요일 (둘째주 목요일 아님)	매월 두 번째 목요일 (둘째 주 목요일 아님)
거래월물	4종목 (3, 6, 9, 12 월물)	4종목 (3, 6, 9, 12월 중 최근 2종목과 그 이외의 월 중 최근 2개월)
거래기간	1년	3, 6, 9, 12월물·················6개월 기타 월물·················3개월
거래단위	1계약 (KOSPI200지수 × 50만원)	1계약 (KOSPI200지수 × 10만원)
거래승수	50만 원	10만 원
계약금액	KOSPI200지수 × 50만 원 × 계약수	KOSPI200지수 × 10만 원 × 계약수
호가변동폭 (TICK)	0.05포인트 : 25,000원	**프리미엄이** 3P 이상일 때 : 0.05포인트(5000원) 3P 미만일 때 : 0.01포인트 (1000원)
거래종목수	**선물종류** : 1개(선물) **거래월물** : 4개 **거래종목수** : 4개	**옵션종류** : 2개(콜옵션, 풋옵션) **거래월물** : 4개 **행사가격** : 상장후 늘어남 • 분기월물 : 7개 이상(5포인트 간격) • 기타월물 : 13개 이상(2.5포인트 간격) **거래종목수** : 80개 이상 (2×2×7)+(2×2×13)=80
최소주문한도	1 계약	1계약
가격제한폭	±10%	기초자산이 ±15% 변동 시의 옵션이론 가격

주) 위의 내용은 주변상황에 따라 개정될 수 있으며, 개정된 내용은 증권선물 거래소 홈페이지에서 확인할 수 있습니다.

개별주식 선물	개별주식 옵션	스타지수 선물
개별주식	개별주식	스타지수(KOSTAR)
선물 매수 포지션 선물 매도 포지션	콜옵션 매수 포지션콜옵션 콜옵션 매도 포지션콜옵션 풋옵션 매수 포지션 풋옵션 매도 포지션	선물 매수 포지션 선물 매도 포지션
3, 6, 9, 12월 두 번째 목요일 (둘째 주 목요일 아님)	매월 두 번째 목요일 (둘째 주 목요일 아님)	3, 6, 9, 12월 두 번째 목요일 (둘째 주 목요일 아님)
4종목 (3, 6, 9, 12 월물)	4종목 (3, 6, 9, 12월 중 최근 2종목과 그 이외의 월 중 최근 2개월)	4종목 (3, 6, 9, 12 월물)
1년	3, 6, 9, 12월물 ············ 6개월 기타 월물 ················ 3개월	1년
1계약 (대상주식의 가격×10(승수) 배 당락 등이 있을 시 승수조정	**1계약** **주가가 10만 원 이하인 주식 :** 대상주식 100주 **주가가 10만 원 이상이 주식 :** 대상주식 10주	1계약 (스타지수 × 1만원)
10만원	10만 원	1만원
대상주식가격×10 × 계약수	대상주식가격×10 × 계약수	스타지수×1만원 × 계약수
호가의 가격이 1만 원 미만일 때 : 5원 1만원 이상 5만 원 미만일 때 : 25원 5만 원 이상 10만 원 미만일 때 : 50원 10만 원 이상 50만 원 미만일 때 : 250원 50만 원 이상일 때 : 500원	**호가의 가격이** 1천 원 미만일 때 : 10원 1천 원 이상 2천 원 미만일 때 : 20원 2천 원 이상 5천 원 미만일 때 : 50원 5천 원 이상 1만 원 미만일 때 : 100원 1만 원 이상일 때 : 200원	0.05포인트 : 25,000원
선물종류 : 1개(선물) **거래월물** : 4개 **거래종목수** : 4개	**옵션종류** : 2개(콜옵션, 풋옵션) **거래월물** : 4개 **행사가격** : 상장후 늘어남, 9개 이상(행사가격의 간격은 행사가격별 로 별도 규정) **거래종목수** : 72개 이상 2×4×9=72	**선물종류** : 1개(선물) **거래월물** : 4개 **거래종목수** : 4개
1 계약	1 계약	1 계약
±15%	기초자산이 ±18% 변동 시의 옵션이론가격	±10%

선물·옵션을 보면 정말 현물의 움직임도 보이나요

선물이 현물에 선행하는 원리를 이용하면 선물의 움직임을 통해 현물의 움직임을 예측할 수 있습니다.

　선물·옵션시장에 직접 참여하지 않아도 선물이 현물보다 선행하여 움직이는 원리를 이용하면, 선물·옵션의 움직임을 통해 향후의 주가(현물) 변동에 대한 정보를 얻을 수 있습니다.

　장기적인 관점에서 볼 때 선물거래란 미래의 특정한 시점에 얼마의 가격에 사고팔겠다는 계약이므로, 선물의 시장가격은 미래의 특정한 시점에 기초자산이 얼마의 가격이 될 것이라는 예측에 따라 시장에 참여한 많은 투자자들의 기대심리를 반영하고 있습니다.

　따라서 현재의 선물 가격으로부터 미래의 현물 가격을 유추할 수 있습니다.

　또 단기적인 관점에서 보아도 새로운 뉴스가 발생했을 때 선물이 현물보다 선행하여 움직이는 경향이 있습니다. 물론 선물이 현물에 앞서 움직이지만 선행하는 시간은 실제로는 10분도 채 안 됩니다.

개별주식의 경우는 새로운 상황의 변화가 각각의 종목에 어떤 영향을 줄지 판단하는 시간이 더 소요될 뿐 아니라 큰손이나 작전세력의 인위적인 주가 조작의 여지가 있으므로 그만큼 더 반응이 느리게 나타나지만, 선물의 경우에는 단지 그 뉴스가 시장 전체에 호재인지 악재인지만 판단하면 되므로 시장에 즉각 반응이 나타나게 됩니다.

따라서 현물주식에 투자하는 투자자들이라도 이와 같이 선물이 현물에 선행하는 원리를 이용하면 선물의 움직임을 통해 현물의 움직임을 예측할 수 있는 것입니다.

평소 '미결제약정의 증감'과 '현물과 선물이 연계된 차익거래의 현황' 그리고 '시장 주도세력의 움직임'을 분석하여 시장의 동향을 판단하는 훈련을 해두면 다른 투자자들보다 한발 앞선 의사결정을 할 수가 있습니다.

선물·옵션시장은 왜 점점 커질까요

선물·옵션의 고유기능인 헤지거래를 포함하여 투기거래, 차익거래, 스프레드거래 등의 다양한 전략의 구사가 가능하기 때문입니다.

 기존의 코스피200 선물·옵션과 스타지수선물 그리고 주식워런트증권(ELW), 개별주식선물·옵션, 국채선물, 상품선물, 달러선물·옵션, 각종 스프레드상품 등이 줄줄이 시장에 상장되면서 선물·옵션시장은 그 종류와 규모 면에서 빠른 성장을 하고 있습니다
 시장참여자들의 절대적인 관심을 받고 있는 코스피200 지수 선물·옵션뿐 아니라, 약세장이 길어지고 변동성이 커지면서, 현물시장이 위축되는 상황에서도 선물·옵션시장은 더욱 팽창하고 있습니다. 특히 최근에는 펀드와 주식투자에서 수익을 올리기 힘들게 된 일반투자자까지 몰려들면서 주식워런트증권 및 개별주식선물 등 새로운 파생상품들도 급속한 성장하고 있읍니다.
 주식워런트증권에 일반투자자들이 몰려드는 이유는 소액으로 레버리지 투자를 할 수 있을 뿐 아니라, 하락장에서도 수익을 올릴 수 있고, 시장의 변동성이 커질수록 큰 수익의 기회를 노릴 수 있기 때문입니다. 그리고 개별주식 선물 역시 '현물시장의 침체'와 '변동성 증대' 그

리고 '공매도 금지' 덕택에 시장개설과 동시에 빠르게 정착하여, 선물시장 측은 현재 15개 대형종목으로 한정된 개별주식 선물의 종목 수를 늘리는 것도 검토 중에 있습니다.

선물·옵션 상품의 종류의 증가와 더불어 시장에 참여하는 투자자들 역시 꾸준히 늘어나는 추세이지만, 선물·옵션시장은 헤지라는 순기능도 있지만 힘있는 자가 힘없는 자의 푼돈을 빨아들이는 투기의 장으로 악용되고 있으며, 외국자금이 파생상품시장을 주무르면서 선물·옵션시장은 국부유출의 통로라는 따가운 시선을 받고 있기도 합니다.

선물·옵션 시장의 수많은 종목 중에서 어떤 종목에 투자할지 고민하기에 앞서 우선 주의해야 할 종목이 있는데 그것은 바로 유동성이 부족한 종목입니다. 유동성이 부족한 경우는 호가 갭(Gap)에 의한 손실이 상당히 커질 수 있으며, 이것이 복구되지 않는 경우도 허다하기 때문에, 가격이 아무리 괜찮아 보여도 거래량이 부족한 종목은 거래를 하지 않는 것이 안전합니다.

선물·옵션 투자 역시 원하는 시점에 수익을 확정짓기 위해서는 매매 기회가 필요하며, 자신이 보유한 포지션을 적정가격으로 받아줄 반대 포지션이 필요합니다. 만약 손절매를 해야 하는 긴박한 상황에서 유동성이 부족해서 반대매매를 할 수 없는 상황이 된다면 상황은 매우 심각해집니다. 보유포지션을 끌어안고 꼼짝도 하지 못한 채 감당하기 어려운 손실을 고스란히 떠안게 되기 십상입니다.

더욱이 선물·옵션 같은 레버리지가 큰 파생상품의 경우는 정보와 자금력을 가진 세력에 의해 시세조작이 이루어질 위험이 크기 때문에 이들 시세조작하는 세력의 반대 포지션에 서게 되면 극히 위험해집니다. 뒤에서 상세히 설명하겠지만, 이들은 자신들이 보유한 선물·옵션 포지션에서 이익이 나도록 현물시장의 흐름을 흔들고 왜곡시키는 일도 쉽게 행하기 때문입니다.

엄청난 자금력으로 코스피200 지수조차 흔들어대는 자들에게 있어서 개별종목을 흔드는 일쯤이야 아주 쉬운 일입니다. 많은 개인투자자들이 이들에 맞서 주식워런트증권이나 개별선물로 큰 이익을 내겠다며 달려들지만 요행으로 한두 번 수익을 낼지는 모르지만 대부분은 모두 잃고 맙니다. 이처럼 선물·옵션 투자는 손실의 위험이 크기 때문에, 대박의 소문이 무성할지라도 준비되지 않은 투자자는 시장에 참여하지 않는 것이 좋습니다.

더러 "나는 현물주식에만 투자한다 선물·옵션은 관심 없다"라고 말하는 투자자들도 있는데, 현물주식에만 투자하는 투자자일지라도 선물·옵션과 주가와의 상관관계를 이해하지 않으면 안 됩니다. 파생상품이 현물시장을 흔드는 상황에서 현물주식투자자 역시 선물·옵션의 영향권을 벗어날 방법은 없습니다.

개별주식 선물과 개별주식 옵션이 뭔가요

'개별주식 선물'과 '개별주식 옵션'을 이용하면 개인투자자들도 무위험거래와 공매도 전략이 가능합니다.

개별주식 선물과 개별주식 옵션은 주가지수 선물 및 주가지수 옵션과 매우 비슷합니다. 코스피200과 스타지수 선물·옵션은 코스피200과 스타지수라는 주가지수를 대상으로 만들어진 상품이지만, 개별주식 선물·옵션은 삼성전자나 SK텔레콤 등 개별종목을 선물·옵션거래의 대상으로 하는 상품으로서, 만기일의 결제방식은 차익을 수수하는 현금결제가 아니라, 현금과 주식을 주고 받는 실물 인수도 방식을 적용합니다.

개별주식 선물·옵션을 이용하여 얻을 수 있는 투자효과로는 세 가지가 있습니다.

첫째 해당종목에 대한 직접적인 위험회피(헤지)가 가능하므로 주가지수를 이용하는 방법보다 헤지의 효율성이 크게 높아집니다.

둘째 개별주식 선물·옵션을 이용하면 개인투자자들도 적은 투자금액으로 개별주식 현물(예 : 삼성전자 현물)과 개별주식 선물·옵션(예 : 삼성전자 선물·옵션)을 연계한 '무위험 차익거래'가 가능합니다. 그 동안 주가지수 선물·옵션과 현물을 연계하여 차익거래나 헤지거래를 하려면 대규모의 현물바스켓과 고가의 프로그램 매매 시스템을 갖추어야 했지만, 개별주식 선물·옵션을 이용하면 현물바스켓을 구성해야 하는 부담을 줄일 수 있기 때문입니다.

셋째 주가가 올라야 이익을 얻고 떨어지면 손실을 보았던 투자자들도 이제 주가가 떨어져도 이익을 얻을 수 있습니다. 특정종목의 주가하락이 예상되면 해당종목에 대한 선물 매도나 콜옵션 매도 또는 풋옵션 매수를 이용하면 되기 때문입니다. 그러나 이러한 개별주식 선물·옵션 거래는 선물·옵션 전략을 충분히 이해한 투자자에게만 기회로 작용할 뿐 이해가 부족한 투자자에게는 또 다른 위험으로 작용될 수도 있습니다.

개별주식 선물·옵션을 이용하면, 해당종목에 대한 빠른 정보망을 가진 투자자는 주가가 오르거나 내릴 만한 정보를 미리 알 수 있는 경우에 엄청난 투자수익을 낼 수 있게 됩니다. 또 정보와 자금력을 가진 세력들은 미리 개별종목에 대한 선물이나 콜옵션을 매수한 후에 현물주가를 끌어올리거나, 풋옵션을 매수한 후에 주가를 끌어내려서 큰 수익을 올리는 전략도 가능하게 됩니다.

이렇게 되다보니 이제 현물주식에만 투자를 하는 투자자들조차도 선물·옵션을 모르고는 점점 더 투자하기 어려운 상황이 되고 있습니다.

주식투자를 하는 사람이면 누구나 선물·옵션을 제대로 이해한 다음에 시장에 참가하는 것이 현명합니다.

선물·옵션거래의 대상품목에는 어떤 것들이 있나요

기본적으로 미래에 가격이 변동하는 것이면 모두 선물·옵션거래의 대상이 될 수 있습니다.

미래에 가격이 변동하는 것이면 모두 선물·옵션거래의 대상이 될 수 있습니다. 원유와 같은 상품선물을 비롯하여 주가지수 선물, 각종 통화선물과 금리선물이 일반인들에게 널리 알려진 선물거래 대상품입니다.

우리나라에서는 KOSPI200 선물/옵션, 개별주식선물/옵션, 스타지수선물, ELW, 달러/엔화/유로화선물, 국채선물 등 금융선물 위주로 선물시장이 형성되어 있으며, 상품선물로는 금선물과 돈육선물이 거래되고 있습니다.

선물·옵션거래의 대상이 되는 자산을 기초자산이라고 하는데, 일반상품선물거래에서 금선물의 경우는 '순도 99.99%의 금괴 1000그램'을 거래단위로 하고 돈육선물의 경우는 '돈육 1000킬로그램'을 거래단위로 합니다. 그리고 우리나라 개인투자자들이 관심을 갖는 주가지수 선물·옵션에서는 '코스피200지수'와 '스타지수'를 거래의 대상으로 하고, 개별주식 선물·옵션거래에서는 '개별주식'을 거래의 대상으로 합니다.

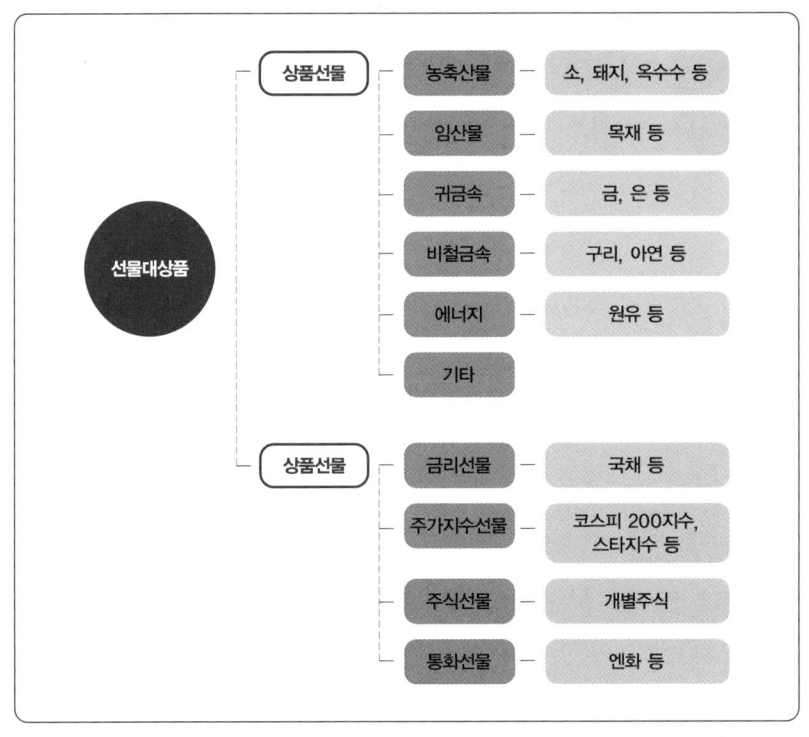

코스피200 지수와 스타지수에 대해 알려주세요

코스피200지수는 거래소시장을 대표하는 200종목을 기준으로, 스타지수는 코스닥시장을 대표하는 30종목을 기준으로 산출합니다.

거래소시장과 코스닥시장은 각자의 시장을 대표하는 종목들로 구성된 코스피200 지수와 스타지수를 개발하여 선물·옵션 투자의 기초자산으로 이용하고 있습니다.

선물·옵션거래에서 기초자산으로 종합주가지수를 이용하지 않고 별도로 코스피200 지수와 스타지수를 선정하는 이유는 업체의 부도 등 돌발적인 상황이나 주가 조작으로부터 지수의 왜곡을 방지하기 위해서입니다.

코스피200 선물·옵션거래는 거래소시장에서 거래되고 있는 종목 가운데에서 시가총액이 큰 200개 종목의 시가총액을 지수화한 '코스피200 지수'를 거래대상으로 하고 있습니다. 코스피200 지수는 선물·옵션의 거래를 위해 개발된 수치로서 1990년 1월 3일의 지수를 100으로 하여 정했습니다.

코스피200 종목의 선정은 해당 산업군에서 가장 대표적인 종목을 고르는데 해당 산업군의 시가총액 70% 이내에 들면서 누적거래량이

85% 안에 드는 종목을 골라 편입합니다. 코스피200 종목은 매년 6월에 정기 심의를 거쳐 새롭게 선정되는데 상장 폐지 등 중도에 결격사유가 발생할 때는 미리 정해둔 후보종목으로 대체합니다.

스타지수 선물거래는 코스닥시장에서 거래되고 있는 종목 가운데서 대표적인 30개 종목의 시가총액을 지수화한 스타지수를 거래대상으로 하고 있습니다. 스타지수는 코스닥시장에서 선물거래를 위해 개발된 수치로서 2003년 1월 2일의 지수를 1000포인트로 하여 정했습니다.

스타지수의 편입대상 종목은 코스닥시장에 상장된 종목 중 시장대표성, 유동성 및 재무요건을 감안하여 선정됩니다. 이때 우량종목 30종목을 기준으로 하여 선정함을 원칙으로 하며, 종목의 변경은 매년 6월에 지수운영위원회의 심사를 거쳐 정기적으로 1회 이루어집니다. 그리고 편입종목 중 상장폐지나 관리 또는 유의종목 지정 등의 사유발생 시 수시로 변경될 수 있습니다.

선물·옵션의 거래단위, 약정금액, 프리미엄이 뭐죠

선물·옵션거래에서는 코스피200 지수와 스타지수에 일정한 금액을 곱해 가치를 부여하여 거래단위로 사용합니다.

| 선물의 거래단위 |

주가지수선물·옵션거래에서는 '만기일의 주가지수'를 거래대상물로 삼고 있지만, 코스피200 지수나 스타지수는 이론적인 수치일 뿐 금전적인 가치를 지니지 못하므로 실제로 거래의 대상이 되기 어렵습니다. 따라서 선물·옵션거래에서는 코스피200 지수와 스타지수에 일정한 금액을 곱해 가치를 부여하여 거래단위로 사용합니다.

선물거래에서는 거래단위를 '계약'이라 부르는데, 거래의 최소단위는 1계약입니다. 지수선물 가격이 100포인트라면 1계약의 크기는 다음과 같습니다.

- 코스피 선물의 거래단위 = 코스피200 지수×50만 원
- 스타지수 선물의 거래단위 = 스타지수×1만 원

코스피 선물 1계약의 크기 = 100포인트×1계약×50만 원 = 5천만 원
스타지수 선물 1계약의 크기 = 100포인트×1계약×1만 원 = 100만 원

선물의 약정금액

선물·옵션거래에서 만기일에 기초자산을 사고팔기로 약정한 가격을 '약정금액'이라고 하는데 약정금액은 거래단위에 계약수를 곱한 값이 됩니다. 선물을 150포인트에 10계약 매수·매도했을 때의 약정금액은 다음과 같습니다.

- 코스피 선물 약정금액(원) = 코스피200지수×50만 원×계약수
- 스타지수 선물 약정금액(원) = 스타지수×1만 원×계약수

코스피 선물 약정금액 = 150포인트×50만 원×10계약 = 7억 5천만 원
스타지수 선물 약정금액 = 150포인트×1만 원×10계약 = 1500만 원

옵션의 약정금액과 프리미엄

행사가격이 150포인트인 옵션이 프리미엄 3.5포인트에 10계약 매매가 이루어진 경우에 약정금액과 프리미엄은 다음과 같습니다.

- 옵션 약정금액(원) = 행사가격×10만 원×계약수
- 옵션 프리미엄(원) = 옵션 프리미엄(포인트)×10만 원×계약수

코스피 옵션 약정금액 = 150포인트×10계약×10만 원 = 1억 5000만 원
코스피 옵션 프리미엄 = 3.5포인트×10계약×10만 원 = 350만 원

| KEY | 선물가격과 옵션가격의 비교(코스피200 기준)

　　주가지수선물을 매수·매도하기 위해서는 '선물가격×50만 원×계약수'에 해당하는 약정금액이 필요합니다. 그러나 실제 거래에서는 약정금액의 15%에 해당하는 증거금만 납부하면 약정금액에 해당하는 선물을 거래할 수 있습니다. 그러나 주가지수옵션은 선물처럼 약정금액의 일부를 수수하는 것이 아닙니다. 옵션은 권리이기 때문에 살 수 있는 권리(콜옵션)나 팔 수 있는 권리(풋옵션)를 사기 위해서는 옵션가격을 지불해야 하는데, 이 옵션가격을 옵션 프리미엄이라고도 합니다. 옵션을 사기 위해서는 '옵션의 프리미엄×10만 원×계약수'에 해당하는 금액을 지불해야 합니다.

선물·옵션의 매수·매도는 어떻게 이루어지죠

선물거래는 매수, 매도 두 가지가 있으며 옵션거래는 콜옵션 매수, 매도와 풋옵션 매수, 매도 네 가지가 있습니다.

선물·옵션거래에서 기초자산을 사는 것을 매수(Long Position)라고 하고, 기초자산을 파는 것을 매도(Short Position)라고 합니다.

현물주식의 거래에서는 주식을 매수해서 보유하고 있을 때만 보유주식을 매도할 수 있지만 선물·옵션거래에서는 보유한 선물이나 옵션이 없어도 매도할 수 있습니다.

선물·옵션의 매수나 매도 미결제약정을 보유한 투자자가 이를 중간청산하기 위해서는 전매도(되파는 것)하면 되는데, 주문 시 신규매매와 반대매매를 구분할 필요는 없습니다.

매수·매도 주문을 내면 거래소가 알아서 보유포지션을 소멸시켜 줍니다.

|선물의 매수와 매도|

선물거래에서는 선물 매수자와 선물 매도자로 구분이 됩니다.

선물을 매수한 사람은 만기가 되면 미리 약속한 금액을 지불하고 기초자산을 인수해야 하며, 선물을 매도한 사람은 만기가 되면 미리 약속한 금액을 받고 기초자산을 인도해야 하는 의무를 지게 됩니다.

예컨대 2009년 6월 만기의 선물을 150포인트에 10계약 매수(매도)했다고 하는 것은, 2009년 6월 만기일이 되면 만기일에 주가지수가 얼마가 되든 1계약당 150포인트를 지불하고(수령하고) 주가지수를 10계약 사겠다고(팔겠다고) 약속하는 것을 의미합니다.

|옵션의 매수와 매도|

옵션에는 콜옵션과 풋옵션이 있는데, 콜옵션은 특정자산을 정해진 가격에 살 수 있는 매수권리를 말하며, 풋옵션은 특정자산을 정해진 가격에 팔 수 있는 매도권리를 말합니다. 그리고 계약후 만기일이 되었을 때 옵션 매수자가 옵션 매도자에게 사전에 약속한 가격(권리행사가격)으로 계약의 이행을 요구하는 행위를 '권리행사'라고 합니다.

따라서 옵션에서는 콜옵션 매수자, 콜옵션 매도자, 풋옵션 매수자, 풋옵션 매도자의 네 가지로 구분이 됩니다.

선물매수자	선물매도자
• 현재의 선물가격으로 만기일에 현물을 사겠다는 약속 • 만기가 되면 대금을 지불할 책임을 짐	• 현재의 선물가격으로 만기일에 현물을 팔겠다는 약속 • 만기가 되면 대상물 인도의 책임을 짐

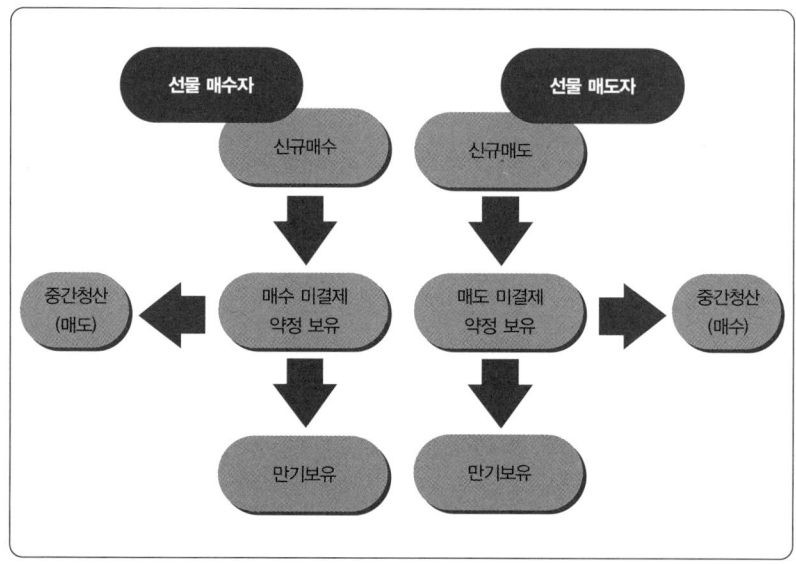

'콜(풋)옵션을 샀다'는 것은 프리미엄을 지불하는 대신에 만기일에 미리 정한 가격으로 기초자산을 살(팔)수 있는 권리를 샀다는 것을 의미하며, '콜(풋)옵션을 팔았다'는 것은 프리미엄을 받는 대신에 콜(풋)옵션 매수자가 요구할 경우에는 자신에게 불리하더라도 미리 정한 가격으로 기초자산을 팔아야(사야) 하는 의무를 지기로 했다는 것을 의미합니다.

예컨대, 1월이 만기이고 행사가격이 150포인트인 콜옵션을 프리미엄

3.5포인트를 주고 10계약을 샀다는 것은, 1월 만기일이 되면 만기일의 기초자산의 가격이 얼마가 되든 '150포인트를 지불하고 살 수 있는 매수권리'를 얻는 대가로 1계약당 3.5포인트의 프리미엄을 지불했다는 뜻입니다.

옵션 매수자는 선택권이 있으므로 콜옵션 매수자는 만기일이 되었을 때, 권리행사가격으로 매수하는 것이 자신에게 유리하면 매수권리를 주장하여 싼 가격에 매수할 수 있습니다. 그리고 풋옵션 매수자는 권리행사가격으로 매도하는 것이 자신에게 유리하면 매도권리를 주장하여 비싼 가격에 매도할 수 있습니다.

그러나 만약에 만기일이 되었을 때 시장이 예상과 반대 방향으로 움직이면 옵션 매수자는 권리를 주장하여 거래이행을 요구하는 것이 오히려 불리한 경우도 있습니다. 이를테면 시가가 1억 원으로 떨어진 아파트를 대상으로 2억 원에 사겠다고 매수권리를 주장하는 바보는 없을 것입니다. 이 때는 권리(분양권)를 포기할 수 있습니다. 권리를 포기하면 옵션 매수자의 손실은 옵션을 살 때 지불한 프리미엄에 한정됩니다.

한편 옵션 매도자는 프리미엄 이익을 얻는 대신에 옵션 매수자가 권리를 행사하면 손해를 보더라도 그 요구를 이행해야 하는 의무를 지게 됩니다.

콜옵션 매수자	풋옵션 매수자
• 만기일이 되면 미리 약속한 가격에 살 수 있는 권리를 얻음 • 사는 것이 유리하면 매수권리 행사 • 사는 것이 불리하면 매수권리 포기	• 만기일이 되면 미리 약속한 가격에 팔 수 있는 권리를 얻음 • 파는 것이 유리하면 매도권리 행사 • 파는 것이 불리하면 매도권리 포기

권리를 얻는 대가로 프리미엄 지불

콜옵션 매도자	풋옵션 매도자
• 만기일에 콜옵션 매수자가 매수권리를 주장하면 팔아야 하는 의무를 짐	• 만기일에 풋옵션 매수자가 매도권리를 주장하면 사야 하는 의무를 짐

의무를 지는 대신 프리미엄 받음

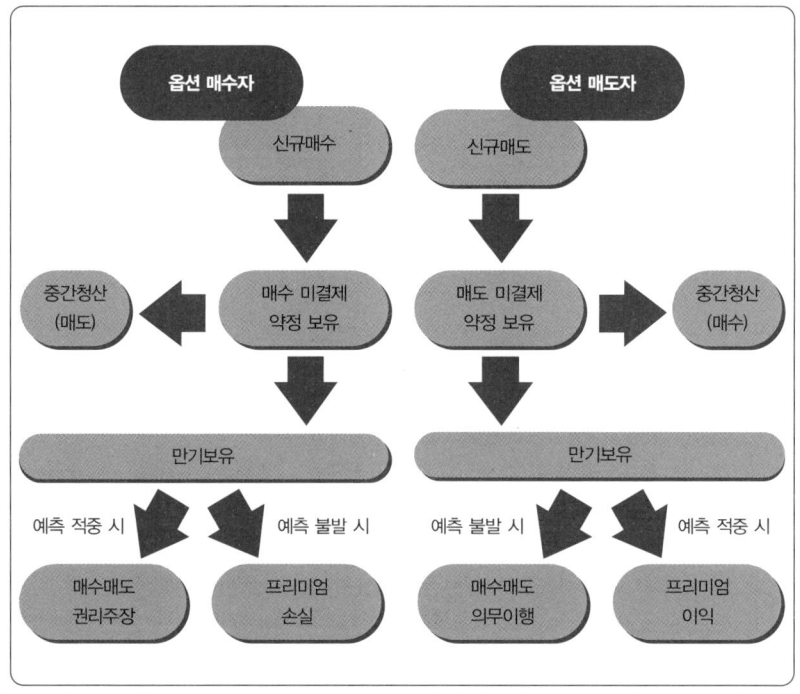

옵션에는 만기일에만 권리행사를 할 수 있는 유럽형과 만기일 전에도 권리행사를 할 수 있는 미국형이 있는데 우리나라는 유럽형을 채택하고 있습니다.

옵션을 매수하거나 매도하여 미결제약정을 보유한 투자자는 자신이 보유한 미결제약정을 정리하는 데 두 가지 방법이 있습니다.

하나는 만기일까지 보유했다가 만기일의 기초자산의 종가를 기준으로 하여 옵션 매수자의 권리행사나 권리포기에 의해 이루어지며, 다른 하나는 만기일 전이라도 옵션 매수자는 매도를 하고 옵션 매도자는 매수를 하는 반대매매를 통해 보유한 포지션을 중간청산하는 방법이 있습니다.

실제 옵션거래에서는 대부분의 투자자는 만기일 이전에 중간청산으로 미결제약정을 정리합니다.

행사가격, 등가격, 내가격, 외가격이 뭔가요

권리행사를 하면 옵션 매수자가 유리한 옵션을 내가격옵션이라 하고, 옵션 매수자가 불리한 옵션을 외가격옵션이라고 합니다.

|행사가격에 따라 달라지는 옵션가격|

옵션거래에서 만기일이 되었을 때 특정가격으로 기초자산을 사고팔기로 미리 약정한 가격을 행사가격이라고 합니다.

만약에 동일한 아파트를 대상으로 1억 원에 입주할 수 있는 분양권과 1억 1천만 원에 입주할 수 있는 분양권이 있다면, 1억 원에 입주할 수 있는 분양권이 더 인기가 있고 비싼 것은 당연할 것입니다. 그리고 1억 원에 팔 수 있는 매도권리는 1억 1천만 원에 팔 수 있는 매도권리보다 가격이 더 비싼 것도 당연할 것입니다.

이와 같은 원리에 의하여 콜옵션에서는 행사가격이 145포인트인 콜옵션이 행사가격이 147.5포인트인 콜옵션보다 비싼 프리미엄에 거래가 되고, 풋옵션에서는 행사가격이 147.5포인트인 풋옵션의 행사가격이 145포인트인 풋옵션보다 더 비싼 프리미엄에 거래가 되는 것입니다.

이처럼 옵션은 만기일이 같아도 권리행사가격이 다르면 별개의 종

| 결제월 0901 | KOSPI 200 146.35 | 잔존일수 10일 |

콜 옵 션					풋 옵 션			
행사가	현재가	거래량	이론가	행사가	현재가	거래량	이론가
130.0	15.70	145	17.08	130.0	0.55	368,732	0.59
132.5	13.25	34	14.90	132.5	0.68	276,394	0.90
135.0	11.05	239	12.83	135.0	1.15	435,379	1.34
137.5	9.60	664	10.91	137.5	1.47	367,203	1.91
140.0	7.60	4,824	9.15	140.0	1.99	459,320	2.65
142.5	5.60	16,301	7.56	142.5	2.76	253,761	3.56
145.0	4.20	22,942	6.15	145.0	3.85	204,884	4.65
147.5	3.45	60,926	4.93	147.5	4.90	50,467	5.92
150.0	2.12	188,339	3.89	150.0	7.05	37,969	7.38
152.5	1.42	431,955	3.02	152.5	8.70	9,727	9.01
155.0	0.89	659,811	2.31	155.0	10.15	8,871	10.79
157.5	0.50	572,721	1.74	157.5	12.40	1,567	12.72
160.0	0.33	846,408	1.28	160.0	14.75	1,391	14.76
162.5	0.21	425,347	0.94	162.5	17.50	53	16.91
165.0	0.13	463,324	0.67	165.0	18.70	14	19.14

목으로 취급되며 각각 다른 값으로 거래됩니다.

| 등가격, 내가격, 외가격이란 |

코스피200 지수와 가장 가까운 행사가격의 콜·풋옵션을 등가격(ATM)옵션이라고 합니다. 그리고 행사가격이 코스피200 지수보다 낮은 콜옵션과 높은 풋옵션을 내가격(ITM)옵션이라고 하고, 행사가격이 기초자산의 가격보다 높은 콜옵션과 낮은 풋옵션을 외가격(OTM)옵션이라고 합니다. 즉, 권리행사를 하면 옵션 매수자가 유리한 옵션을 내가격옵션이라고, 권리행사를 하면 옵션 매수자가 불리한 옵션을 외가격옵션이라고 합니다.

내가격(ITM)옵션 (In The Money)	• 행사가격이 기초자산의 가격보다 낮은 콜옵션 • 행사가격이 기초자산의 가격보다 높은 풋옵션 • 권리행사를 하면 옵션 매수자가 유리한 옵션 • 내재가치가 있는 옵션
외가격(OTM)옵션 (Out of The Money)	• 행사가격이 기초자산의 가격보다 높은 콜옵션 • 행사가격이 기초자산의 가격보다 낮은 풋옵션 • 권리행사를 하면 옵션 매수자가 불리한 옵션 • 내재가치가 없는 옵션
등가격(ATM)옵션 (At The Money)	• 행사가격과 기초자산의 가격이 같은 옵션 • 권리를 행사해도 권리행사의 실익이 없는 옵션 • 내재가치가 없지만 생겨날 기대치가 높은 옵션

| 주가에 따라 달라지는 등가격, 내가격, 외가격 |

옵션은 주가가 변하면 내가격옵션이 외가격옵션으로 되기도 하고, 외가격옵션이 내가격옵션으로 되기도 합니다.

이를테면 등가격 콜옵션은 주가가 상승하면 내가격 콜옵션이 되고 주가가 하락하면 외가격 콜옵션이 됩니다. 반대로 풋옵션은 주가가 상승하면 외가격 풋옵션이 되고 주가가 하락하면 내가격 풋옵션이 됩니다.

아래 그림은 코스피200 지수가 150포인트에서 152.5포인트로 변할 때의 등가격과 내가격, 외가격의 변화를 나타내고 있습니다. 코스피 200 지수가 150포인트일 때는 행사가격이 150포인트인 옵션이 등가격옵션이 됩니다. 그러나 코스피200 지수가 152.5포인트가 되면 행사가격 152.5포인트인 옵션이 등가격옵션이 되고, 행사가격 150포인트인 콜옵션은 내가격옵션, 행사가격 150포인트인 풋옵션은 외가격옵션이 됩니다.

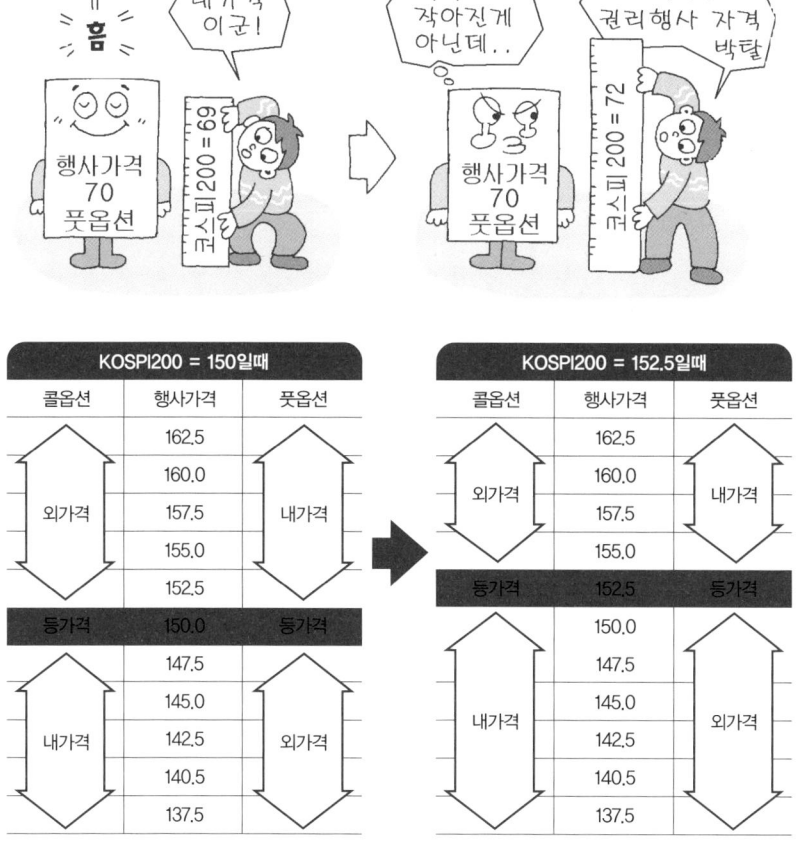

| KEY | 행사가격은 옵션의 거래종목

　　　현물 주식시장에서 구입한 삼성전자 주식이 포철 주식으로 바뀌지 않는 것처럼, 옵션시장에서 거래한 행사가격 150짜리 옵션이 행사가격 145짜리나 155짜리 옵션으로 바뀌지는 않습니다.
다만 삼성전자 주식의 가격이 시세에 따라 오르내리는 것처럼, 주가지수의 등락에 따라 행사가격 150짜리 옵션이 내가격, 등가격, 외가격 옵션으로 옵션의 권리행사 능력이 변할 뿐입니다. 옵션만기일에 현물의 종가를 기준으로 해서, 등가격옵션과 외가격옵션에 해당하는 옵션은 내재가치가 없으므로 옵션의 가치는 제로(0)가 되어 휴지조각이 됩니다.

옵션의 행사가격은
몇 종류나 거래되나요

주가변동에 따라 새로운 행사가격의 옵션이 추가로 상장되므로 거래가 되는 행사가격의 수는 점차 늘어나게 됩니다.

|행사가격의 수와 권리행사 간격|

1, 2, 4, 5, 7, 8, 10, 11월이 만기인 옵션은 상장되어 폐지될 때까지 거래기간이 3개월이고, 3, 6, 9, 12월이 만기인 옵션은 거래기간이 6개월입니다.

1, 2, 4, 5, 7, 8, 10, 11월물은 상장될 때 코스피200 지수를 기준으로 하여 이 값에 가장 근접한 행사가격을 등가격으로 정하고 이 가격보다 위아래로 각각 6개씩의 외가격과 내가격을 둡니다. 따라서 신규 옵션이 상장되는 첫날 13개의 행사가격의 옵션이 거래됩니다. 이때 권리행사 간격은 2.5포인트입니다.

한편, 3, 6, 9, 12월물은 상장될 때 잔존기간이 많아 유동성이 떨어지므로 소수점의 행사가격(예 : 157.5, 162.5)은 거래하지 않습니다. 따라서 권리행사 간격은 5포인트로 하고, 등가격을 기준으로 외가격과 내가격 각각 3개씩을 두어 총7개로 거래를 시작합니다.

그러나 이들 원월물도 연속 3개월물(예 : 10, 11, 12월물)이 되는 시점이 되면 권리행사 간격을 2.5포인트로 조정하므로, 행사가격의 수는 내가격과 외가격 각각 6개 이상이 거래됩니다.

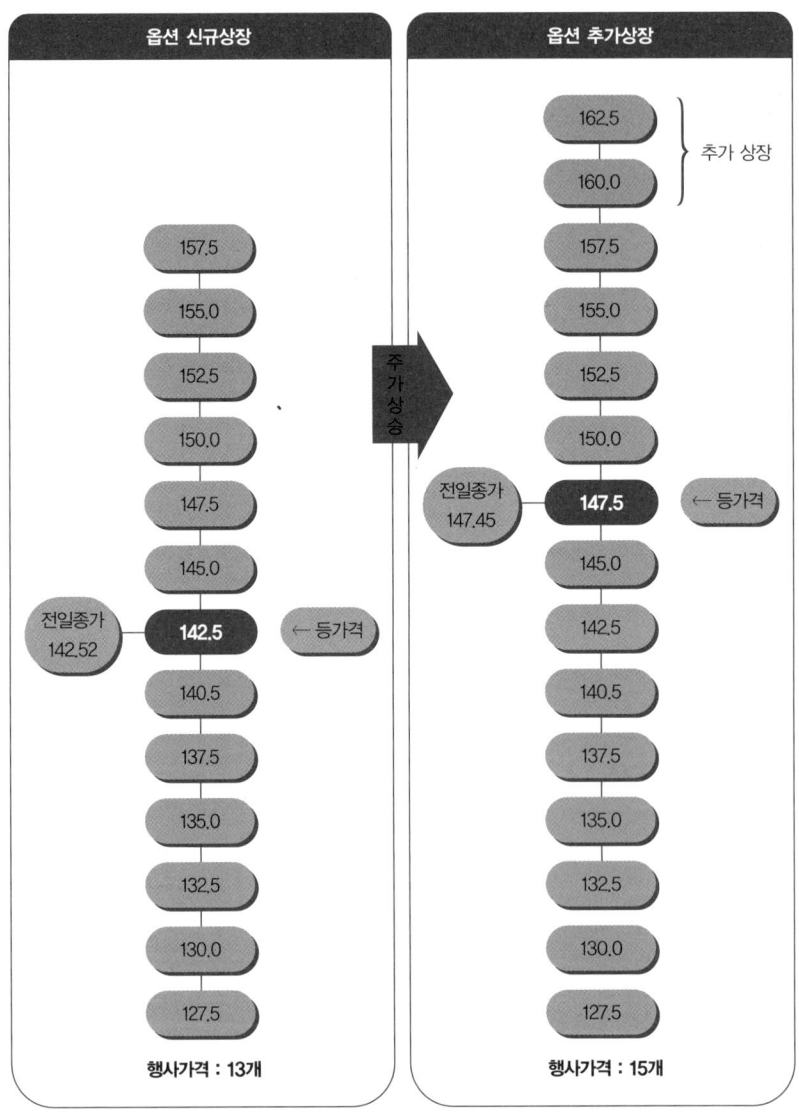

| 새로운 행사가격의 상장 |

거래가 시작되어 기초자산가격이 크게 오르거나 크게 내리게 되면 새로운 행사가격이 추가로 상장되지만 이미 거래가 되어 미결제약정으로 남아 있는 행사가격의 옵션은 상장 폐지할 수 없으므로 거래되는 행사가격의 수는 점차 늘어나게 됩니다.

예를 들어 옵션의 신규상장 전일의 코스피200 지수의 종가가 142.52라면 142.52에 가장 가까운 행사가격인 142.5가 거래 첫날의 등가격 옵션이 되고, 등가격을 중심으로 하여 등가격 위아래로 각각 6개씩 총13개의 행사가격이 상장됩니다.

그런데 이날 주가가 폭등하여 코스피200이 147.45로 마감하게 되면 다음날의 등가격옵션은 147.5가 됩니다. 그런데 등가격 위아래로 각각 6개 이상의 행사가격이 있어야 하므로 다음날 새로운 행사가격의 옵션이 추가로 상장됩니다. 이때는 등가격옵션이 147.5가 되고 160.0, 162.5 두 개의 행사가격이 추가로 상장되어 총 15개의 옵션이 거래됩니다.(56쪽 그림 참조)

| 행사가격별 프리미엄의 등락비율 |

동일한 아파트를 대상으로 9,000만 원에 입주할 수 있는 분양권은 1,000만 원에 거래되고 1억 원에 입주할 수 있는 분양권은 100만 원에 거래되고 있다고 가정을 하겠습니다.

여기서 아파트 가격이 2,000만 원 오르면 1,000만 원짜리 분양권은 3,000만 원이 되고, 100만 원짜리 분양권은 2,100만 원이 됩니다.

이때 기초자산 가격의 인상에 따른 프리미엄의 수익률을 보면 9,000만 원에 입주할 수 있는 분양권은 200%(=2,000÷1,000)의 수익이 발생하고, 1억 원에 입주할 수 있는 분양권은 2,000%(=2,000÷100)의 수익이 발생합니다.

이것이 주가가 폭등이나 폭락할 때 프리미엄이 싼 외가격옵션의 매수자가 내가격옵션 매수자보다 더 큰 수익을 낼 수 있는 원리입니다.

| 행사가격과 옵션의 유동성 |

옵션투자 역시 선물투자와 마찬가지로 거래량은 최근월물에 집중됩니다. 원월물은 거래량이 매우 적고 유동성의 위험이 크기 때문에 일반투자자들은 거의 참여하지 않고 장세의 예측에 확신이 있는 투자자나 헤지거래자가 일부 참여하고 있습니다.

옵션은 행사가격에 따라서도 유동성이 크게 다른데, 최근월물 중에서도 등가격옵션 부근과 약간 외가격의 옵션에 거래가 집중되는 경향을 보입니다.

다음의 표는 잔존일을 10일 남겨둔 최근월물 옵션에 대한 하루 동안의 행사가격별 가격과 거래량을 나타내고 있습니다. 이 표를 보면 네모로 표시된 부분이 등가격옵션이고 원으로 표시된 부분이 외가격 콜옵션과 외가격 풋옵션인데, 거래량이 등가격옵션과 내가격옵션에 비해서 비정상적으로 외가격옵션에 집중되어 있는 것을 확인할 수 있습니다.

개인투자자들이 선호하는 '외가격옵션'이란 흔히 '복권'이라고 일컬어지기도 합니다. 이는 옵션의 프리미엄이 싸고 수익을 낼 확률은 적지만 주가가 예상한 방향으로 크게 변동하면 큰 수익을 올릴 수 있기 때문입니다.

투기적 세력이 많을수록 이러한 외가격의 투자 비중이 높아지면서 등가격 부근의 옵션의 유동성이 상대적으로 떨어지게 됩니다. 그리고 매수 희망자가 매도 희망자보다 많아져서 옵션의 프리미엄이 너무 비

| 결제월 | 0901 | KOSPI 200 | 146.35 | 잔존일수 | 10 일 |

콜 옵 션				풋 옵 션			
행사가	현재가	거래량	이론가	행사가	현재가	거래량	이론가
130.0	15.70	145	17.08	130.0	0.55	368,732	0.59
132.5	13.25	34	14.90	132.5	0.68	276,394	0.90
135.0	11.05	239	12.83	135.0	1.15	435,379	1.34
137.5	9.60	664	10.91	137.5	1.47	367,203	1.91
140.0	7.60	4,824	9.15	140.0	1.99	459,320	2.65
142.5	5.60	16,301	7.56	142.5	2.76	253,761	3.56
145.0	4.20	22,942	6.15	145.0	3.85	204,884	4.65
147.5	3.45	60,926	4.93	147.5	4.90	50,467	5.92
150.0	2.12	188,339	3.89	150.0	7.05	37,969	7.38
152.5	1.42	431,955	3.02	152.5	8.70	9,727	9.01
155.0	0.89	659,611	2.31	155.0	10.15	8,871	10.79
157.5	0.50	572,721	1.74	157.5	12.40	1,567	12.72
160.0	0.33	846,408	1.28	160.0	14.75	1,391	14.76
162.5	0.21	425,347	0.94	162.5	17.50	53	16.91
165.0	0.13	463,324	0.67	165.0	18.70	14	19.14

싸게 거래되는 현상이 생기게 됩니다.

일반적인 상황에서는 옵션의 가격이 비정상적으로 오르거나 내리면, 차익거래 세력이나 헤지거래 세력이 개입하여 옵션가격이 정상적인 수준으로 균형을 회복하게 됩니다. 그러나 투기세력의 힘이 너무 강할 때는 왜곡된 수급구조가 개선되지 못하는 경우가 발생합니다.

이렇게 되면 옵션거래가 원래 주식투자에 대한 헤지의 수단으로 생겨난 상품임에도 불구하고 헤지의 실효성이 낮아지는 문제점이 나타나게 됩니다.

그리고 옵션의 행사가격 중에는 155, 160와 같은 정수의 행사가격과 157.5, 162.5와 같은 소수점의 행사가격이 있는데, 소수점의 행사가격의 옵션은 정수의 행사가격보다 유동성이 떨어집니다. 특별한 이유는 없으며 개인투자자들이 정수의 행사가격을 선호하며, 장기투자자들은 굳이 소수점의 행사가격을 선정할 필요가 없기 때문입니다.

옵션 매수자   헤지 거래자

유동성의 관점에서 볼 때 초보자는 최근월물 중에서도 등가격옵션이나 약간 외가격옵션을 위주로 거래를 시작하는 것이 좋습니다. 그러나 유동성이 풍부한 등가격옵션으로 포지션을 설정했다 하더라도 안심해서는 안 됩니다. 기초자산의 가격이 크게 변동하면 등가격에서 매매한 옵션이 심한 내가격이나 심한 외가격옵션이 되어 유동성이 크게 떨어질 수도 있기 때문입니다.

● 코스피200 선물·옵션의 종류 ●

월	선물 거래종목 (선물스프레드)	옵션 거래종목
1	3 6 9 12 (3-6, 3-9, 3-12월물)	1 2 3　　6
2		2 3 4　　6
3		3 4 5 6
4	6 9 12 3 (6-9, 6-12, 6-3월물)	4 5 6　　9
5		5 6 7　　9
6		6 7 8 9
7	9 12 3 6 (9-12, 9-3, 9-6월물)	7 8 9　　　12
8		8 9 10　　12
9		9 10 11 12
10	12 3 6 9 (12-3, 12-6, 12-9월물)	10 11 12　　　3
11		11 12 1　　3
12		12 1 2 3

- **거래기간** : 선물(1년), 선물스프레드(3개월), 옵션(3, 6, 9, 12월물은 6개월, 나머지는 3개월)
- **만기일** : 매월 두 번째 목요일은 옵션만기일, 3, 6, 9, 12월 두 번째 목요일은 선물 만기일
  3, 6, 9, 12월 두 번째 목요일은 선물·옵션 동시 만기일
- **옵션의 행사가격수와 권리행사간격**
  연속 3개월물은 권리행사간격 2.5포인트(외가격, 내가격 각각 6개 이상)
  최원월물 1개는 권리행사가격 5포인트(외가격, 내가격 각각 3개 이상)

거래량과 미결제약정에 대해 알려주세요

미결제약정이란 매수나 매도 계약을 한 다음에 매도나 매수를 통해 청산하지 않고 보유하고 있는 계약을 말합니다.

|거래량|

매수호가와 매도호가가 일치하면 거래가 체결됩니다. A가 10계약 매수주문을 내고 동일한 금액으로 B가 30계약 매도주문을 내게 되면, 주문이 일치된 10계약이 거래가 이루어지는데 이때 거래가 체결된 10계약이 거래량이 됩니다.

거래량의 집계는 A가 매수한 10계약과 B가 매도한 10계약을 합하여 20계약이 거래량이 되는 것은 아니고 10계약이 거래량입니다. 손님과 주인이 가게에서 수박 한 덩이를 사고팔았을 때 거래량이 수박 한 개인 것과 같은 이치입니다.

미결제약정이란

미결제약정은 매수나 매도 계약을 한 다음에 중간청산하지 않고 보유하고 있는 계약을 말합니다. 매수 미결제약정을 보유하고 있는 것을 '매수포지션을 취하고 있다'라고 말합니다.

- 매수 미결제약정 보유=매수포지션(Long Position)을 취하고 있다.
- 매도 미결제약정 보유=매도포지션(Short Position)을 취하고 있다.

미결제약정은 신규매수나 신규매도가 이루어지면 증가하며, 반대매매로 중간청산되면 감소합니다. 그러면 실제로 선물·옵션의 거래에서 미결제약정이 어떻게 변하는지 사례를 통하여 살펴보기로 하겠습니다.

● **미결제약정의 증감 사례** ●

상장 첫날에 매수자(A)와 매도자(a)가 1계약씩, 매수자(B)와 매도자(b)가 2계약씩 신규로 계약하면 미결제약정은 3계약이 됩니다.

- 첫째날(미결제약정 3계약)

매	수
매수자(A)	1계약
매수자(B)	2계약

매	도
매도자(a)	1계약
매도자(b)	2계약

둘째날 매수자(C)와 매도자(c)가 신규로 1계약을 체결하면 미결제약정은 4계약으로 늘어납니다.

- 둘째날(미결제약정 4계약)

매 수	
매수자(A)	1계약
매수자(B)	2계약
매수자(C)	1계약

매 도	
매도자(a)	1계약
매도자(b)	2계약
매도자(c)	1계약

> 셋째날 매수자(A)와 매도자(c)가 서로 반대매매하여
> 중간청산을 하면 미결제약정은 3계약으로 줄어듭니다.

- 셋째날(미결제약정 3계약)

매 수	
매수자(A)	
매수자(B)	2계약
매수자(C)	1계약

매 도	
매도자(a)	1계약
매도자(b)	2계약
매도자(c)	

> 넷째날 매수자(C)와 신규매수자(D)가 계약을 체결하면
> 미결제약정은 3계약으로 불변입니다.

- 셋째날(미결제약정 3계약)

매 수	
매수자(A)	
매수자(B)	2계약
매수자(C)	
매수자(D)	1계약

매 도	
매도자(a)	1계약
매도자(b)	2계약
매도자(c)	

미결제약정의 증감과 장세 예측

선물·옵션의 거래는 만기일이 가장 가까운 '최근월물'에 거래가 집중되는 경향이 있습니다. 신규로 상장된 초기에는 거래가 활발하지 못하고 미결제약정 수량도 얼마 되지 않

지만 최근월물이 되는 시점이 다가오면서 거래량과 미결제약정이 점차 증가하기 시작합니다. 이윽고 최근월물이 되면 신규거래가 늘어나면서 거래량과 미결제약정 수량이 급증하게 됩니다.

그러다가 만기일이 다가오면 반대매매를 통한 중간청산이 활발하게 이루어지면서 다시 미결제약정이 감소하게 되는데, 일반적으로 시장에 영향을 줄 수 있는 큰 세력이나 위험을 감수하려는 일부 투자자를 제외한 대부분의 투자자들은 만기일까지 보유포지션을 청산합니다.

주가지수 선물·옵션시장에서 시장의 추세를 진단하는 방법 중에는 미결제약정을 살펴보는 방법이 있습니다. 미결제약정이 늘어나는 것은 흔

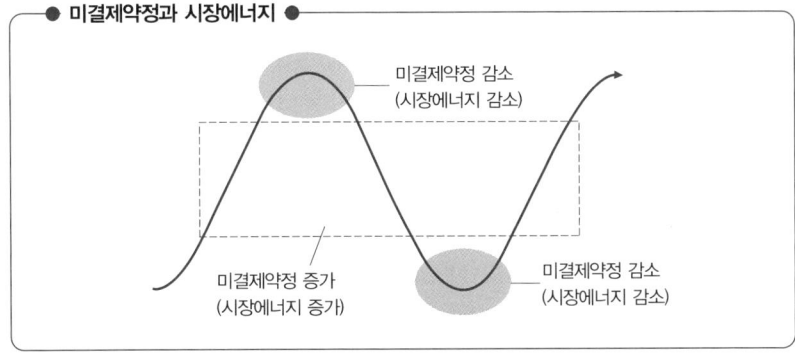

히 매도세력과 매수세력 간의 장세 전망이 크게 다른 경우에 나타납니다.

예를 들어 하락을 확신하고 선물 매도를 시작한 세력과 상승을 확신하고 선물 매수를 시작한 세력이 맞붙었을 때 미결제약정이 급증하게 됩니다. 그러다가 두 세력 간의 힘의 균형이 무너지는 순간에 가격이 급변하게 됩니다. 이처럼 미결제약정의 갑작스런 증가는 조만간에 선물의 가격이 한쪽 방향으로 크게 움직여서 폭등이나 폭락이 발생할 가능성이 축적되고 있는 것으로 해석할 수 있습니다.

즉, 미결제약정이 증가하면 시장의 에너지가 증가한다고 볼 수 있으며, 미결제약정이 줄어들면 시장의 에너지가 감소한다고 볼 수 있습니다. 따라서 상승추세에서 미결제약정이 증가하면 매수에너지가 증가되어 상승추세가 지속되고, 하락추세에서 미결제약정이 증가하면 매도에너지가 증가되어 하락추세가 지속된다고 판단할 수 있습니다.

또 미결제약정은 고점이나 저점 부근에서는 줄어드는 경향을 보이는데, 상승추세에서 미결제약정이 감소하면 상승에너지가 감소하여 약세전환을 예고하는 신호이고, 하락추세에서 미결제약정이 감소하면 하락에너지가 감소하여 강세전환을 예고하는 신호로 판단할 수 있습니다.

그러나 대개의 분석도구들이 그렇듯이 '미결제약정의 증감 사이클'과 '미결제약정에 의한 장세예측' 또한 예외가 있을 수 있으므로 개념과 원리를 중심으로 이해해 두는 것이 필요합니다.

| KEY | 근월물, 차월물, 차차월물

만기일이 가장 가까운 상품을 근월물이라 하고 그 다음이 만기인 순으로 차월물, 차차월물이라고 합니다. 근월물이 상장 폐지되면 익일에 새로운 종목이 상장되며 차월물이 근월물로 됩니다.

선물·옵션은 고위험 고수익의 제로섬 게임이라죠

선물·옵션투자는 한쪽이 이익을 보면 반드시 다른 한쪽에서 손해를 보는 철저한 제로섬(Zero Sum)게임입니다.

    선물·옵션거래는 적은 증거금으로 큰 금액의 거래를 할 수 있으므로 적은 투자금액으로 많은 투자수익을 올리는 것이 가능합니다. 이것은 마치 작은 힘으로 큰 물건을 들어올리는 지렛대의 원리와 비슷하다고 하여 '레버리지 효과'라고 합니다.

    선물투자에서 증거금이 15%라고 함은 1,500만 원을 증거금으로 1억 원의 투자를 할 수 있다는 것을 의미합니다. 1,500만 원의 증거금으로 투자한도 금액인 1억 원까지 선물을 매수한 투자자는 종합주가지수가 15% 오르면 1,500만 원의 수익(증거금 대비 100%)이 발생하게 됩니다. 그러나 예상이 빗나가 종합주가지수가 15% 내리면 1,500만 원(증거금 전액)이 손실로 사라지게 됩니다.

    옵션 중에서도 개인투자자들이 선호하는 외가격옵션의 경우는 선물의 경우보다도 더욱 큰 레버리지 효과가 있습니다. 그러나 심한 외가격옵션을 사서 장기 보유하는 것은 복권을 사는 것처럼 레버리지 효과가 크기는 하지만 수익을 낼 확률이 낮은 투자이므로 투자금액 전부를 날릴 위험 또한 매우 큽니다.

　선물·옵션시장에서는 매도자 A, B와 매수자 C, D의 손익을 합하면 정확하게 제로(0)가 되는데, 이 의미는 수익을 올린 사람의 반대편에는 그만큼의 손실을 본 사람이 반드시 존재한다는 것입니다. 선물·옵션의 투자는 한쪽이 이익을 보면 반드시 다른 한쪽이 손해를 보는 철저한 제로섬 게임입니다.

| KEY | 선물·옵션그래프는 보물지도

　다음 절부터 선물·옵션의 그래프가 소개됩니다. 복잡한 서울지리를 지도를 보면서 설명 듣는 것이 이해하기 쉽듯이 그래프를 보면서 공부하면 선물·옵션의 원리를 보다 쉽게 배우고 오래 기억할 수 있습니다.

015 선물거래의 손익그래프는 어떻게 읽나요

선물의 손익그래프는 주가의 변동에 따라 선물 매수자와 선물 매도자의 손익이 어떻게 되는지를 보여줍니다.

선물의 손익그래프는 매우 단순한 모양을 하고 있습니다. 다음에 나오는 그래프에서 굵은 사선이 선물의 손익그래프입니다.

150포인트에서 선물을 매수한 투자자는 주가가 150포인트 이상이 되면 이익이 발생하고, 150포인트 이하가 되면 손실이 발생합니다. 반면에 150포인트에서 선물을 매도한 투자자는 주가가 150포인트 이상이 되면 손실이 발생하고, 150포인트 이하가 되면 이익이 발생합니다.

선물의 매수와 매도의 손익그래프는 서로 상하대칭의 모양을 하고 있는데, 선물 매수자와 선물 매도자의 손익의 합은 제로(Zero Sum)가 됩니다.

① 선물을 150포인트에 20계약 매수한 경우

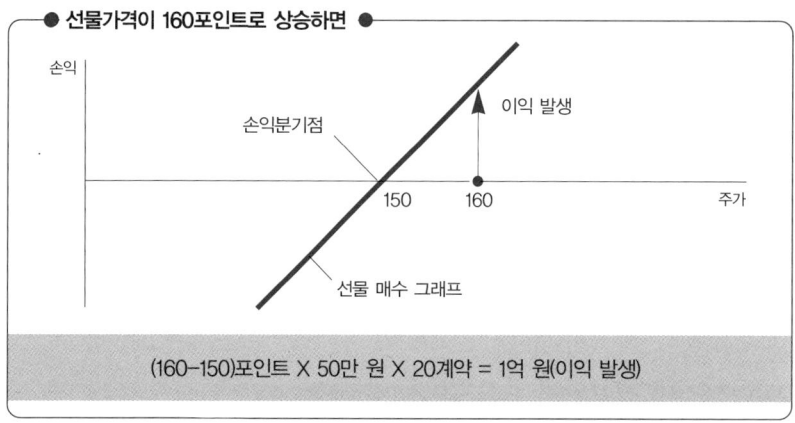

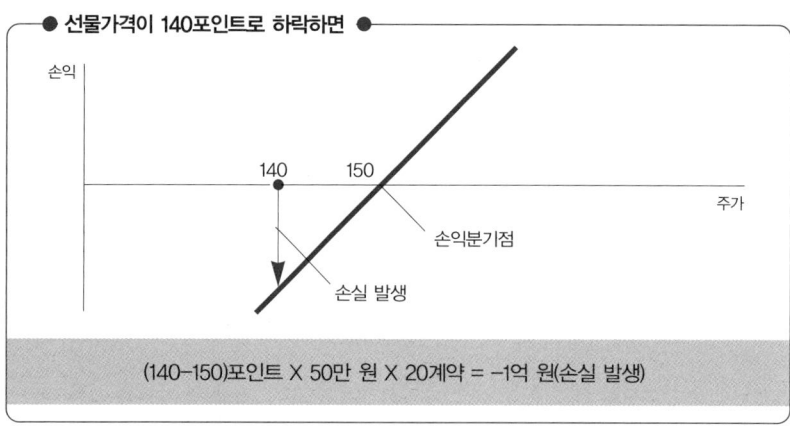

② 선물을 150포인트에 20계약 매도한 경우

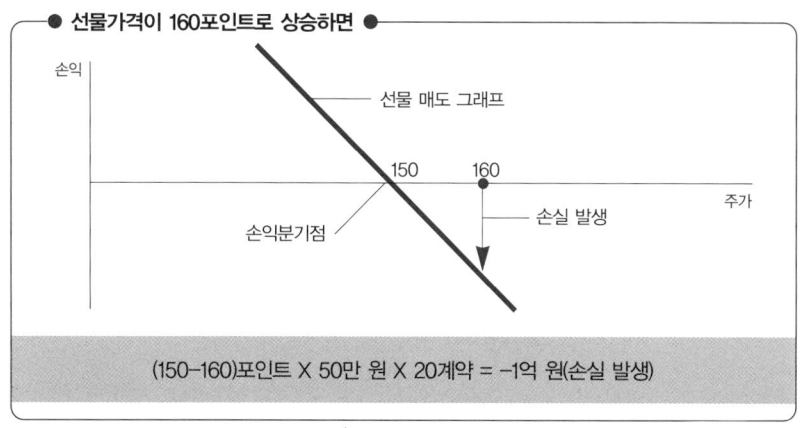

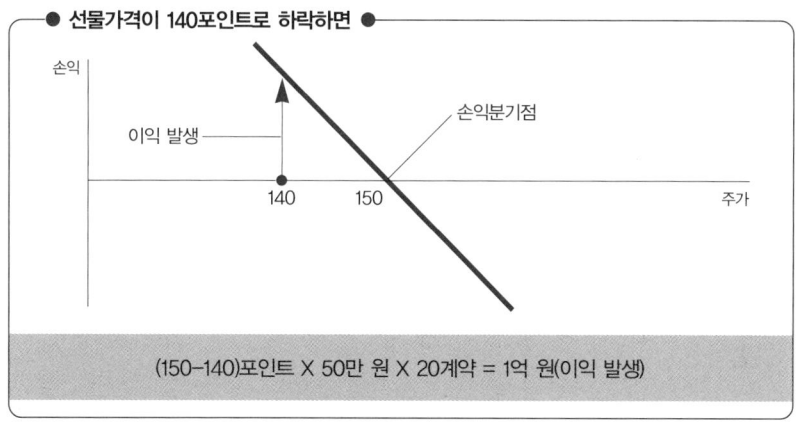

옵션거래의 손익그래프 보는 법도 궁금하군요

옵션의 손익그래프는 만기일의 주가에 따라 콜옵션 매수자, 콜옵션 매도자, 풋옵션 매수자, 풋옵션 매도자의 손익이 어떻게 되는지를 나타냅니다.

옵션의 손익그래프는 선물의 경우보다 약간 복잡합니다. 그렇지만 찬찬히 들여다보면 아주 간단한 원리로 이루어져 있음을 이내 알 수 있습니다.

다음 면의 그래프는 옵션이론의 기초이므로 반드시 이해하기 바랍니다.

그래프는 콜옵션 매수, 콜옵션 매도, 풋옵션 매수, 풋옵션 매도의 네 가지 포지션을 만기까지 보유했을 경우 시현되는 각각의 손익을 나타내고 있습니다.

굵은 직선으로 나타난 부분이 옵션의 손익그래프인데 중간에 꺾인 부분이 '옵션의 행사가격' 이고 수평선 부분이 옵션을 사고팔 때의 '프리미엄' 입니다.

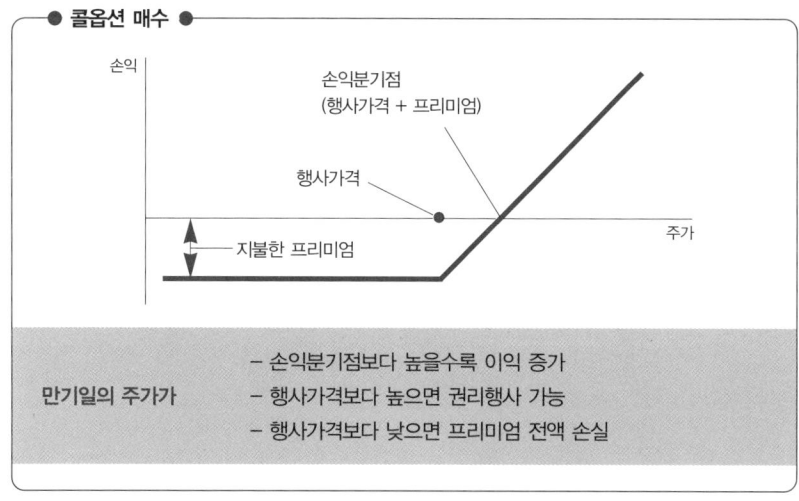

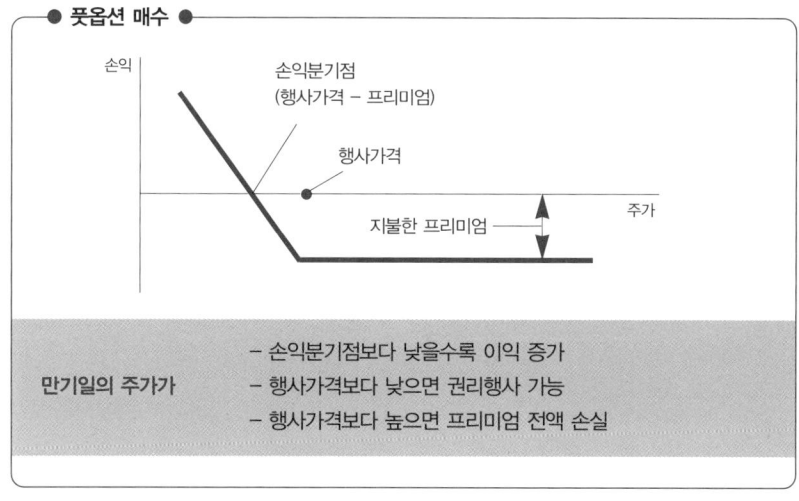

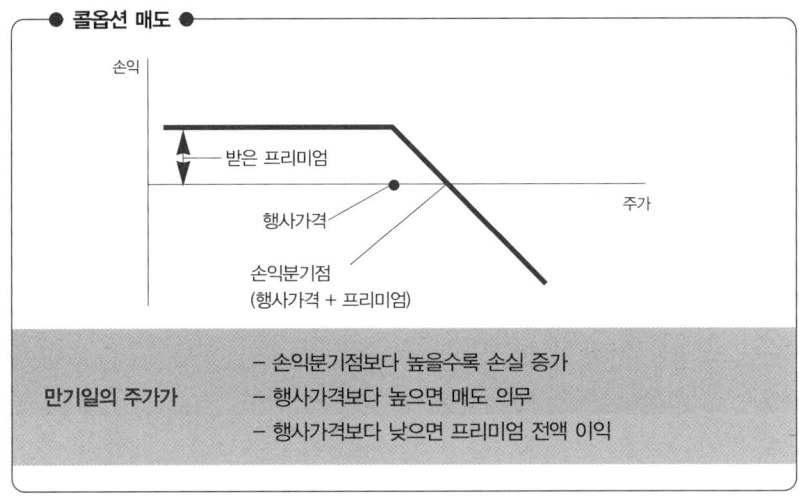

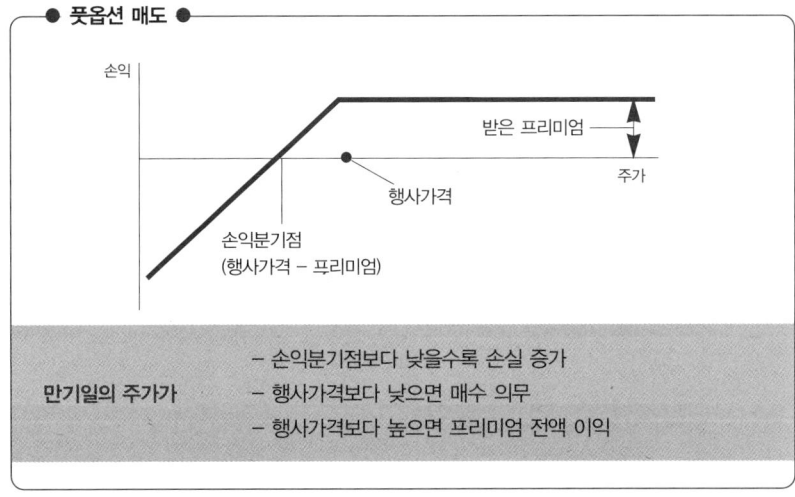

그러면 사례를 통해 옵션의 손익그래프가 의미하는 바를 좀더 자세히 알아보기로 하겠습니다.

다음 면의 그래프는 콜옵션과 풋옵션(행사가격 150포인트, 프리미엄 3.6포인트, 100계약)의 포지션을 설정한 후 옵션을 만기일까지 보유하였을 때 옵션투자자의 손익을 나타내고 있습니다.

그래프를 보면 만기일의 기초자산의 종가가 오르거나 내릴 때 콜옵션 매수자, 콜옵션 매도자, 풋옵션 매수자, 풋옵션 매도자의 손익이 각각 어떻게 다른지 확인할 수 있습니다.

그래프에서 옵션 매수포지션은 무한대의 이익과 한정된 손실의 손익구조를 가지며, 옵션 매도포지션은 무한대의 손실과 한정된 이익의 손익구조를 가집니다. 이와 같은 손익구조의 비대칭은 옵션투자가 갖는 가장 큰 특징 중 하나로 다양한 옵션전략을 구사할 수 있는 바탕이 됩니다.

옵션의 손익그래프도 선물의 손익그래프와 마찬가지로 매수와 매도의 손익그래프는 서로 상하대칭의 모양을 하고 있으며, 매수자의 이익은 매도자의 손실과 같고, 매수자의 손실은 매도자의 이익과 같습니다. 즉, 옵션 매수자와 옵션 매도자의 손익의 합은 제로(Zero Sum)가 됩니다.

여기서 유념할 사항은 이들 그래프는 옵션을 만기일까지 보유했을 때의 손익그래프이며, 만기일 전에 중간청산할 경우의 손익은 나타내지 못하고 있다는 사실입니다. 옵션의 중간청산시의 손익그래프는 뒤에 상세히 설명하도록 하겠습니다.

① 행사가격 150포인트짜리 콜옵션을 프리미엄 3.60에 100계약 매수한 경우

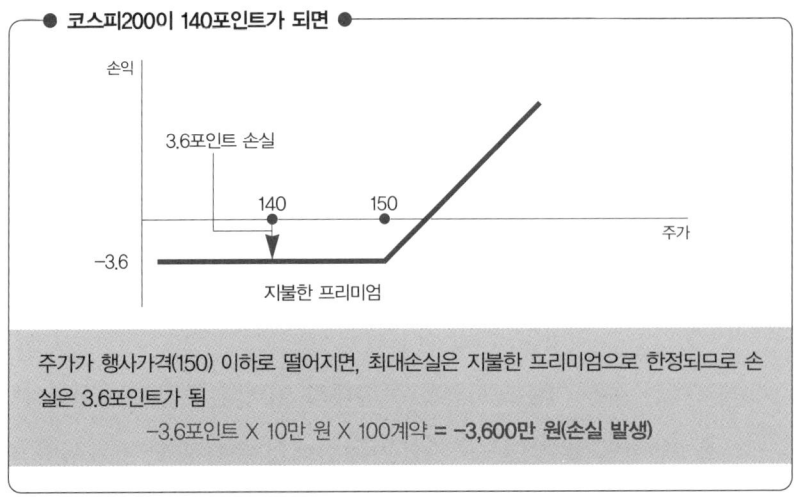

주가가 행사가격(150) 이하로 떨어지면, 최대손실은 지불한 프리미엄으로 한정되므로 손실은 3.6포인트가 됨
-3.6포인트 X 10만 원 X 100계약 = **-3,600만 원(손실 발생)**

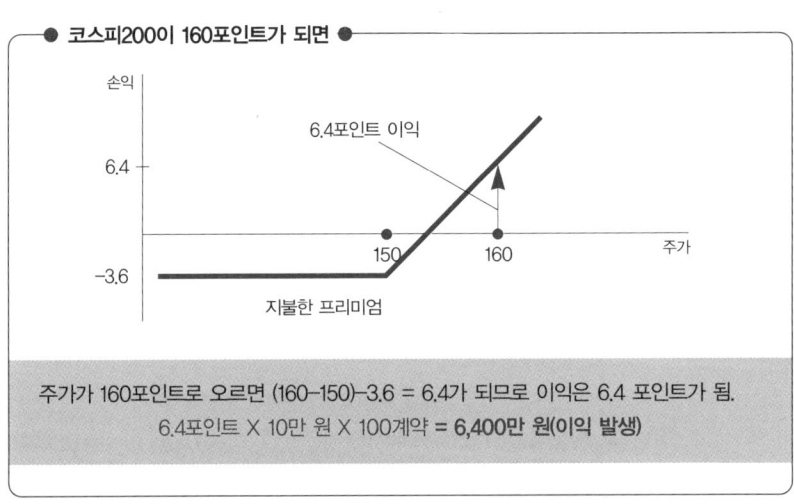

주가가 160포인트로 오르면 (160-150)-3.6 = 6.4가 되므로 이익은 6.4 포인트가 됨.
6.4포인트 X 10만 원 X 100계약 = **6,400만 원(이익 발생)**

② 행사가격 150포인트짜리 콜옵션을 프리미엄 3.60에 100계약 매도한 경우

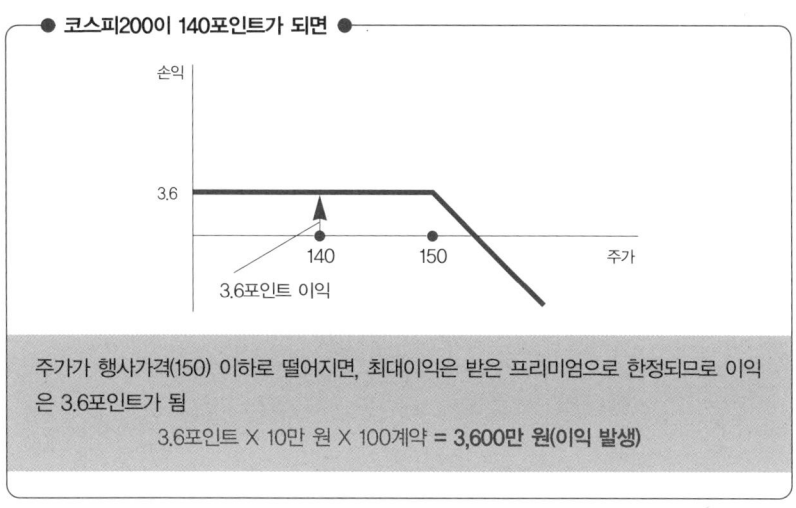

② 행사가격 150포인트짜리 콜옵션을 프리미엄 3.60에 100계약 매도한 경우 주가가 행사가격(150) 이하로 떨어지면, 최대이익은 받은 프리미엄으로 한정되므로 이익은 3.6포인트가 됨

3.6포인트 × 10만 원 × 100계약 = **3,600만 원(이익 발생)**

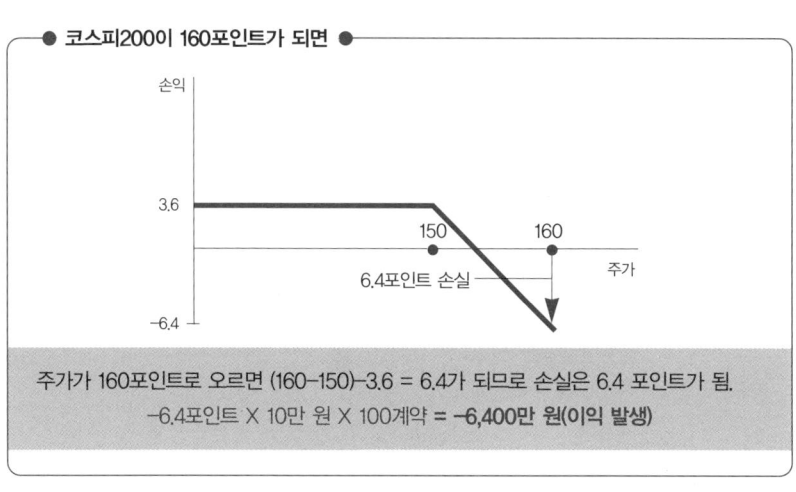

주가가 160포인트로 오르면 (160−150)−3.6 = 6.4가 되므로 손실은 6.4 포인트가 됨.
−6.4포인트 × 10만 원 × 100계약 = **−6,400만 원(이익 발생)**

③ 행사가격 150포인트짜리 풋옵션을 프리미엄 3.60에 100계약 매수한 경우

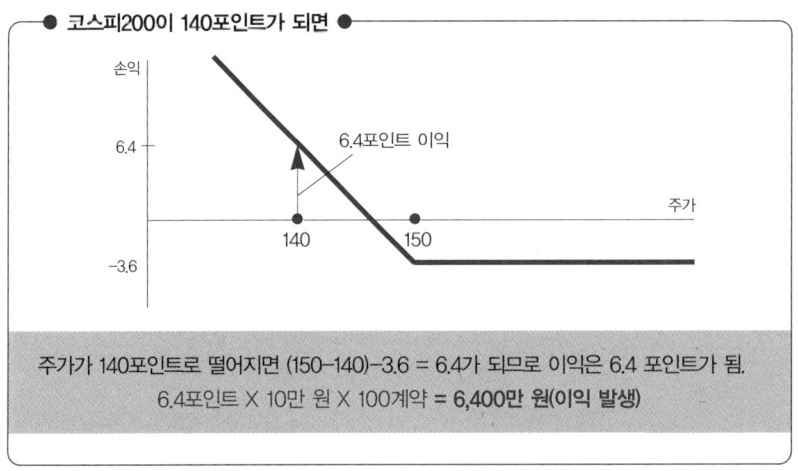

주가가 140포인트로 떨어지면 (150-140)-3.6 = 6.4가 되므로 이익은 6.4 포인트가 됨.
6.4포인트 X 10만 원 X 100계약 = **6,400만 원(이익 발생)**

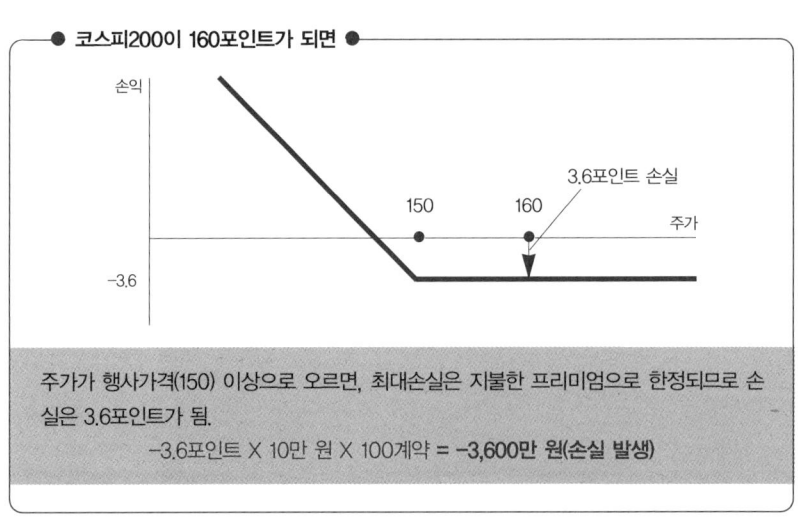

주가가 행사가격(150) 이상으로 오르면, 최대손실은 지불한 프리미엄으로 한정되므로 손실은 3.6포인트가 됨.
-3.6포인트 X 10만 원 X 100계약 = **-3,600만 원(손실 발생)**

④ 행사가격 150포인트짜리 풋옵션을 프리미엄 3.60에 100계약 매도한 경우

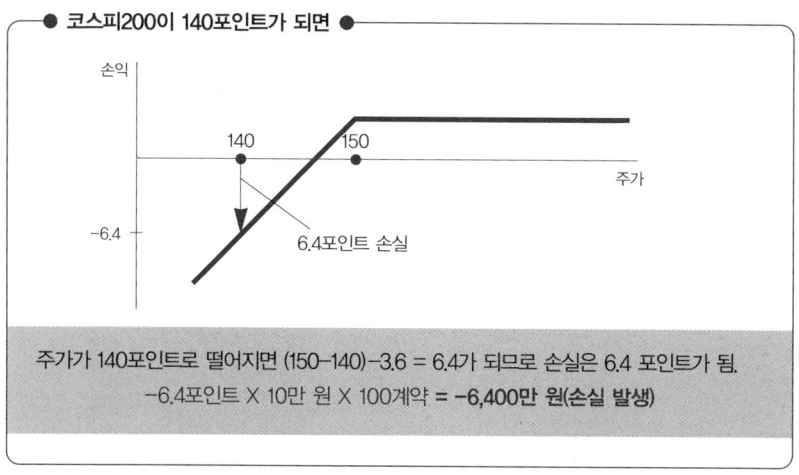

주가가 140포인트로 떨어지면 (150−140)−3.6 = 6.4가 되므로 손실은 6.4 포인트가 됨.
−6.4포인트 × 10만 원 × 100계약 = **−6,400만 원(손실 발생)**

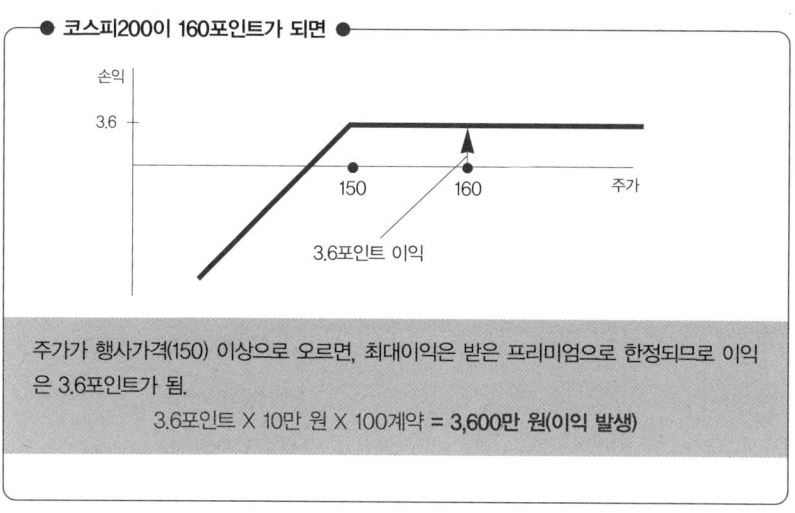

주가가 행사가격(150) 이상으로 오르면, 최대이익은 받은 프리미엄으로 한정되므로 이익은 3.6포인트가 됨.
3.6포인트 × 10만 원 × 100계약 = **3,600만 원(이익 발생)**

코스피 선물·옵션의 계좌 개설과 거래는 어떻게 하나요

선물·옵션의 거래를 위해서는 계좌신청 시 일정액의 기본예탁금이 필요하며, 선물·옵션의 약정금액에 따라 별도의 위탁증거금을 예치해야 합니다.

|계좌개설과 거래|

선물·옵션 거래를 하기 위해서는 일반주식계좌와 별도로 선물계좌가 있어야 합니다. 선물·옵션의 거래를 위해서는 계좌신청 시 일정액의 기본예탁금이 필요하며, 선물·옵션의 약정금액에 따라 별도의 위탁증거금(개시증거금)을 예치해야 합니다.

홈트레이딩 시스템을 통하여 선물·옵션거래를 하는 방법은 현물주식 거래의 경우와 거의 비슷합니다. 현재가격을 확인하고 주문창을 열어 주문가격과 주문수량만 입력하면 바로 고위험 고수익 시장에서 거래할 수 있습니다.

그러나 실제 거래에 들어가기 전에 선물·옵션의 이론과 거래규칙을 충분히 숙지하기 바랍니다.

잠시 증권사의 홈트레이딩 시스템의 선물·옵션의 현재가 창을 보겠습니다.

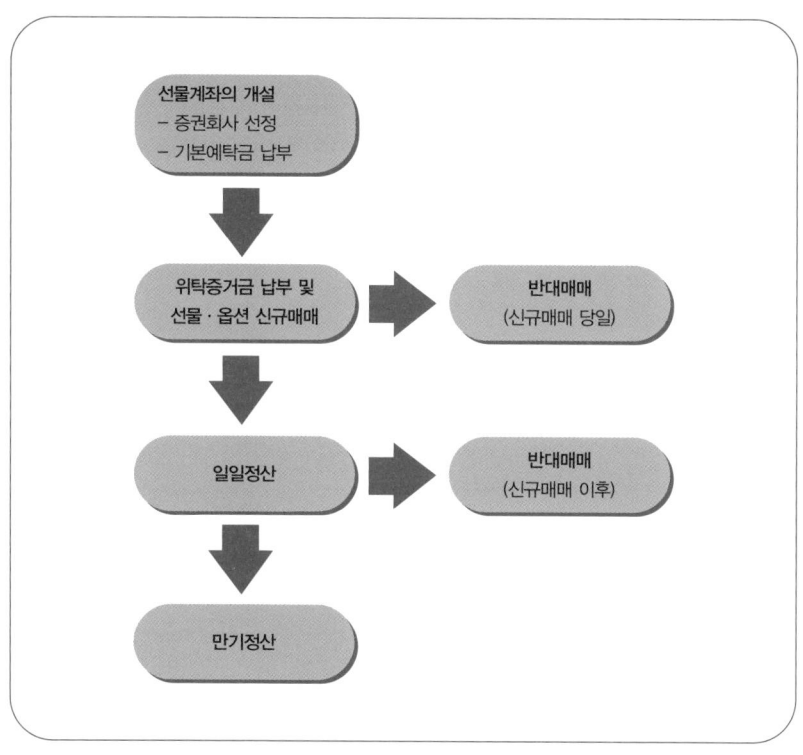

선물 현재가 창에는 선물코드, 이론가, 미결제수량, 이론베이시스, 실제베이시스, 괴리율, 최종거래일, 잔존일 등 현물거래에서는 볼 수 없었던 새로운 용어들이 보입니다. 그리고 옵션 현재가 창에는 선물에서 확인한 용어 외에도 옵션코드, 내재변동성, 델타, 감마, 세타, 베가, 로 등이 추가로 나타나 있습니다.

현재가 창에 나와 있는 정보라면 틀림없이 주문시 참고해야 할 어떤 투자정보를 담고 있을 것이므로, 선물·옵션투자에 뛰어들기 전에 먼저 이들이 무엇을 의미하는지를 이해하고 투자정보로 활용할 수 있어야 합니다. 주문단추는 그 다음에 눌러도 늦지 않습니다.

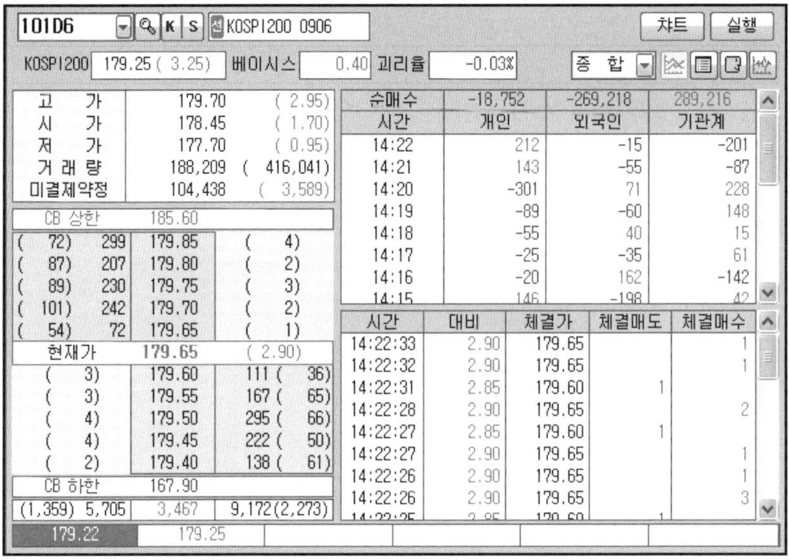
101D6
KOSPI200 0906
차트
실행
KOSPI200 179.25 (3.25) 베이시스 0.40 괴리율 -0.03%
종 합
고 가 179.70 (2.95)
시 가 178.45 (1.70)
저 가 177.70 (0.95)
거 래 량 188,209 (416,041)
미결제약정 104,438 (3,589)
CB 상한 185.60
(72) 299 179.85 (4)
(87) 207 179.80 (2)
(89) 230 179.75 (3)
(101) 242 179.70 (2)
(54) 72 179.65 (1)
현재가 179.65 (2.90)
(3) 179.60 111 (36)
(3) 179.55 167 (65)
(4) 179.50 295 (66)
(4) 179.45 222 (50)
(2) 179.40 138 (61)
CB 하한 167.90
(1,359) 5,705 3,467 9,172(2,273)
순매수 -18,752 -269,218 289,216
시간 개인 외국인 기관계
14:22 212 -15 -201
14:21 143 -55 -87
14:20 -301 71 228
14:19 -89 -60 148
14:18 -55 40 15
14:17 -25 -35 61
14:16 -20 162 -142
시간 대비 체결가 체결매도 체결매수
14:22:33 2.90 179.65 1
14:22:32 2.90 179.65 1
14:22:31 2.85 179.60 1
14:22:28 2.90 179.65 2
14:22:27 2.85 179.60 1
14:22:27 2.90 179.65 1
14:22:26 2.90 179.65 1
14:22:26 2.90 179.65 3
179.22 179.25

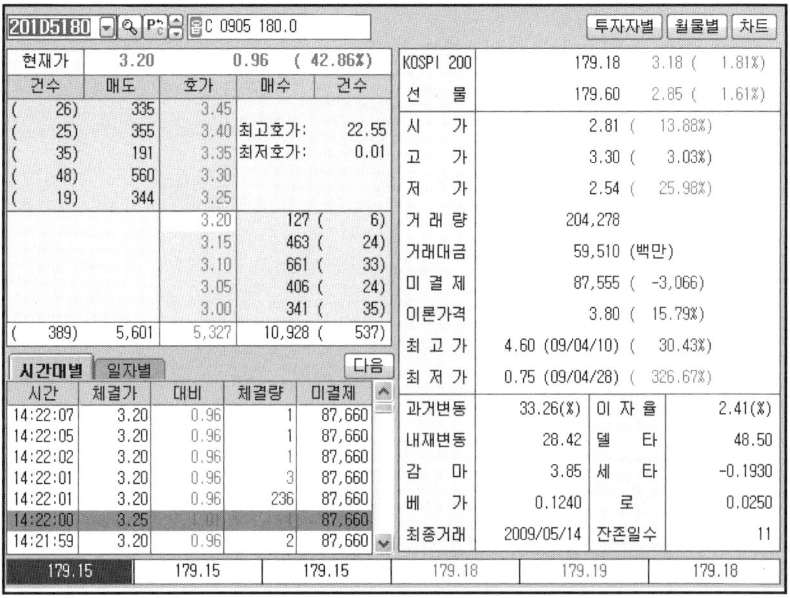
201D5180
C 0905 180.0
투자자별
월물별
차트
현재가 3.20 0.96 (42.86%)
건수 매도 호가 매수 건수
(26) 335 3.45
(25) 355 3.40 최고호가: 22.55
(35) 191 3.35 최저호가: 0.01
(48) 560 3.30
(19) 344 3.25
3.20 127 (6)
3.15 463 (24)
3.10 661 (33)
3.05 406 (24)
3.00 341 (35)
(389) 5,601 5,327 10,928 (537)
시간대별
일자별
다음
시간 체결가 대비 체결량 미결제
14:22:07 3.20 0.96 1 87,660
14:22:05 3.20 0.96 1 87,660
14:22:02 3.20 0.96 1 87,660
14:22:01 3.20 0.96 3 87,660
14:22:01 3.20 0.96 236 87,660
14:22:00 3.25 87,660
14:21:59 3.20 0.96 2 87,660
KOSPI 200 179.18 3.18 (1.81%)
선 물 179.60 2.85 (1.61%)
시 가 2.81 (13.88%)
고 가 3.30 (3.03%)
저 가 2.54 (25.98%)
거 래 량 204,278
거래대금 59,510 (백만)
미 결 제 87,555 (-3,066)
이론가격 3.80 (15.79%)
최 고 가 4.60 (09/04/10) (30.43%)
최 저 가 0.75 (09/04/28) (326.67%)
과거변동 33.26(%) 이 자 율 2.41(%)
내재변동 28.42 델 타 48.50
감 마 3.85 세 타 -0.1930
베 가 0.1240 로 0.0250
최종거래 2009/05/14 잔존일수 11
179.15 179.15 179.15 179.18 179.19 179.18

| 기본예탁금 |

선물·옵션거래를 하기 위해서는 일반주식계좌와 별도로 선물계좌가 있어야 하는데, 기본예탁금은 선물·옵션거래가 투자위험이 크기 때문에 소액투자자의 무분별한 참여를 제한하기 위하여 요구하는 예탁금입니다.

코스피200 선물·옵션거래의 경우, 계좌를 개설한 후 미결제약정을 보유하지 않은 투자자가 신규매수 또는 신규매도를 하고자 할 때는 일정금액(09년 현재 1500만 원) 이상의 현금 또는 상당하는 유가증권을 선물옵션 기본예탁금으로 증권회사에 납부하여야 합니다.

그러나 미결제약정을 보유하고 있는 경우는 기본예탁금 체크없이 신규주문이 가능하며, 보유미결제약정을 모두 해소한 경우에도 익일 결제시한 도래 전까지는 미결제약정이 있는 것으로 간주하여 신규주문이 가능합니다.

예를 들어 기본예탁금을 입금하고 선물포지션을 설정한 투자자가 주가가 예상과 반대방향으로 움직여서 약간의 손실이 발생했을 때 1계약의 포지션이라도 계속 보유하고 있으면 계좌가 유지되지만 반대매매를 하여 미결제약정을 정리해버리면 기본예탁금에 미달하기 때문에 계좌가 폐쇄됩니다.

만약에 계좌가 폐쇄되면 기본예탁금 이상이 되도록 증거금을 보충한 후에 다시 거래를 할 수 있게 됩니다. 미결제약정을 정리한 후라도 계좌가 폐쇄되는 것을 방지하려면 익일 지정한 시각까지 1계약의 미결제약정이라도 다시 보유하면 됩니다.

기본예탁금의 인출은 계좌내의 미결제약정이 전량 해소되어 결제가 끝나기 전에는 인출이 불가능합니다.

| 개시증거금 |

개시증거금은 다음 날 새로운 계약을 주문, 체결하고 여분의 금액을 인출할 때 기준이 되는 위탁증거금으로서, 주문 가능액과 인출 가능액은 예탁금이 위탁증거금을 넘어서는 금액 한도 내에서만 가능합니다.

개시증거금의 책정은 장 종료 후 현재 투자자가 보유하고 있는 미결제약정에 대하여 현물지수 및 각 종목들의 종가를 기준으로 산출되며, 다음 날 시장의 움직임이 투자자에게 가장 불리하게 변동했을 때 투자자가 보유하고 있는 선물·옵션 포트폴리오를 전량 반대매매하는 경우에 투자자가 부담해야 하는 정도의 금액으로 정합니다.

우리나라의 선물·옵션시장의 증거금제도는 선물포지션과 옵션포지션을 상호연계하여 종목 간의 위험을 서로 상쇄시켜 최소한의 증거금으로 결제이행을 보증할 수 있도록 하는 '포트폴리오 위험 기준 증거금제도'를 적용하고 있습니다.

- 코스피200 선물 : 선물주문가격×주문수량×50만 원×15%
  (현금 1/3 이상)
- 코스피200 선물 스프레드 : 주문수량×150만 원
  (전액 대용증권 가능)
- 코스피200 옵션 매수 : 주문가격×주문수량×10만 원
  (전액 현금)
- 코스피200 옵션 매도 : 다음 중 큰 금액(전액 대용증권 가능)
  - 계약수량×10만 원×(전일 코스피 200의 ±15% 적용 최대이론가격 − 전일종가)
  - 계약수량×10만 원×(전일 코스피 200의 ±15% 변동폭×25%)

참고)09년 03월 현재 기준이며 최신 개정내용은 증권사나 증권선물거래소 홈페이지(http://www.krx.co.kr)에서 확인할 수 있음

유지증거금과 추가증거금

유지증거금은 투자자가 선물포지션을 취한 후 반대매매를 당하지 않고 보유하기 위하여 선물계좌에 유지해야 하는 최소한도의 증거금이라고 할 수 있습니다.

개시증거금을 예치하고 투자를 시작하게 되면 매일매일 일일정산이

이루어지는데, 일일정산 결과 손실이 발생하면 계좌로부터 현금이 빠져나가게 됩니다. 그 결과 남은 예탁금이 유지증거금 이하가 되면 투자자는 추가증거금의 납부(마진콜)를 요구받게 되는데, 이때 거래소에서 정한 최소한의 증거금을 유지증거금이라 합니다.

증거금의 납부시한은 익일 지정된 시각까지이며, 납부금액은 개시증거금 수준(유지증거금 수준이 아님)이상이 되도록 추가증거금을 납부해야 합니다.

주문 시 증거금

개시증거금이 장 종료 후에 산출되는 데 반하여 장 중에 선물·옵션의 신규 주문에 대한 위탁증거금으로서 주문 시 증거금이 있습니다. 신규 주문에 대해서는 보유하고 있는 포트폴리오와는 별도로 주문 건별로 증거금을 산출하여 징수하는데, 투자자의 계좌에 여유 예탁금이 없으면 신규 주문은 접수되지 않습니다. 그러나 반대매매 주문에 대해서는 증거금을 요구하지 않습니다.

신규 주문 시의 증거금으로는 선물의 매수·매도 주문시에는 선물위탁금액의 15%가 필요하고, 옵션의 매수 주문 시에는 옵션매수대금(프리미엄) 전액이 필요합니다. 그리고 옵션의 매도 주문 시에는 거래소가 정하는 바에 따라 최대손실 가능 금액 이상의 증거금이 필요합니다.

| 체결 시 증거금 |

체결시증거금이란 장 도중에 매매가 체결되었을 때 매매가 체결된 시점부터 개장시 포지션과 합산된 포지션을 기준으로 산출하는 위탁증거금입니다.

'포트폴리오 위험 기준 증거금제도'에서는 헤지거래 등으로 포지션이 증가하더라도 투자자의 위험이 감소하는 경우가 있습니다. 기존의 미결제약정을 보유한 투자자는 장 도중에 매매가 체결되면 새로운 포트폴리오가 구성이 되며 기존의 포트폴리오와는 다른 새로운 위험 형태를 가지게 됩니다.

따라서 매매가 체결되면 새로운 포트폴리오를 개장시부터 보유한 것으로 가정하여 전일 종가를 기준으로 개시증거금 산출과 같은 방법으로 위탁증거금을 산출합니다.

| 일일정산과 반대매매 |

이상과 같이 선물거래에서는 계약불이행의 위험을 예방하기 위하여 선물투자자들에게 거래금액의 일정비율을 증거금으로 납입하게 할 뿐 아니라 개시증거금을 예치하고 투자를 시작하면 매일매일 거래가 마감된 뒤엔 일일정산을 합니다.

일일정산의 방법으로는 투자자의 선물포지션 변동과 시장의 가격변동을 컴퓨터로 계산하여 차익이 발생하면, 손실이 난 투자자의 선물계좌에서 현금을 인출하여 이익이 난 투자사의 선물계좌로 현금을 자동으로 이체하게 됩니다.

이때 계좌잔고가 유지증거금보다 줄어들면 거래소(증권회사 및 선물회사)는 고객에게 추가증거금을 요구하게 됩니다. 이것을 마진콜이라 합니다. 이때 투자자는 일일정산 후 증거금 부족액이 아닌 최초 개시증거금 수준까지 채워야 합니다. 만약 투자자가 지정한 시각까지 추가증거금을 납부하지 않으면 각 증권사는 반대매매주문(매수포지션은 하한가 매도주문, 매도포지션은 상한가 매수주문)을 내어 미결제약정을 청산하게 됩니다.

만약 폭등이나 폭락장세에서는 반대매매로 주문을 내어도 체결이 되지 않아 보유포지션을 청산하지 못하는 상황이 생길 때는 증권사가 손실을 입은 투자자 대신에 대납해 우선 결제를 이행하고 손실을 입은 투자자에게 대납한 금액을 청구합니다.

> **|KEY| 마진콜**
>
> 일일정산결과 고객의 손실규모가 커져 유지증거금이 부족할 때 증권사가 고객에게 즉시 증거금을 개시증거금 수준까지 더 넣을 것을 요구하는데 이를 추가증거금(마진콜) 요구라 합니다. 선물거래는 증거금 수준이 매우 낮아 계약기간 중의 가격변동에 의한 손실을 최종결제일까지 미룰 경우 손실액이 커져 결제불이행의 가능성이 높아지므로 마진콜을 통해 계약 이행을 보증합니다.

ELW는 주식을 옵션처럼 거래하는 방법이라면서요

주식워런트증권(ELW)는 '주식에 투자하는 새로운 방법'으로서, 거래대상물은 주식이지만 거래의 방법은 옵션거래와 아주 비슷합니다.

| 콜옵션매도 포지션 및 풋옵션매도 포지션과 흡사한 ELW의 손익구조 |

주식워런트증권(ELW, Equity Linked Warrant)는 특정주식이나 주가지수(기초자산)를 미래의 특정시점(만기일)에 미리 정해진 가격(행사가격)으로 사거나 팔 수 있는 '옵션의 성질을 가진 유가증권' 입니다.

옵션 시장에서는 누구라도 콜옵션이나 풋옵션을 '매도' 할 수 있고, 콜옵션이나 풋옵션을 매입할 수 있습니다. 이때 대금을 지불하고 옵션을 산 사람은 '권리'가 생기고 대금을 받고 옵션을 '판' 사람은 그 권리에 응해야 하는 '의무'가 생깁니다.

ELW도 옵션과 매우 유사한 손익구조를 가지고 있는데, ELW와 옵션과의 가장 큰 차이점은 ELW는 개인은 발행할 수가 없고, 특정 증권회사에서 발행하여 상장을 한다는 점입니다. 그래서 옵션 매도자가 의무를 지듯이 ELW를 발행하는 증권사는 의무를 지고, 옵션 매수자가 권리를 가지듯이 대금을 지불하고 매입하는 개인투자자들은 '권리'만 가집니다.

예를 들어보겠습니다. 투자자 갑돌 씨는 현재 60만 원 하는 삼성전자 주식이 더 오를 것으로 판단했습니다. 그래서 갑돌 씨는 삼성전자 주식을 사는 대신에 '대한증권이 발행한 삼성전자 주식을 1년 후에 60만 원에 살 수 있는 증서'를 1만 원에 샀습니다.

즉, 갑돌 씨는 '삼성전자' 주식을 미래에 정한 시점인 1년 후에 미리 정한 가격인 60만 원에 살 수 있는 권리, 이른바 옵션을 산 것입니다.

만약에 1년 후 삼성전자 주식이 60만 원보다 비싼 70만 원이 되면, 갑돌 씨는 보유하고 있는 권리를 행사해 '대한증권'으로부터 '삼성전자 주식'을 60만 원에 살 수 있습니다. 이것을 시장가격인 70만 원에 매도하면 10만원의 차액이 발생하는데, 이 차액에서 권리를 얻기 위해 지불한 비용 1만 원을 뺀 9만 원이 갑돌 씨의 수익이 됩니다.

반대로 주식이 하락해서 1년 후 삼성전자 60만 원보다 싼 50만 원이 되면, 60만 원에 살 수 있는 권리는 필요가 없어집니다. 시중에서 50만 원에 살 수 있는 삼성전자 주식을 굳이 대한증권에 60만 원에 사겠다고 주장할 필요가 없기 때문입니다. 이때는 권리를 포기하고 안 사면 됩니다. 따라서 갑돌 씨의 손실금액은 권리를 사기 위해 지불한 비용 1만 원으로 한정됩니다.

|ELW 투자에 앞서 특히 유념해야 할 사항|

ELW가 우리나라 거래소 시장에 도입된 것은 2005년 12월로서 얼마 되지 않았지만, 2008년 말 현재 증권선물거래소에 상장되어 거래되는 종목은 3124종목이나 되며, 코스피 시장대비 10~12% 대의 거래대금을 유지하고 있을 만큼 빠른 성장을 하고 있습니다.

ELW는 옵션의 경우처럼 주가의 상승시와 하락시에 모두 수익을 얻을 수 있고, 옵션매수포지션처럼 손실금액이 프리미엄에 한정되므로 증거금예탁 등 복잡한 절차가 없고, 발행가격도 1,000원 부근에서 결정되므로 소액투자자의 경우에도 쉽게 접근할 수 있는 새로운 투자수단이기는 합니다.

그러나 ELW투자에 앞서 특히 주의할 사항은 코스피200 옵션에 비해 ELW는 유동성이 떨어지기 때문에 매매가 쉽지 않다는 것과 옵션은 주가지수를 기초자산으로 하는 반면 ELW는 개별주식을 기초자산으로 하고 있기 때문에 옵션에 비해 가격조작의 위험성이 훨씬 더 크다는 사실입니다. 따라서 대박을 기대하고 몰려든 개인투자자들이 프리미엄을 지불하고 권리를 매입하지만, 빠른 정보와 가격조작의 힘을 가진 큰손은 개인투자자들의 눈먼 푼돈을 알뜰히 챙겨먹는다는 사실을 유념하시기 바랍니다.

02
선물·옵션의 이론가격과 대박의 원리

선물 옵션 투자자가 가장 알고 싶은 101가지

# 선물이론가격이 뭔가요

선물이론가격은 선물시장에서 거래되고 있는 선물가격이 현물가격에 비해 얼마나 고평가 혹은 저평가되어 있는지의 기준이 되는 가격입니다.

주가지수 선물시장에서 말하는 '현물가격'이란 현물주식시장의 가격 수준을 나타내는 코스피200 지수나 스타지수를 의미합니다. 따라서 현물가격은 현물주식시장의 수요와 공급에 따라 결정이 됩니다.

'선물시장가격'은 선물시장에서 거래되는 선물의 가격을 말하는데, 이는 선물시장의 거래대상물인 코스피200 지수나 스타지수가 만기일에 얼마가 될 것인가 하는 판단을 기준으로 선물시장에서 거래되는 선물가격을 의미합니다. 선물시장가격 역시 선물시장에서의 수요와 공급에 의해 결정되는데 선물 매수세력이 크면 가격이 오르고 선물 매도세력이 크면 가격이 내립니다.

선물시장에서 거래되는 선물시장가격 외에 '선물이론가격'이라는 것이 있습니다. 선물이론가격은 현물가격을 기준으로 이자율 등을 감안하여 계산한 값으로 선물의 이론적인 적정가격을 나타내는 값입니다.

따라서 선물이론가격은 현재 선물시장에서 거래되고 있는 선물가격이 현물가격에 비해 얼마나 고평가 혹은 저평가 되어 있는지의 기준이 되는 가격입니다. 선물이론가격은 현물가격에 단기 금리를 더하고 배당수익률을 차감하여 산출합니다.

선물이론가격 = 미래의 현물가격 기대치
　　　　　 = 현물가격 + 순보유비용
　　　　　 = 현물가격 + (금융비용−금융수익) × 잔존기간
　　　　　 = 현물가격 + 현물가격 × (단기금리−배당수익률) × 잔존기간

앞의 선물이론가격 공식에서 확인한 바와 같이 금리가 높고 만기일까지의 잔존기간이 길수록 선물이론가격은 더 높게 나타납니다. 따라서 정상적인 시장조건에서는 선물시장가격은 현물가격보다 비싼 값에 거래됩니다.

그리고 만기일이 될수록 선물이론가격은 현물가격에 접근하게 됩니다. 앞의 선물이론가격 공식에서 그 이유를 알아보겠습니다. 이해를 쉽게 하기 위해서 영향이 적은 배당수익률은 무시하고 금리만을 가지고 생각해보겠습니다. 만기일이 다가올수록 이자를 부담하는 기간이 짧아지므로 금리의 영향이 작아지게 되며 만기일에는 금리의 영향이 제로(0)가 됩니다. 따라서 선물만기일이 다가올수록 선물이론가격은 현물가격에 접근하게 되며 선물만기일이 되면 선물가격과 현물가격은 서로 같아지게 됩니다.

```
                    ┌─────────────────────┐
                    │     선물이론가격      │
                    ├─────────────────────┤
                    │ • 현물 가격을 기준으로 계산한 이론값 │
                    │ • 선물의 이론적인 적정가격    │
                    └─────────────────────┘
              ↗↙                        ↘↖
           괴리율                      이론베이시스
         ↗↙                                  ↘↖
┌─────────────────────┐           ┌─────────────────────┐
│     선물시장가격       │           │       현물가격        │
├─────────────────────┤  ←──→     ├─────────────────────┤
│ • 만기일에 현물가격이 얼마가 될  │           │ • 코스피200지수, 스타지수     │
│   것인지를 기준으로 시장에서 거  │           │ • 현물주식의 사장가격          │
│   래되는 선물가격           │           │                      │
└─────────────────────┘           └─────────────────────┘
                            시장베이시스
```

- **시장베이시스** = 선물시장가격 − 현물가격
- **이론베이시스** = 선물이론가격 − 현물가격
- **괴리율** = $\dfrac{(\text{선물시장가격} - \text{선물이론가격})}{\text{선물이론가격}} \times 100$

베이시스와 괴리율도 중요한 건가요

베이시스와 괴리율은 선물가격과 현물가격 사이의 균형 상태를 판단하는 기준으로 이용됩니다.

선물시장가격과 현물가격은 이론적으로 밀접한 상관관계를 가지고 있지만 선물시장과 현물시장의 수급 상황에 따라 각각 다른 가격의 움직임을 보입니다. 베이시스와 괴리율은 선물가격과 현물가격의 차이를 나타내는 개념으로서 선물가격과 현물가격 사이의 균형 상태를 판단하는 기준으로 이용됩니다.

| 베 이 시 스 |

선물가격에서 현물가격을 뺀 차이 값을 '베이시스'라고 하는데, 베이시스에는 시장베이시스와 이론베이시스 두 가지가 있습니다. 시장베이시스는 선물시장에서 거래되는 선물가격과 현물가격의 차이를 의미하는데, 그냥 베이시스라 하면 시장베이시스를 의미합니다. 그리고 이론베이시스란 선물이론가격과 현물가격의 차이를 의미합니다.

> - **시장베이시스** = 선물시장가격 − 현물가격
> - **이론베이시스** = 선물이론가격 − 현물가격
>   = 현물가격 × (단기금리−배당수익률) × 잔존기간

베이시스는 선물가격이 현물가격보다 높으면 양(+)의 값을 가지며 선물가격이 현물가격보다 낮으면 음(−)의 값을 가집니다. 이론적으로는 선물시장가격은 현물가격보다 높은 것이 정상이므로 대개는 양(+)의 값을 가집니다. 그러나 때로는 선물가격이 오히려 낮아져서 시장베이시스가 음(−)의 값을 갖는 경우도 있습니다.

예를 들어 현물가격이 150.05포인트이고 선물시장가격이 150.20포인트라면 시장베이시스는 0.15가 됩니다. 그리고 현물가격이 150.30포인트이고 선물시장가격이 150.20포인트라면 시장베이시스는 −0.10이 됩니다. 그리고 현물가격이 150.10포인트이고 선물이론가격이 150.30포인트라면 이론베이시스는 0.20이 됩니다.

시장베이시스는 시장의 수급 상황에 따라 수시로 확대되거나 축소됩니다. 그 과정에서 수급 불안정으로 인해 시장베이시스가 일정범위를 벗어나게 되면, 상대적으로 고평가된 것을 매도하고 저평가된 것을 매수하는 차익거래가 발생하여 정상적인(이론가격에 가까운)가격 수준으로 회귀하게 됩니다.

베이시스의 변화를 살피면 시장의 추세와 강도를 확인할 수도 있습니다. 대체로 상승추세로 전환할 때는 선물 매수세력에 의하여 선물가격이 강한 하방경직성을 보이거나 현물가격에 앞서 뚜렷한 상승세를

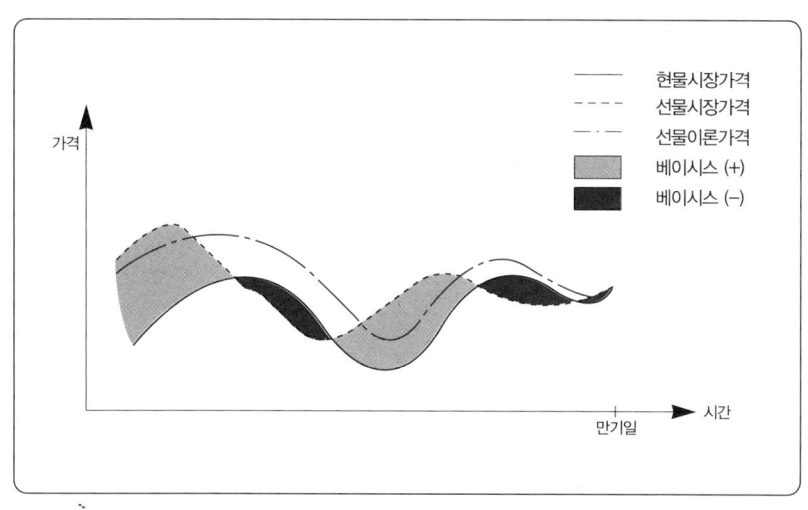

보이면서 베이시스의 고평가 현상이 크게 나타나기 시작합니다.

그리고 하락추세로 전환할 때는 선물 매도세력에 의하여 선물가격이 강한 상방경직성을 보이거나 현물가격에 앞서 하락세를 보이면서 베이시스의 저평가 현상이 크게 나타나기 시작합니다.

| 괴리율 |

괴리율이란 선물시장가격과 선물이론가격의 차이를 백분율로 표시한 값인데, 이것을 식으로 나타내면 다음과 같습니다.

$$\cdot \text{괴리율}(\%) = \frac{\text{선물시장가격} - \text{선물이론가격}}{\text{선물이론가격}} \times 100$$

괴리율이 양수(+)이면 선물시장가격이 선물이론가격 대비 고평가되어 있고 음수(-)이면 선물이론가격 대비 저평가되어 있다는 것을 뜻합니다. 예를 들어 선물시장가격이 150.00포인트이고 선물이론가격이 151. 50포인트라면 괴리율은 마이너스 1%로 선물시장가격이 1%가량 저평가되어 있음을 의미합니다.

| KEY | 헤지거래와 베이시스 위험

현물가격과 선물가격은 일반적으로 거의 일정한 비율을 유지하며 등락하게 됩니다. 그러나 때로는 베이시스(현물가격과 선물가격의 차이)가 정상적인 범위를 벗어나는 경우가 많습니다. 때문에 현물포지션의 위험회피를 위하여 현물포지션과 반대의 선물포지션을 취해 헤지를 하더라도 베이시스가 고정적이지 않기 때문에 완전한 헤지는 현실적으로 불가능합니다. 계약체결 시점에서의 베이시스와 계약청산 시점에서의 베이시스가 다르게 되어 헤지 결과에 영향을 주기 때문입니다. 이와 같이 현물가격과 선물가격의 차인 베이시스가 변동하여 불완전한 헤지로 인해 발생하는 위험을 베이시스 위험이라고도 합니다. 헤지거래를 하면 시장가격변동 위험은 피하지만 베이시스변동 위험에 노출이 됩니다. 그러나 베이시스변동 위험이 가격변동 위험보다 훨씬 작기 때문에 위험회피 수단으로 사용하는 것입니다.

콘탱고와 백워데이션은
무얼 하는 거죠

선물시장가격이 현물가격(KOSPI200, 스타지수)보다 높은 정상 상태를 콘탱고, 현물가격보다 낮은 비정상 상태를 백워데이션이라고 합니다.

    이론적으로는 선물시장가격은 현물가격보다 높아야 정상이므로, 보통의 경우는 베이시스가 양(+)의 값으로 됩니다. 이런 상태를 '콘탱고 상태'라고 하며 콘탱고 상태의 시장을 '정상시장'이라고 합니다.

    그러나 때로는 일시적인 수급불균형으로 선물시장가격이 현물가격보다 오히려 싸게 형성되는 경우가 발생하기도 하는데, 이런 상태를 '백워데이션 상태'라고 하며 백워데이션 상태의 시장을 '비정상시장'이라고 합니다. 그리고 선물시장가격이 선물이론가격보다도 낮은 경우를 '디스카운트 상태'라고 합니다.

    시장베이시스가 이론베이시스와 일치하는 상태는 선물가격과 현물가격이 균형을 이루고 있는 것을 의미합니다. 그리고 시장베이시스가 이론베이시스보다 크면 선물시장가격이 현물가격에 비해 고평가 상태, 반대인 경우에는 저평가 상태에 있음을 의미합니다. 때로는 선물시장가격이 선물이론가격 대비 저평가 상태가 상당기간 지속되는 경우가 있는데, 선물고평가 상태보다 선물저평가 상태가 균형가격의 회복이 더딘 경우가 많습니다.

그 이유는 선물고평가 상태에서는 현물을 공매도하면 되지만 선물저평가(현물고평가)상태에서는 현물의 공매도가 용이하지 않기 때문입니다.

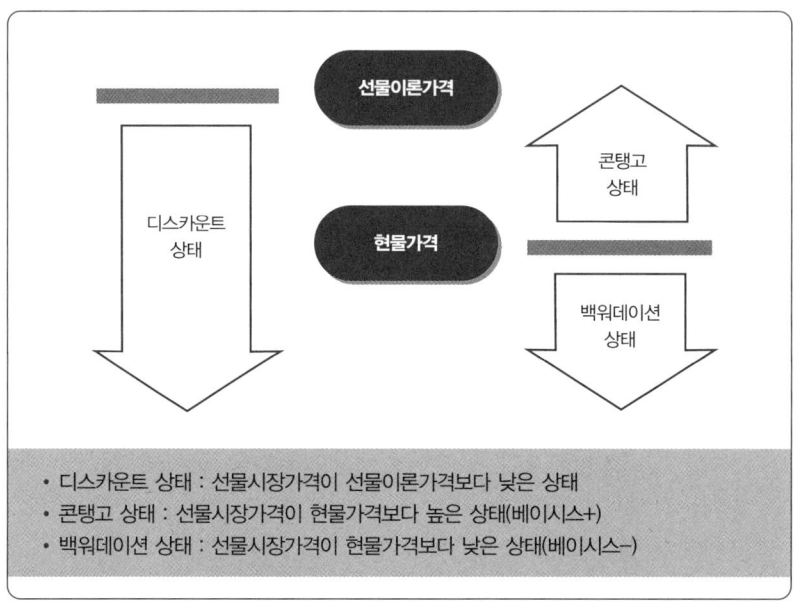

- 디스카운트 상태 : 선물시장가격이 선물이론가격보다 낮은 상태
- 콘탱고 상태 : 선물시장가격이 현물가격보다 높은 상태(베이시스+)
- 백워데이션 상태 : 선물시장가격이 현물가격보다 낮은 상태(베이시스−)

옵션의 이론가격을 형성하는 요인들은요

옵션이론가격은 선물이론가격이 주가와 이자율에 의해서만 결정되는 데 비해 주가, 변동성, 행사가격, 잔존기간, 이자율이란 보다 많은 요인에 의해 결정됩니다.

선물가격은 주가의 등락과 거의 유사한 움직임을 하고 있습니다. 선물이론가격은 '주가'와 '이자율'에 의해 좌우되기 때문에 개념을 이해하기도 쉬울 뿐 아니라 선물투자를 할 때에도 주가의 움직임만을 예측하는 것만으로도 투자전략을 수립하는 데 별다른 문제가 없습니다.

그러나 옵션가격의 움직임은 그리 간단하지가 않습니다. '주가'와 '이자율' 뿐 아니라 생소한 개념의 여러 가지 인자들이 동시에 작용하기 때문입니다. 따라서 옵션의 가격은 휴대용 계산기를 두드려서는 가늠할 수 없을 정도로 복잡한 가격 움직임을 보입니다.

옵션의 가격을 결정하는 중요한 요소로는 다섯 가지(주가, 변동성, 행사가격, 잔존기간, 이자율)가 있습니다. 옵션의 이론가격은 이 다섯 가지 요소를 컴퓨터로 계산하는데, 이렇게 계산된 이론가격은 옵션을 매매하는 기준으로 사용됩니다.

따라서 시장의 움직임이 예상될 때, 주가가 변하면 옵션의 행사 가격에 따라 옵션의 가격이 어떻게 변할지, 잔존기간에 따라 어떤 전략

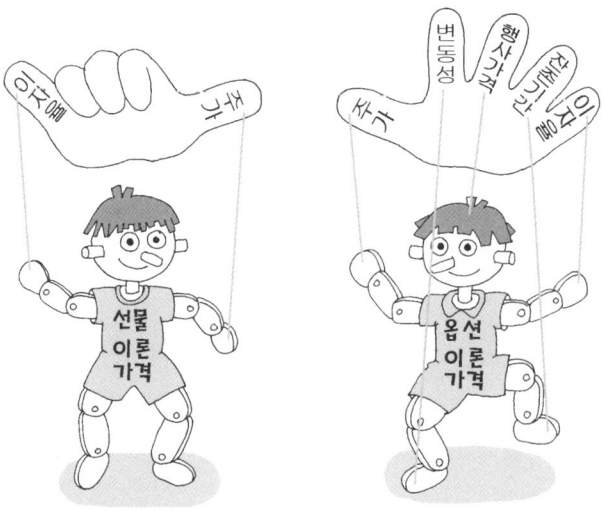

을 사용할지 그리고 목표수익률을 얼마로 잡을지 등을 판단하려면 이상의 다섯 가지 요인이 옵션가격에 어떤 영향을 미치는지를 이해해야 합니다.

물론 단순히 현재시점에 거래되고 있는 옵션의 가격이 현물가격과 비교해서 이론적으로 적정한 가격인지 알기 위해서는 증권사에서 제공하는 종목별 옵션이론가격을 참고하여 판단하면 됩니다.

그러나 이 값은 과거의 값이거나 현재의 값일 뿐 시장의 변화를 예상하고 옵션가격을 미리 예측해보고자 하는 욕구는 충족시켜주지 못합니다. 한편 옵션이론가격뿐 아니라 옵션의 전반적인 개념을 좀더 쉽게 이해하기 위해서는 옵션 그래프를 정확히 볼 줄 알아야 합니다.

| KEY | **선물·옵션의 가격제한폭**

　　　　선물의 경우는 전일의 정산가격 대비±10%를 가격제한폭으로 합니다. 상한가의 경우는 전일의 정산가격에 1.1을 곱한 값이 상한가가 되는데, 만약 계산값이 호가단위에 해당하지 않은 경우에는 계산값보다 바로 아래의 호가단위에 해당하는 값으로 합니다. 하한가의 경우는 전일의 정산가격에 0.9를 곱한 값이 하한가가 되는데, 만약 계산값이 호가단위에 해당하지 않은 경우에는 계산값보다 바로 위의 호가단위에 해당하는 값으로 합니다.

기준가가 100포인트인 경우		기준가가 100.05포인트인 경우	
(기준가×1.1) 상한가	(110.00) 110.00	(기준가×1.1) 상한가	(110.055) 110.05
기준가	100.00	기준가	100.05
하한가 (기준가×0.9)	90.00 (90.00)	하한가 (기준가×0.9)	90.05 (90.045)

　　옵션의 경우는 가격제한폭을 두지 않습니다. 옵션은 행사가격에 따라 가격의 차이가 매우 크므로 모두 일률적인 가격제한폭을 설정하는 것이 곤란하기 때문입니다. 그러나 입력착오로 인한 불의의 피해를 방지하기 위하여 KOSPI200 지수가 ±15% 변동(KOSPI200 전 종목 상하한가)할 때의 옵션의 이론가격을 벗어나는 호가는 주문접수를 하지 않습니다.

옵션가격에서 내재가치와 시간가치의 의미는요

옵션가격은 내재가치와 시간가치로 이루어지는데, 내재가치는 주가와 행사가격의 영향을 받고, 시간가치는 변동성과 잔존기간 및 이자율의 영향을 받습니다.

옵션 프리미엄(옵션가격)은 내재가치와 시간가치의 합으로 이루어집니다.

옵션이론의 쉬운 이해를 위해 옵션의 프리미엄을 맥주에 비유해 설명해보겠습니다.

- 잔에 따라둔 맥주가 맥주와 맥주거품으로 이루어져 있듯이, 옵션 프리미엄은 내재가치와 시간가치로 이루어져 있습니다.
- 술잔을 그대로 두어도 시간이 지날수록 맥주거품이 줄어들고 결국엔 맥주만 남게 되는 것처럼, 주가의 변동이 없어도 만기일이 다가올수록 옵션의 시간가치는 줄어들어 만기일이 되면 제로(0)가 되므로 결국엔 내재가치만 남게 됩니다.
- 맥주거품보다 맥주가 본질가치이듯이 시간가치보다 내재가치가 옵션의 본질가치입니다.
- 맥주거품이 다른 술에는 없는 맥주만의 특징이면서 맥주의 맛을

더해주듯이, 시간가치는 현물과 선물투자에는 없는 옵션만의 특징이면서 옵션투자의 묘미를 더해줍니다.

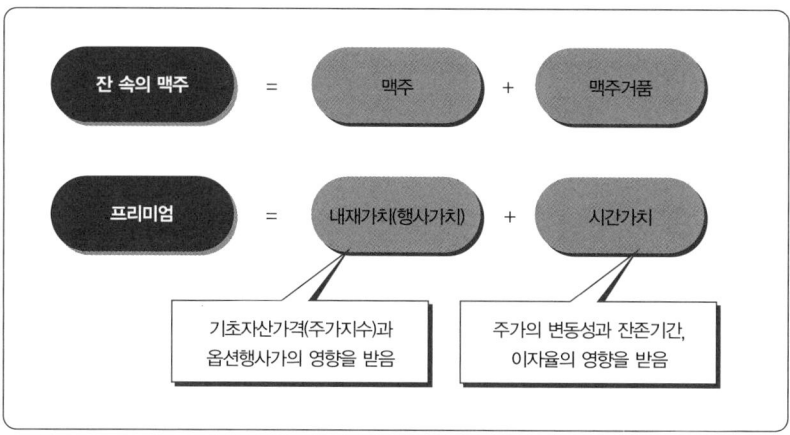

위의 그림에 보듯이 옵션의 가격은 내재가치와 시간가치의 변화에 따라 결정이 되는데, 내재가치는 '주가'와 '행사가격'의 영향을 받고 시간가치는 잔존기간과 이자율, 변동성의 영향을 받습니다.

옵션의 내재가치에 대해 좀더 알고 싶어요

시세가 1억 5천만 원인 아파트에 1억 원 내고 입주할 수 있는 분양권이 있다면, 이 분양권의 내재가치는 5천만 원이라고 할 수 있습니다.

내재가치는 행사가치 또는 본질가치라고 합니다.

1억 원에 입주할 수 있는 아파트 분양권에 대해서 생각해보겠습니다. 만기일(입주일)에 아파트 시세가 1억 5천만 원이라면 이 분양권을 가진 사람은 1억 5천만 원짜리 아파트에 1억 원만 주고 입주할 수 있으므로 이 분양권은 현금 5천만 원에 상당하는 가치를 지니고 있습니다.

이 때 분양권의 내재가치는 5천만 원이라고 할 수 있습니다. 또 아파트의 시세가 2억 원이라면 분양권의 내재가치는 1억 원이 됩니다. 그런데 만약 아파트의 시세가 1억 원 이하의 값으로 형성이 되면 분양권은 금전적인 가치를 지니지 못하여 휴지조각이 되고 맙니다. 즉, 분양권의 내재가치가 없는 경우가 됩니다.

이처럼 분양권(옵션)의 내재가치는 아파트 가격(주가)과 분양가(옵션의 행사가격)에 따라 결정이 됩니다. 그런데 분양가는 계약시점에 미리 결정이 되어 있으므로 분양권(옵션)의 내재가치는 오로지 아파트의 가격(주가)에 따라 변하게 됩니다.

마찬가지로 행사가격이 150포인트인 콜옵션은 기준물 가격이 160포인트라면 10포인트의 내재가치를 가지고 있습니다. 160포인트짜리 기준물을 150포인트에 살 수 있는 권리가 있으므로 10포인트의 가치를 지니는 것입니다. 또 행사가격이 150포인트인 풋옵션은 기준물 가격이 140포인트라면 10포인트의 내재가치를 가지고 있습니다. 140포인트짜리 기준물을 150포인트에 팔 수 있는 권리가 있으므로 이 옵션 역시 10포인트의 가치를 지니고 있습니다.

이처럼 옵션의 내재가치란 만기일이 되어 옵션 매수자가 옵션의 권리를 행사할 경우에 얻을 수 있는 이익을 말하며, 내재가치의 크기는 옵션기준물의 현재가격(주가)과 권리행사가격과의 차이에 의해 결정이 됩니다. 그리고 내재가치의 유무에 따라 내가격옵션, 외가격옵션, 등가격옵션으로 구분합니다.

분양권의 내재가치는 5000만 원

옵션 그래프를 이해하는 첫 단계로 옵션의 내재가치 그래프를 살펴보겠습니다. 옵션의 내재가치 그래프는 옵션의 행사가격에 의해서만 결정되며 행사가격에 따라 고유한 내재가치의 그래프를 가집니다.

다음의 그래프가 옵션 프리미엄의 내재가치 그래프의 기본형입니다. 위쪽이 행사가격 150일 때의 그래프이고, 아래쪽이 행사가격 140일 때의 그래프입니다.

그래프의 모양은 행사가격에서 사선만 그으면 되는 아주 간단한 모양을 하고 있습니다.

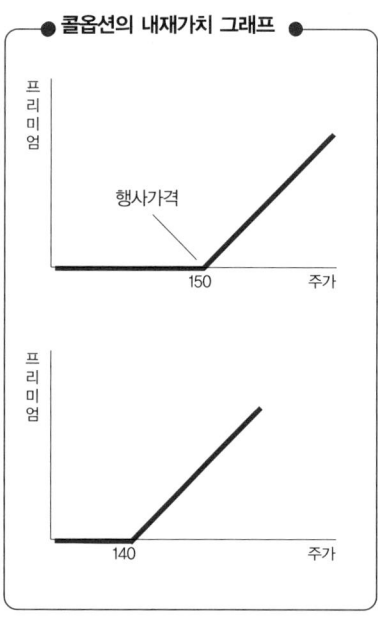 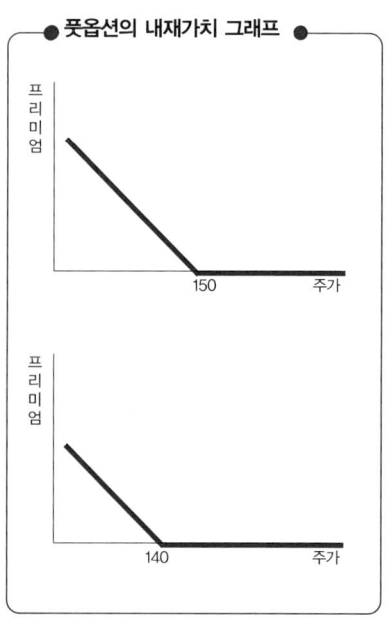

내재가치의 크기는 행사가격과 주가에 따라 결정됩니다. 그런데 행사가격은 최초 포지션 설정 시에 결정이 되어버리므로 그 후의 내재가치의 크기는 주가 변화에 의해서만 결정이 됩니다. 아래 그래프에서 볼 수 있듯이 콜옵션의 내재가치는 주가가 행사가격보다 오를수록 커지고, 풋옵션의 내재가치는 주가가 행사가격보다 내릴수록 커집니다.

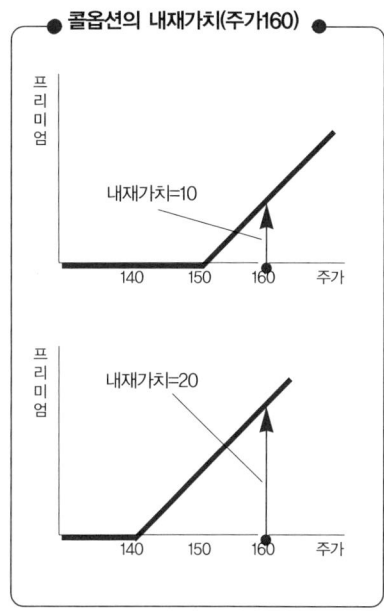
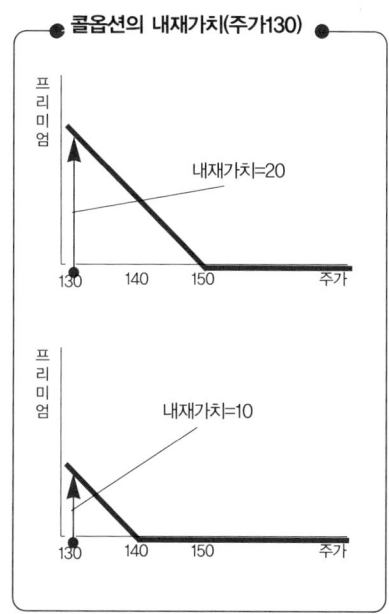

콜옵션에서는 주가에서 행사가격을 뺀 값이 콜옵션의 내재가치의 값이 됩니다.

그리고 풋옵션에서는 행사가격에서 주가를 뺀 값이 풋옵션의 내재가치의 값이 됩니다.

콜옵션의 경우 주가가 행사가격과 같아지거나 낮아지면 내재가치는 제로(0)가 됩니다. 반대로 풋옵션의 경우 주가가 행사가격과 같아지거나 높아지면 내재가치는 제로가 됩니다.

이처럼 내재가치의 최저값은 제로이며, 주가가 예측과 반대로 움직이더라도 결코 음수(-)값을 가지지는 않습니다. 그 이유는 옵션의 가격은 선택권에 대한 가격으로서 권리행사를 하는 것이 유리할 경우에는 권리행사를 하여 이익을 취할 수 있지만, 권리행사를 하는 것이 불리할 경우에는 권리행사를 포기하면 되기 때문입니다.

지금까지의 내용을 정리하면 옵션의 내재가치를 구하는 계산식은 다음과 같이 나타낼 수 있습니다.

- **콜옵션의 내재가치**
  =(주가-콜옵션 행사가격)과 '0' 중에서 큰 값
  =max[(주가-콜옵션 행사가격), 0]

- **풋옵션의 내재가치**
  =(풋옵션 행사가격-주가)와 '0' 중에서 큰 값
  =max[(풋옵션 행사가격-주가), 0]

옵션의 시간가치를 외재가치라고 하는 이유는요

옵션의 시간가치는 내재가치가 더욱 상승하리라는 기대의 값으로서 옵션의 프리미엄 중 내재가치를 초과하는 부분을 말하므로 외재가치라고도 합니다.

옵션은 권리행사를 통해 얻을 수 있는 본질적인 내재가치보다도 시간가치만큼 더 비싼 가격으로 거래가 됩니다. 옵션의 시간가치란 옵션의 내재가치가 더욱 상승할 것으로 기대하는 '기대의 값'으로서, 내가격옵션에서는 내재가치가 더욱 증대될 가치를 의미합니다. 외가격옵션과 등가격옵션에서는 현재 내재가치가 없지만 내재가치를 가지게 될 가능성에 대한 가치를 의미합니다. 시간가치는 옵션의 프리미엄 중 내재가치를 초과하는 부분을 말하므로 외재가치라고도 합니다.

옵션은 선택권이기 때문에 옵션의 가격은 기초자산의 가격변동폭이 클수록, 그리고 만기일이 많이 남아 있을수록 비싸게 거래됩니다.

변동폭이 클수록 옵션의 가격이 비싼 이유는 옵션 매수자의 입장에서 볼 때 기초자산의 가격변동폭이 클수록 유리한 점은 있지만 변동폭이 크다고 불리해지는 점은 없기 때문입니다.

변동성이 커서 주가가 자신이 예상하는 방향으로 크게 움직일 경우에는 권리를 주장하여 변동폭만큼의 수익을 올릴 수 있어 유리해지지만, 자신의 예상과 반대방향으로 크게 움직일 경우에는 권리를 포기하면 손실의 폭은 프리미엄에 한정되므로 불리해지는 점은 없습니다.

또 만기일까지의 기간이 많이 남아 있을수록 옵션가격이 비싼 이유는, 기초자산의 변동이 자신에게 유리하게 작용할 기회가 많아지기 때문입니다.

시간가치는 기대의 값이므로 최저값은 제로(0)이며 음수값을 갖지 않습니다. 그리고 시간가치는 콜·풋옵션 모두 주가가 행사가격과 일치하는 등가격옵션에서 최대값을 가집니다. 등가격옵션에서는 내재가치가 없지만 향후에 내재가치를 갖게 되리라는 기대가 가장 크기 때문입니다. 그리고 심한 외가격옵션과 심한 내가격옵션이 될수록 시간가치는 제로(0)에 수렴합니다. 따라서 시간가치의 그래프는 등가격 부근에서 뾰족하게 솟아오른 모양으로 나타납니다.

지금까지의 내용을 묶어서 옵션의 시간가치를 식으로 정리하면 다음과 같은 계산식으로 나타낼 수 있습니다.

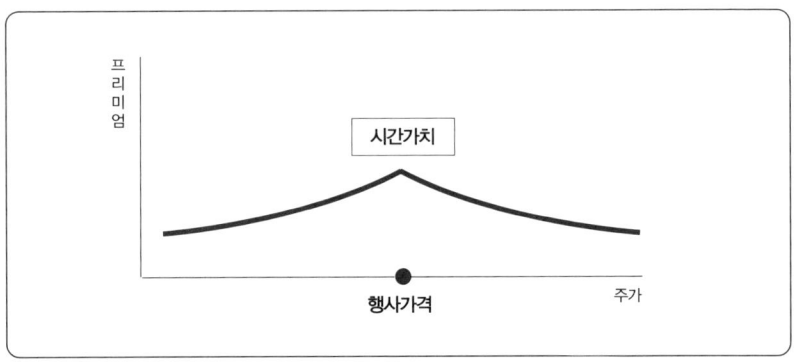

- **시간가치**=프리미엄-내재가치
- **콜옵션의 시간가치**
  =프리미엄-(주가-콜옵션 행사가격)과 '0' 중에서 큰 값
  =프리미엄-max[(주가-콜옵션 행사가격),0]
- **풋옵션의 시간가치**
  =프리미엄-(풋옵션 행사가격-주가)와 '0' 중에서 큰 값
  =프리미엄-max[(풋옵션 행사가격-주가),0]

경기종료가 다가올수록 기대값은 줄어들 듯이 만기일이 다가올수록 옵션 가치는 줄어듭니다. 그리고 경기가 치열할수록 기대값은 크듯이 변동성이 클수록 옵션의 가치는 커집니다.

옵션 프리미엄 그래프는 어떻게 읽나요

옵션의 내재가치 그래프와 옵션의 시간가치 그래프를 더하면 옵션의 프리미엄 그래프가 됩니다.

옵션투자란 프리미엄 차액을 얻고자 하는 투자인 만큼 옵션 프리미엄의 움직임을 이해하는 것이 가장 중요합니다. 프리미엄 그래프를 이해하면 프리미엄(옵션가격)의 움직임이 보입니다.

> 내재가치(행사가치) + 시간가치 = 프리미엄

앞에서 소개한 이 공식을 그래프로 나타내면 다음의 그림과 같습니다. 콜옵션의 프리미엄 그래프는 콜옵션의 내재가치와 시간가치의 합으로 이루어지고, 풋옵션의 프리미엄 그래프는 풋옵션의 내재가치와 시간가치의 합으로 이루어집니다.

콜옵션은 주가가 행사가격보다 오를수록 내재가치가 증가하기 때문에 콜옵션의 프리미엄 그래프는 주가가 오를수록 증가하는 모양을 가집니다.

풋옵션은 주가가 행사가격보다 내릴수록 내재가치가 증가하기 때문에 풋옵션의 프리미엄 그래프는 주가가 내릴수록 증가하는 모습으로 나타납니다.

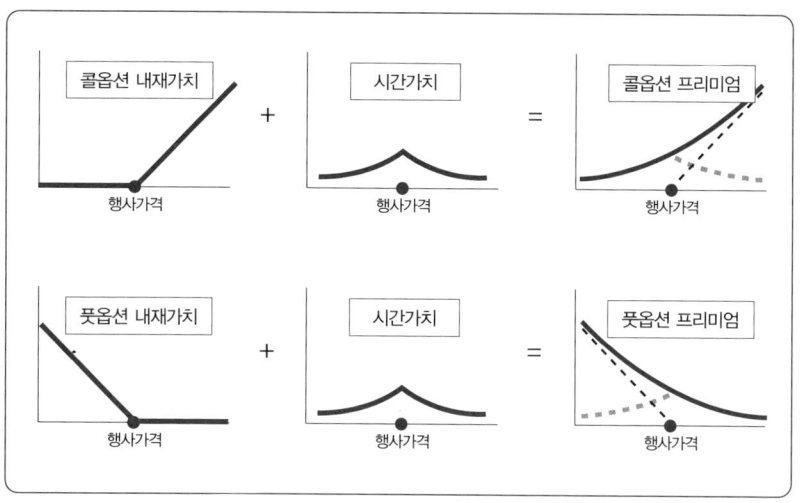

|주가의 변동에 따라 달라지는 옵션의 내재가치와 시간가치|

옵션은 행사가격별로 고유한 프리미엄 그래프를 가집니다. 어떤 행사가격을 가진 옵션의 주가 변동에 따라 프리미엄이 어떻게 변하는지 살펴보겠습니다.

내가격옵션이 될수록 옵션의 가격이 비싸진다

콜옵션은 주가가 행사가격보다 높아지면 내재가치가 있으므로 내가격옵션이 됩니다. 그리고 풋옵션은 주가가 행사가격보다 낮아지면 내개가치가 있으므로 내가격옵션이 됩니다. 내가격옵션은 만기일이 되어 시간가치가 사라지더라도 내재가치가 있기 때문에 내가격옵션을 보유한 투자자는 권리행사를 하여 내재가치를 챙길 수 있습니다.

심한 내가격옵션일수록 내재가치가 크기 때문에 프리미엄은 커집니다.

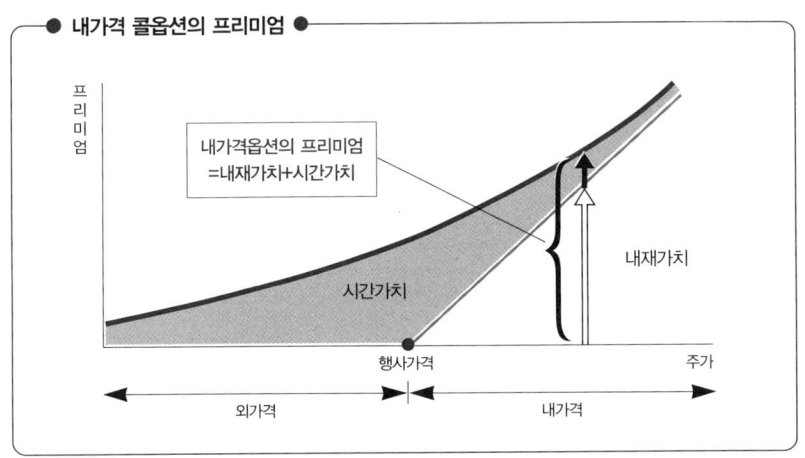

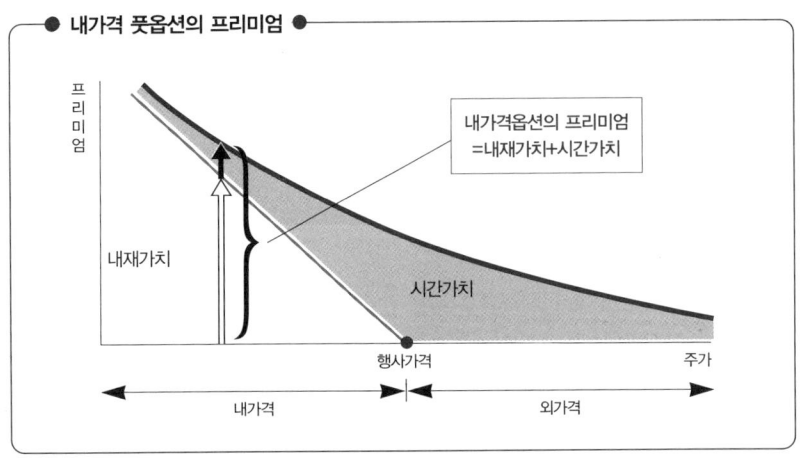

외가격옵션이 될수록 옵션의 가격이 싸진다

콜옵션은 주가가 행사가격보다 낮아지면 내재가치가 없어지므로 외가격옵션이 됩니다. 그리고 풋옵션은 주가가 행사가격보다 높아지면 내개가치가 없어지므로 외가격옵션이 됩니다.

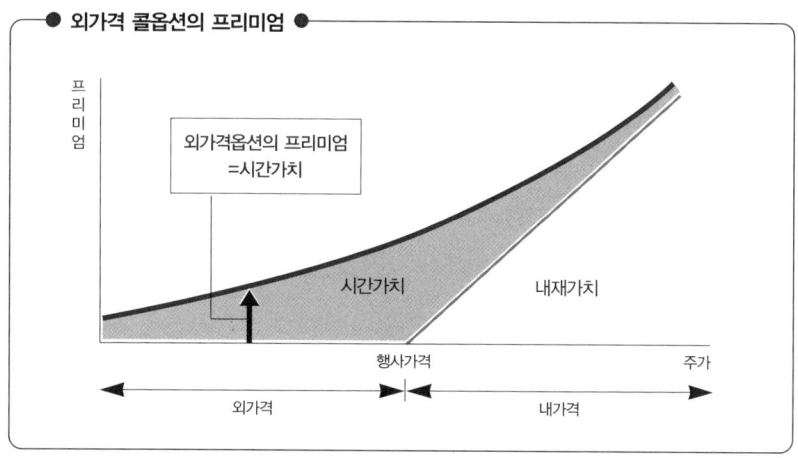

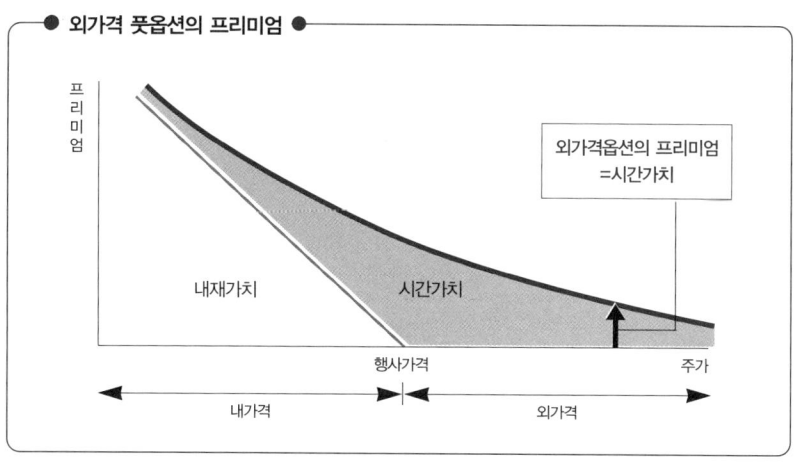

옵션은 만기일이 되면 시간가치는 사라지고 내재가치만 남습니다. 그런데 외가격옵션에서는 내재가치가 없으므로 만기일까지 주가가 예상대로 움직이지 않으면 프리미엄은 제로(0)가 되고 외가격옵션은 휴지조각이 됩니다.

심한 외가격옵션일수록 만기일까지 내재가치를 갖게 될 가능성이 적으므로 시간가치(기대가치)가 작으며, 때문에 더 싼 값에 거래가 됩니다.

등가격옵션은 내재가치는 없지만 큰 시간가치를 지닌다

주가가 행사가격과 같아지면 등가격옵션이 되는데, 등가격옵션은 매우 큰 시간가치를 가집니다. 등가격옵션에서 시간가치가 가장 큰 이유는 현재 내재가치가 없지만 향후 내재가치를 갖게 되리라는 기대가 크기 때문입니다.

옵션은 만기일이 되면 시간가치는 사라지고 내재가치만 남는데, 등

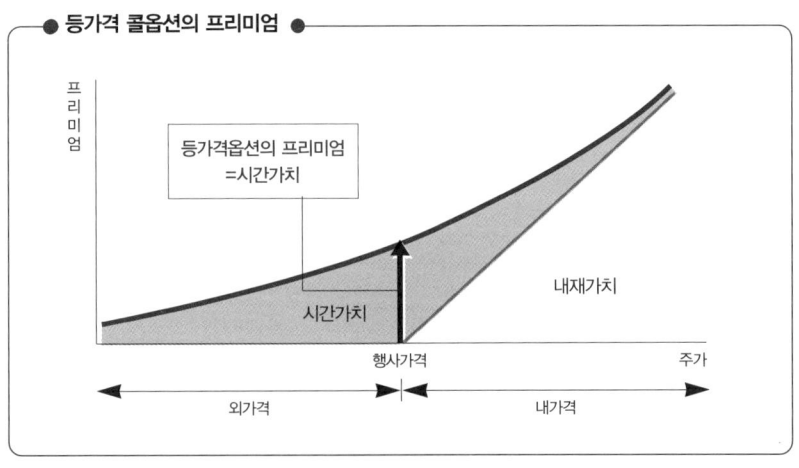

가격옵션에서도 외가격옵션과 마찬가지로 내재가치가 없으므로 만기일까지 주가가 예상대로 움직이지 않으면 프리미엄은 제로(0)가 되고 옵션은 휴지조각이 됩니다.

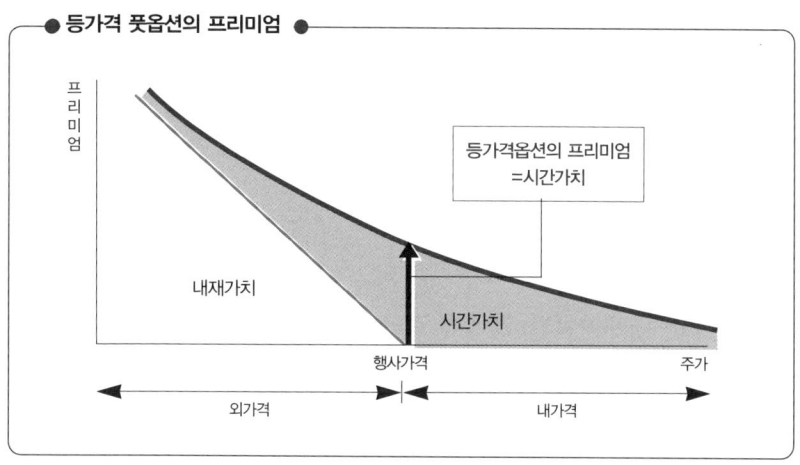

| KEY | 하락장에서도 수익을 내는 선물, 옵션, 대주제도, 대차제도

주식 현물투자는 주가의 상승이 예상될 때 낮은 가격에 주식을 사서 주가가 오른 뒤에 높은 가격에 되팔아서 시세차익을 얻는 방법입니다. 그러나 주가지수 선물·옵션의 거래를 이용하면 종합주가지수 상승과 하락에 관계없이 시세의 방향만 바로 예측하면 하락장에서도 고수익을 올릴 수 있습니다. 물론 현물시장에서도 주가가 내릴 때 이익을 올리는 투자방법으로 대차제도와 대주제도가 있습니다. 이것은 특정 종목의 주가가 하락이 예상될 때, 해당 주식을 소유하고 있지 않더라도 그 주식을 빌려서 높은 가격에 매도한 뒤에 주가가 내리면 다시 재매수하여 주식으로 되갚아서 그 차액을 챙기는 방법입니다. 대차거래는 기관들의 공매도제도이며, 대주제도는 개인들의 공매도제도이지만 일반투자자들 입장에서 보면 쉽게 이용할 수 없는 거의 유명무실한 제도가 되어 있습니다.

옵션 프리미엄을 내재가치와 시간가치로 분해할 수 있나요

옵션은 만기일이 되면 시간가치는 소멸하고 내재가치만 남으므로 시간가치를 제외한 내재가치가 얼마인지 관심을 가질 필요가 있습니다.

옵션에는 내재가치가 있어야 권리행사를 할 수 있으며, 내재가치의 크기에 따라서 만기일의 손익이 결정됩니다. 현재의 옵션 프리미엄도 만기일이 되면 시간가치는 소멸하고 결국 내재가치만 남게 되므로, 프리미엄에는 순수한 내재가치가 얼마나 들어 있는지 관심을 가질 필요가 있습니다.

다음의 표는 임의의 조건에서 코스피200 지수가 150포인트일 때의 콜옵션과 풋옵션의 행사가격별 프리미엄입니다. 이때 행사가격별 옵션의 프리미엄은 각각 얼마의 내재가치와 얼마의 시간가치로 구성되어 있는지 계산해보겠습니다.

행사가격	145	147.5	150	152.5	155
콜옵션프리미엄	5.65	3.82	2.35	1.33	0.69
풋옵션프리미엄	0.5	1.13	2.15	3.63	5.45

옵션 프리미엄으로부터 내재가치와 시간가치를 분리하려면 다음과 같은 공식이 사용되는데, 계산순서는 내재가치를 먼저 구한 다음에 프리미엄에서 내재가치를 빼서 시간가치를 구합니다.

- **콜옵션의 내재가치**
  =max[(주가−행사가격), 0]
  =(주가−콜옵션 행사가격)과 '0' 중에서 큰 값
- **풋옵션의 내재가치**
  =max[(행사가격−주가), 0]
  =(풋옵션 행사가격−주가)과 '0' 중에서 큰 값
- **옵션의 시간가치** = 프리미엄 − 내재가치

위의 공식을 이용하여 '행사가격이 145포인트' 인 경우의 콜옵션과 풋옵션의 내재가치와 시간가치를 구하면 아래의 [계산1]과 [계산2]의 결과 값을 얻을 수 있습니다.

계산1
행사가격 145인 콜옵션의 내재가치를 구해보면
콜옵션의 내재가치=max[(150−145), 0]=max[5, 0]=5
콜옵션의 시간가치=프리미엄−내재가치=5.65−5=0.65

계산2
행사가격 145인 풋옵션의 내재가치를 구해보면
풋옵션의 내재가치=max[(145−150), 0]=max[−5, 0]=5
풋옵션의 시간가치=프리미엄−내재가치=0.5−0=0.5

다음 표에서 굵은 선으로 표시된 부분이 행사가격이 145인 옵션에 대한 값으로서 [계산1]과 [계산2]에서 구한 값입니다. 계속해서 [계산1]과 [계산2]의 방법으로 행사가격이 147.5, 150, 152.5, 155인 옵션에 대한 각각의 내재가치와 시간가치를 계산하면 표와 같은 값을 얻을 수 있습니다.

행사가격		145	147.5	150	152.5	155
콜옵션	내재가치	5	2.5	0	0	0
	시간가치	0.65	1.32	2.35	1.33	0.69
풋옵션	내개가치	0	0	0	2.5	5
	시간가치	0.5	1.13	2.15	1.13	0.45

주가지수가 150포인트이므로 행사가격이 150인 옵션이 등가격옵션입니다. 계산 결과를 보더라도 등가격옵션에서 시간가치가 가장 높게 나타나며, 등가격옵션과 행사가격이 152.5와 155인 외가격 콜옵션 그리고 행사가격이 145와 147.5인 외가격 풋옵션에서는 내개자치가 제로(0)의 값을 가집니다. 그리고 내가격옵션일수록 큰 내재가치를 가지고 있습니다.

| KEY | 미국 항공기 테러와 풋옵션 대박 사례

미국의 세계무역센터와 펜타곤에 동시다발 테러 발생으로 주가가 폭락하면서 2001년 9월 12일(옵션만기일은 13일) 국내 옵션시장에서는 무려 504배 폭등한 종목이 나타났습니다. 행사가격 62짜리 풋옵션은 전날 종가가 0.01포인트였지만 이날 시가 1.67포인트로 출발하여 고가 5.45포인트, 그리고 종가 5.05포인트로 마감되었습니다. 주식으로 치면 전날 주가가 1,000원에서 50만 5,000원으로 폭등한 셈이 됩니다.
실제로 키움닷컴의 한 투자자는 이날 하루에만 50억 원 이상의 이익을 본 것으로 알려졌는데, 이 투자자는 전날 종가 1천 원에 불과한 풋옵션 62.50와 60.00 등 2종목 5만 6천계약(5,600만 원)을 매수 보유한 상태에서 이날 시초가에 전량을 처분, 평균 1백 배의 이익을 남겼습니다.
이 종목은 가격이 전날 0.01~0.02포인트 사이에서 12만 444계약, 1억 8,200만 원어치가 거래되었으며, 지난 7일과 10일에도 최고 0.07포인트에서 최저 0.01포인트 범위에서 90만 주가 거래되었습니다. 급등한 이날은 54만 5451계약에 1,123억 원어치가 거래되었고 시세차익만도 1,000억 원을 넘는 것으로 추산됩니다. 한편 테러 전에 행사가격 65와 62.5의 풋옵션을 집중 매도했던 일부 증권사들은 엄청난 손실을 입은 것으로 보입니다.

옵션가격 결정요인은 프리미엄 증감에 어떤 영향을 주나요

옵션은 행사가격에 따라 프리미엄이 다르며, 주가와 변동성 잔존기간 등의 변화에 따라 프리미엄이 변합니다.

옵션가격을 결정하는 주요 요인으로는 행사가격, 주가, 변동성, 이자율, 잔존기간 등 다섯 가지가 있다고 했습니다.

다음의 표는 다섯 가지 변화 요인, 즉 주가, 행사가격, 이자율, 변동성, 잔존기간의 변화가 콜옵션과 풋옵션의 프리미엄의 증감에 어떤 영향을 주는지 요약한 내용입니다.

항목별로 세부적으로 들여다보기 전에 전체적인 상관관계를 살펴보겠습니다.

옵션가격 결정요인			콜 프리미엄	풋 프리미엄
행사가치	행사가격이 높으면		↓(낮다)	↑(높다)
	주가가 오르면		↑(오른다)	↓(내린다)
시간가치	이자율이 오르면		↑(오른다)	↓(내린다)
	주가의 변동성이 커지면		↑(오른다)	↑(오른다)
	만기일이 다가오면		↓(내린다)	↓(내린다)

행사가격이 높을수록 콜옵션의 프리미엄은 낮고 풋옵션의 프리미엄은 높습니다. 또 주가와 이자율이 오르면 콜옵션의 프리미엄은 오르고 풋옵션의 프리미엄은 내립니다.

그리고 주가의 변동성이 커지면 콜·풋옵션 모두 프리미엄이 오르고, 잔존기간이 줄어들면 콜·풋옵션 모두 프리미엄이 내립니다.

이처럼 5가지 옵션가격 결정요인은 콜·풋옵션의 프리미엄 증감에 많은 영향을 미칩니다. 다음에 나오는 절들에서 구체적으로 그 상관관계를 살펴보도록 하겠습니다.

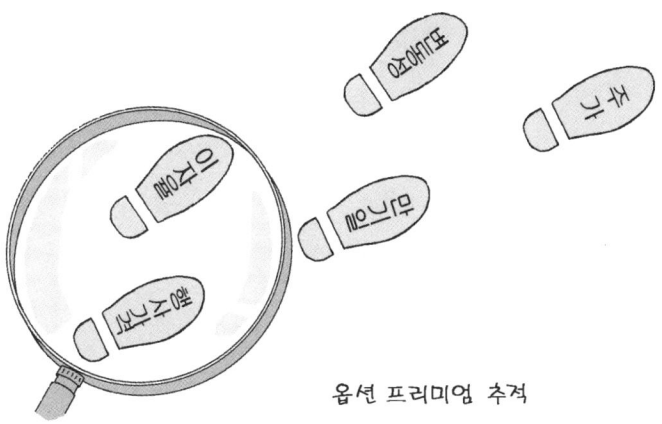

옵션 프리미엄 추격

주가는 옵션가격에 어떤 영향을 미치나요

옵션가격(프리미엄)에 영향을 주는 첫번째 요인으로 '주가'가 옵션의 프리미엄에 미치는 영향이 가장 크고 직접적이라고 할 수 있습니다.

'주가'가 옵션의 프리미엄에 미치는 영향은 매우 크다고 할 수 있습니다.

옵션가격에 가장 직접적이고 큰 영향을 미치는 요인은 주가, 즉 기초자산(코스피200 지수)의 가격입니다. 주가에 따라 옵션의 프리미엄이 변하는 이유는 주가가 변하면 옵션의 내재가치가 변하기 때문입니다.

콜옵션은 기초자산을 특정가격에 살 수 있는 권리이므로 콜옵션의 프리미엄은 주가가 상승할수록 증가하고, 풋옵션은 기초자산을 특정가격에 팔 수 있는 권리이므로 풋옵션의 프리미엄은 주가가 하락할수록 증가합니다.

그래프에서 굵은 곡선이 콜옵션과 풋옵션의 프리미엄을 나타내는 그래프인데, 다른 조건은 그대로 두고 주가만 변할 때 주가의 변화에 따른 옵션 프리미엄을 나타내고 있습니다.

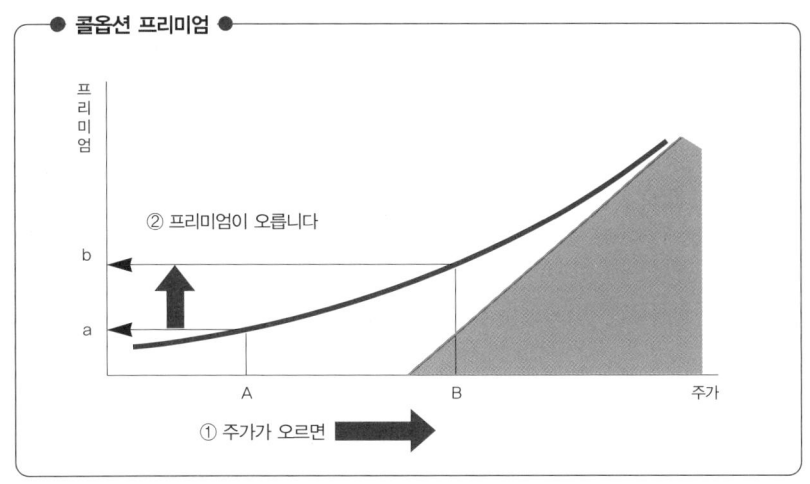

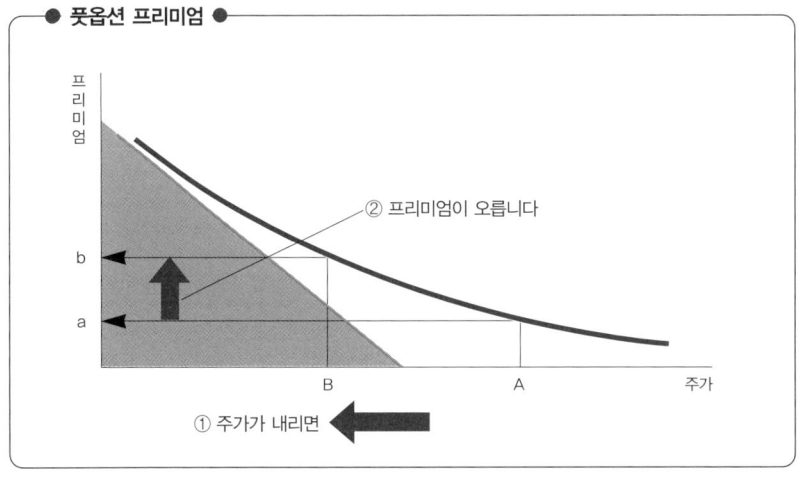

주가가 A에서 B로 변하면 프리미엄도 a에서 b로 변합니다. 콜옵션은 주가가 오르면 프리미엄이 오르고, 풋옵션은 주가가 하락해야 프리미엄이 오릅니다.

|KEY| 선물·옵션 코드번호

선물·옵션의 거래종목수가 많아지다보니 종목을 구분하기 위해 주민등록번호와 같은 별도의 관리번호가 필요하게 되었습니다. 번호를 부여하지 않고 일일이 '2009년 1월물 행사가격 122.5의 콜옵션' 하는 식으로 이름을 부르면 관리가 어렵고 혼돈의 우려가 있습니다. 그래서 다음과 같이 코드를 붙여 사용하고 있습니다.

맨 앞의 한자리는 '선물, 콜옵션, 풋옵션, 스프레드'를 구분하는 숫자이고, 두 번째와 세 번째 자리는 거래대상물을 의미합니다. 그리고 네 번째 자리는 연도를 표시하는데 선물옵션거래가 시작되었던 원년인 1996년을 6으로 표시하고 1997년은 7, 1998년은 8로 표시합니다. 2006년부터는 중복이 되므로 2006년은 A, 2007년은 B, 2008년은 C로 표시합니다. 다섯째 자리는 결제월을 표시합니다. 마지막 세자리는 행사가격을 표시하는데 122.5와 같이 소수점으로 끝나는 행사가격은 정수부분만 나타내어 122로 표시하고, 선물은 000으로 표시합니다.

아래의 코드번호에서 3은 풋옵션, 01은 코스피200, C는 2009년, B는 11월, 122는 행사가격 122.5를 의미하는 상품이라는 것을 알 수 있습니다.

301CB122

상품구분	거래대상	결재년도	결재월	행사가격
1 : 선물	01 : 코스피200	1996년 : 6	1월 : 1	
2 : 콜옵션	03 : 스타지수	1997년 : 7	2월 : 2	
3 : 풋옵션	10~ : 기초주권	1998년 : 8	3월 : 3	
4 : 스프레드	61 : 3년국고채권	1999년 : 9	4월 : 4	
	62 : 동안증권	2001년 : 1	5월 : 5	
	63 : 5년국고채권	2002년 : 2	6월 : 6	
	64 : 10년국고채권	2003년 : 3	7월 : 7	
	75 : 미국달러	2004년 : 4	8월 : 8	
	76 : 엔	2005년 : 5	9월 : 9	
	77 : 유로	2006년 : A	10월 : A	
	85 : 금괴	2007년 : B	11월 : B	
	86 : 돈육	2008년 : C	12월 : C	
		2009년 : D		

행사가격은 옵션가격에 어떤 영향을 미치나요

행사가격에 따라 옵션 프리미엄이 다른 것은 행사가격에 따라 옵션의 내재가치가 다르기 때문입니다.

일반적으로 옵션의 내재가치는 기초자산의 현물가격과 옵션의 행사가격의 차이에 의해 결정됩니다.

행사가격이 낮은 콜옵션은 만기일에 싼 가격에 기초상품을 살 수 있다는 것을 의미합니다. 그러므로 콜옵션은 행사가격이 낮을수록 내재가치가 크고 프리미엄이 비쌉니다.

한편 행사가격이 높은 풋옵션은 만기일에 비싼 가격에 기초상품을 팔 수 있다는 것을 의미합니다. 그러므로 풋옵션은 행사가격이 높을수록 내재가치가 크고 프리미엄이 비쌉니다.

옵션은 행사가격에 따라 고유한 프리미엄 그래프를 가집니다.

행사가격에 따라 옵션의 프리미엄이 다른 것은 행사가격에 따라 옵션의 내재가치가 다르기 때문입니다.

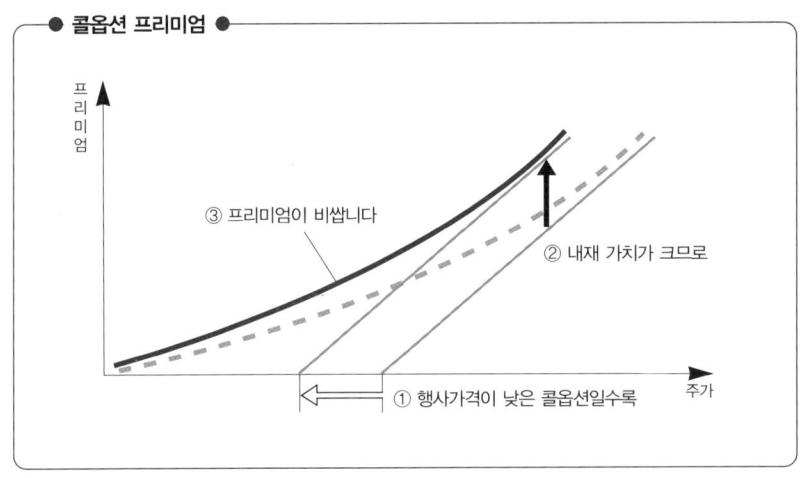

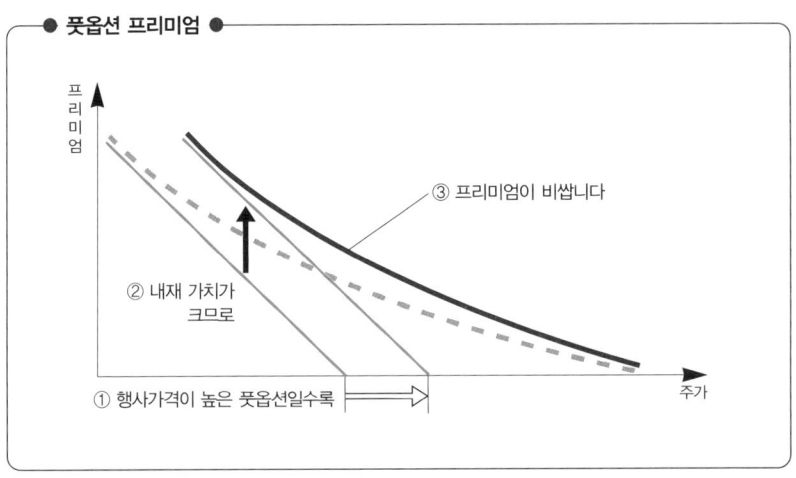

잔존기간은 옵션가격에 어떤 영향을 미치나요

잔존기간이 길수록, 즉 만기까지의 시간이 많이 남을수록 옵션의 가격은 비쌉니다.

시간은 옵션가격을 결정하는 중요한 요소 가운데 하나로서 잔존기간은 옵션만기일까지 남아 있는 일수를 의미합니다.

|날마다 줄어드는 옵션의 시간가치|

옵션의 가격(프리미엄)은 만기일이 다가올수록 떨어집니다. 이것은 만기일이 다가올수록 옵션 프리미엄의 일부를 구성하는 시간가치가 줄어들기 때문인데, 주가의 변화가 없어도 하루하루 옵션의 시간가치가 감소한다는 사실은 옵션투자에 앞서 반드시 이해해야 할 중요한 개념입니다.

미국시장에 옵션이 등장한 초기에도 많은 개인투자자들이 옵션에서 손실을 보았는데, 개인투자자들이 손실을 본 가장 큰 원인이 옵션의 가치가 시간이 지날수록 하락한다는 사실을 몰랐기 때문이었습니다.

막연한 기대감으로 외가격옵션을 구입하여 대박의 꿈을 꾸는 투자자들은 자신이 매수한 옵션의 가치가 하루하루 줄어든다는 사실을 염두에 두어야 합니다. 시간가치의 관점에서 볼 때 횡보장에서는 매수포지션을 취하지 않는 것이 좋습니다. 매수하더라도 장기간 보유하는 것은 피하는 것이 좋습니다.

|만기일이 다가오면 프리미엄도 감소한다|

주가의 변화가 없어도 옵션의 프리미엄이 줄어드는 이유는 옵션 프리미엄의 구성요소인 시간가치가 잔존기간의 감소에 따라 줄어들기 때문입니다.

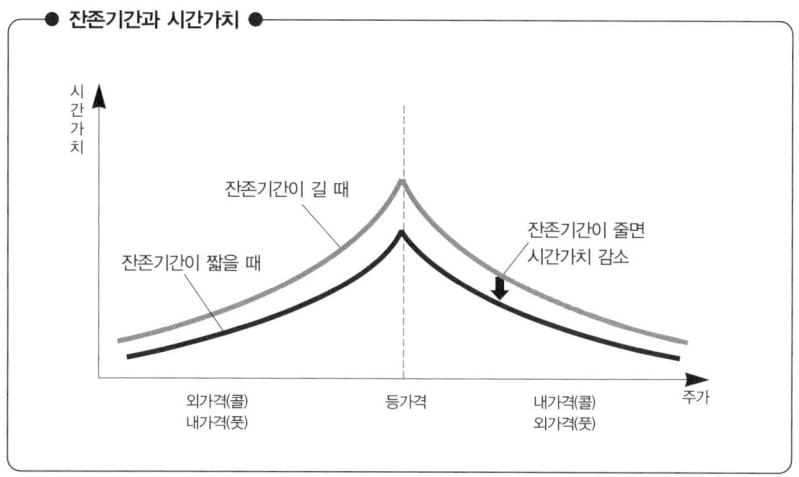

위의 그림은 옵션의 시간가치를 나타낸 그래프입니다. 옵션의 시간가치는 주가가 행사가격과 같은 등가격옵션 최대값을 가집니다.

옵션의 시간가치가 등가격옵션에서 가장 큰 이유는 등가격옵션은 현재는 내재가치가 없지만 향후 내재가치를 갖게 될 것이라는 기대가 가장 큰 옵션이기 때문입니다. 시간가치의 감소효과 또한 시간가치가 가장 큰 등가격옵션에서 가장 크게 나타납니다.

다음 그래프는 잔존기간의 변화에 따른 옵션의 프리미엄을 나타낸 그래프입니다. 잔존기간이 줄어들수록 시간가치가 감소하기 때문에 기초자산의 가격이 변하지 않아도 시간이 흐를수록 프리미엄이 줄어드는 것을 보여줍니다.

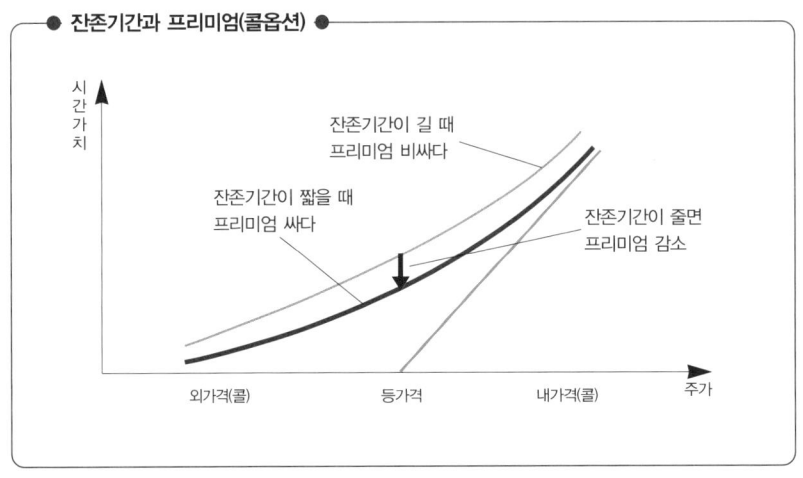

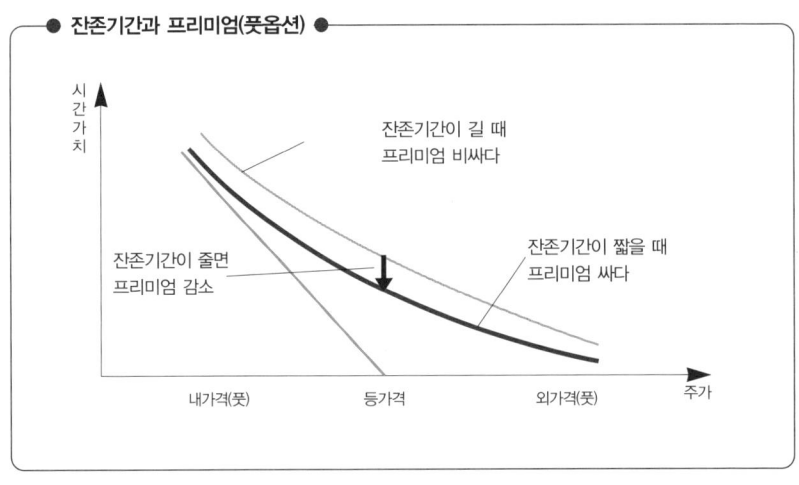

|시간가치 감소효과는 행사가격에 따라 다르다|

만기일이 다가올수록 옵션의 시간가치는 줄어들지만 시간가치의 감소에 따라 프리미엄이 줄어드는 패턴은 등가격, 외가격, 내가격옵션에 따라 다릅니다.

다음의 그래프들은 다른 조건은 변하지 않고 잔존기간만 줄어드는 경우에 옵션 프리미엄이 감소하는 모습을 나타낸 그래프입니다. 등가격, 내가격, 외가격의 콜·풋옵션의 프리미엄이 어떤 패턴으로 줄어드는지 기억하기 바랍니다.

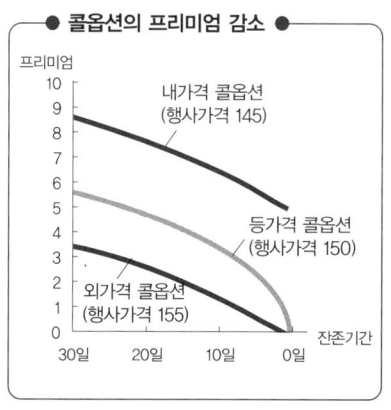
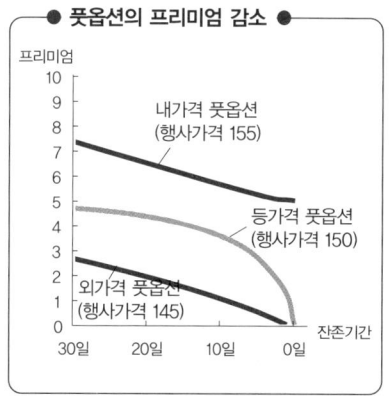

그래프의 작성 조건은 코스피200이 150포인트이고, 이자율이 연 9%, 변동성이 연 30%인 때를 기준으로 했으며 잔존기간은 1개월 남았을 때부터 만기일까지의 기간을 나타냈습니다.

외가격옵션의 프리미엄은 꾸준히 감소합니다. 외가격옵션은 내재가치는 없고 시간가치밖에 없으므로 시간가치의 감소에 따라 프리미엄이 꾸준히 감소하는 모양을 보입니다. 외가격옵션의 프리미엄은 만기일에 도달하기 전에 미리 제로(0)에 수렴하는데, 권리행사의 가능성이 적은 심한 외가격옵션부터 더 빨리 내재가치(0)에 수렴합니다.

내가격옵션의 프리미엄은 완만하게 감소합니다. 내가격옵션은 내재가치를 가지고 있으므로 만기일이 되어 시간가치가 소멸해도 내재가치는 남습니다. 심한 내가격옵션일수록 큰 내재가치를 가지므로 시간가치가 차지하는 비중이 작기 때문에 시간가치가 감소하더라도 프리미엄 전체에 미치는 영향은 상대적으로 적습니다. 따라서 심한 내가격옵션일수록 시간의 경과에 따른 프리미엄 감소는 완만한 특징을 보이고 있습니다.

등가격옵션의 프리미엄은 만기일이 임박하면 급격히 감소합니다. 등가격옵션은 내재가치가 없지만 내재가치가 생길 것이라는 기대가 크기 때문에 가장 큰 시간가치를 가집니다. 그렇지만 만기일이 다가와도 주가가 원하는 방향으로 움직여주지 않으면 이익을 낼 수 있으리라는 기대감은 빠르게 줄어들기 시작하며 프리미엄은 급락하기 시작합니다. 그리고 만기일이 되고 장 마감시각이 임박하면 시간가치(기대가치)는 더욱 급격히 줄어들면서 등가격옵션의 프리미엄은 소멸하여 제로(내재가치=0)가 됩니다.

| 시간은 옵션 매도자의 편 |

현물투자에서 주가가 하락했을 때 매수했다가 주가가 오른 후에 매도

시간은 옵션 매도자의 편!

하는 패턴에 익숙한 투자자들은 선물·옵션투자에서 가장 먼저 매도를 했다가 나중에 매수하는 것을 어색하게 느끼는 경우가 많습니다.

특히 옵션거래에서 개인투자자는 매수포지션의 비중이 큰 특징을 보입니다. 그 이유로는 '매수 후 매도에 익숙한 습관' 이외에도 '옵션 매수를 통한 대박의 기대', '옵션 매도는 위험하다는 생각' 그리고 '매도포지션보다 증거금이 싸다'는 점 등이 있습니다.

그러나 옵션의 시간가치가 만기일이 다가올수록 하락한다는 것을 전제로 생각할 때, 옵션투자에서 매수포지션 일변도의 투자 전략은 손실을 볼 가능성이 많습니다. 그 중에서도 외가격옵션을 매수한 후에 시세가 횡보하거나 예상과 달리 반대방향으로 움직여 손실이 커지는데도 중간에 손절매하지 않고 만기일까지 오로지 보유하는 투자방식을 반복하는 투자자들은 대박을 터뜨리기 전에 원금을 날리기 쉽습니다.

단순 논리로 볼 때 시간은 옵션 매도자의 편이며, 옵션 매도자가 수익을 낼 확률이 높습니다. 매수포지션을 취하는 투자자는 자신의 예측대로 주가가 움직여야 이익이 나지만 매도포지션은 콜·풋옵션 모두 보합 상태로만 머물러도 시간만 흐르면 수익이 나기 때문입니다.

기관과 외국인들이 위험하다는 옵션 매도를 즐겨하는 이유가 여기에 있습니다. 옵션거래를 할 때 초보자들은 옵션 매수를 위주로 거래하는 것이 큰 손실의 위험으로부터 안전하지만, 고수가 되어 위험관리 능력이 생기면 옵션 매도를 하는 것이 수익을 낼 확률은 높습니다.

|KEY| 선물·옵션의 호가단위

주문을 내는 가격들간의 폭을 호가단위(Tick)라고 합니다. 코스피200의 경우 선물은 선물가격의 변동에 관계없이 호가가격단위는 0.05포인트를 유지합니다. 하지만 옵션의 경우는 옵션의 프리미엄에 따라 두 가지의 호가단위를 적용하고 있습니다. 옵션에서 프리미엄이 3포인트 이상인 경우는 호가단위가 0.05포인트이고 프리미엄이 3포인트 미만인 경우에는 호가단위가 0.01포인트입니다.

변동성은 옵션가격에 어떤 영향을 미치나요

옵션은 비대칭의 손익구조를 갖기 때문에 주가의 변동성이 커질수록 옵션 매수자에게 유리하고 옵션 매도자에게 불리합니다.

|주가의 변동성은 시장의 속도를 나타낸다|

주가변동성이란 '기초자산의 가격이 얼마나 빨리 움직이는가' 하는 시장의 변화속도를 나타내는 값으로서 시장이 느리게 움직이면 변동성이 낮은 시장, 시장이 빠르게 움직이면 변동성이 높은 시장이라고 합니다.

선물의 경우를 보면 선물 매수자는 매수한 가격보다 선물의 가격이 조금이라도 오르면 이익이 발생하고, 매수한 가격보다 조금이라도 내리면 손실이 발생합니다. 주가가 움직이는 방향과 크기에 따라 손익이 결정될 뿐 주가가 빨리 오르느냐 서서히 오르느냐 하는 속도에 따라 큰 차이는 없습니다.

그런데 옵션의 경우는 다릅니다. 예를 들어서 만기일을 20여 일 남겨둔 시점에 코스피200 지수가 150포인트인 상황에서 행사가격이 170포인트인 외가격 콜옵션을 프리미엄 1.2를 지불하고 매수한 투자자의 경우를 보겠습니다.

이 투자자가 만기일까지 옵션을 보유하여 이익을 내려면 주가가 '행사가격과 지불한 프리미엄을 합한 값(171.2)' 이상으로 올라야만 이익이 납니다.

때문에 주가가 날마다 조금씩 올라서 만기일에 170포인트 정도로 마감을 하더라도 소용이 없습니다. 주가가 예상한 방향대로 움직여서 150포인트에서 170포인트까지 20포인트나 올랐지만 등가격으로 종료되면 권리행사 능력이 없으므로 수익은커녕 투자한 프리미엄까지 모두 날리게 됩니다. 그렇지만 구입한 지 2~3일 만에 주가가 20포인트가 올라버렸다면 상황은 다릅니다. 유리한 시점을 택해 중간청산을 하면 큰 수익을 올릴 수 있게 됩니다.

이처럼 주가가 똑같이 20포인트가 올랐다 하더라도 주가가 서서히 오르느냐 급격하게 오르느냐에 따라 옵션투자에서의 수익이 달라지는 것입니다.

따라서 옵션투자자는 시장의 방향은 물론 시장이 움직이는 속도에도 관심을 가지고 투자에 참여하게 됩니다.

투자자가 매수한 옵션포지션이 시장방향을 맞추었다 하더라도 시장이 기대하는 속도로 움직이지 않고 굼벵이처럼 움직이면 만기일까지 수익을 올릴 가능성이 줄어들므로 옵션의 가치가 떨어지게 됩니다.

| 주가의 변동성이 커지면 옵션의 가격은 오른다 |

선물투자에서는 주가가 급격하게 움직인다고 특별히 선물 매수자가 유리해지거나 선물 매도자가 유리해지지는 않습니다.

단지 움직이는 방향성만이 문제입니다. 이처럼 선물 매수자와 선물 매도자는 주가변동성이 클 경우 폭등락의 가능성이 반반이기 때문에 선물은 주가의 변동성에 영향받지 않으며 변동성에 대해 '중립'이라고 말합니다.

그러나 옵션은 비대칭의 손익구조를 가지고 있기 때문에 옵션 매수자는 손실이 한정되어 있는 반면 옵션 매도자는 손실에 노출되어 있으므로, 옵션 매수자는 변동성이 커질수록 유리하며 옵션 매도자는 변동성이 커질수록 불리합니다.

따라서 옵션의 경우에 있어서는 기초자산의 가격변동성이 증가하면 매수세가 몰리기 때문에 콜·풋옵션 모두 프리미엄이 오릅니다.

|변동성이 커지면 시간가치와 프리미엄이 증가한다|

주가변동성이 크다는 의미는 주가가 오르내릴 가능성이 크다는 것을 뜻하고, 주가변동성이 작다는 의미는 주가가 오르내릴 가능성이 작아 안정된 값을 가진다는 것을 의미합니다.

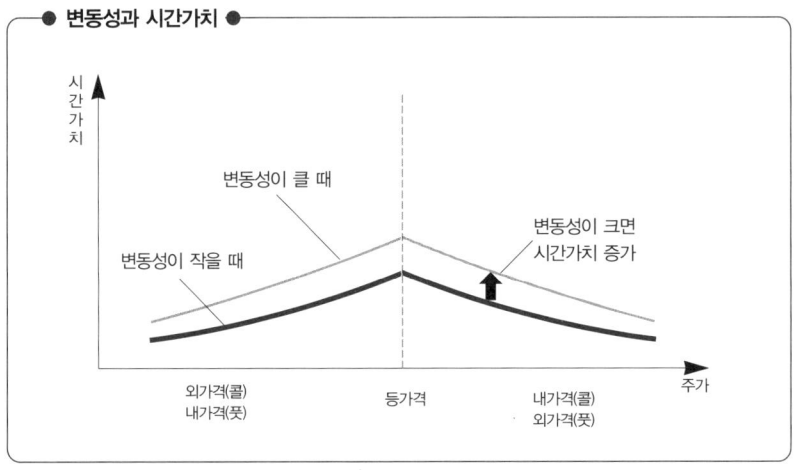

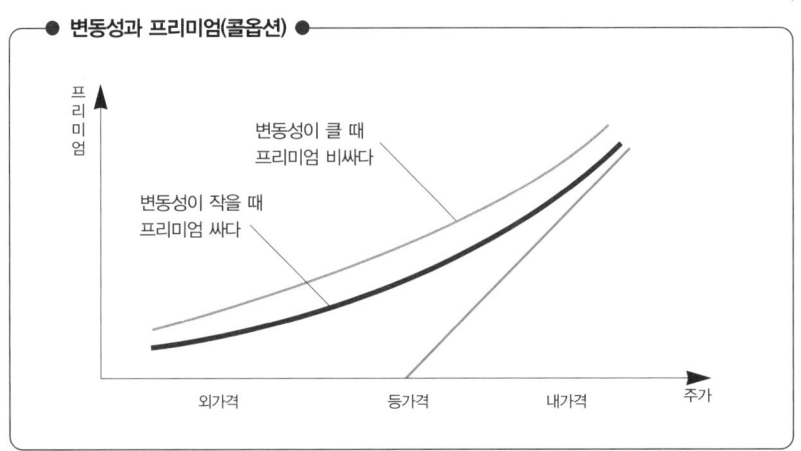

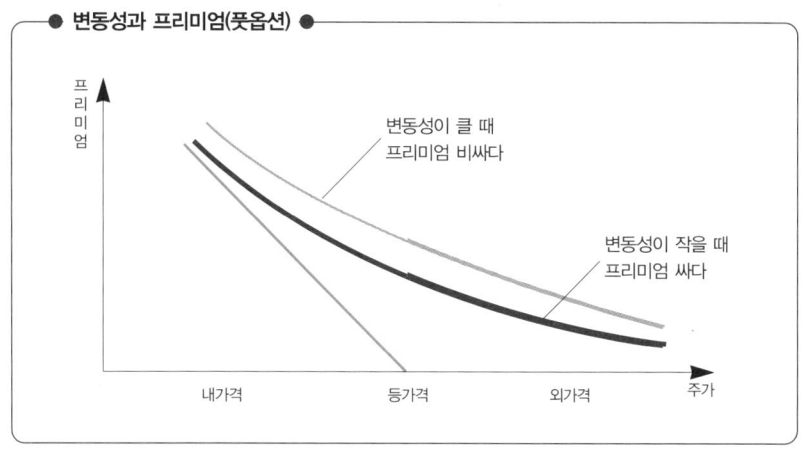

　변동성이 크면 시간가치(기대가치)가 커집니다. 왼쪽의 그래프는 변동성의 변화에 따른 옵션의 시간가치를 나타낸 그래프입니다. 가는 선은 변동성이 클 때의 시간가치를 나타내며 굵은 선은 변동성이 작을 때의 시간가치를 나타내고 있는데 변동성이 증가할 수록 시간가치가 증가하는 것을 알 수 있습니다.

　두 그래프는 변동성의 변화에 따른 옵션의 프리미엄을 나타낸 그래프입니다. 변동성이 증가하면 시간가치가 상승하므로 기초자산의 가격이 변하지 않아도 프리미엄이 증가합니다.

　가격변동성이 옵션가격에 미치는 영향은 잔존기간이 옵션가격에 미치는 영향과 매우 비슷합니다. 옵션의 시간가치는 가격변동성이 커질수록 그리고 잔존기간이 길수록 커집니다. 변동성이 일정한 값이면 잔존기간이 길수록 시간가치는 커지고, 잔존기간이 일정한 값이면 변동성이 클수록 시간가치가 커집니다.

|옵션가격을 결정하는 다섯 가지 요소 중 핵심은 변동성|

옵션의 프리미엄을 결정하는 5가지의 요인 중에서 '행사가격'과 만기까지의 '잔존기간'은 거래시점에 이미 결정이 되며, '기초자산가격'과 '이자율'은 시장에서 쉽게 알 수 있는 값입니다. 그러나 나머지 한 가지 요인인 '변동성'은 그 값을 찾는 것이 그리 쉽지 않습니다. 장래에 가격변동이 클 것인지 작을 것인지에 대한 사항은 직접 확인할 수 있는 값이 아니므로 추정을 해야 하는 어려움이 있습니다.

때문에 변동성을 어떻게 추정하는가에 따라 변동성의 값이 다르게 얻어질 수 있으며, 또한 변동성의 값에 따라 옵션의 이론가격 또한 다르게 계산될 수 있습니다. 증권사마다 옵션의 이론가격이 다르게 계산되는 상황이 발생하는 이유도 여기에 있습니다.

변동성을 추정하는 방법으로는 여러 방법 중에서 과거의 주가자료를 이용한 '역사적 변동성'과 시장의 옵션가격 및 옵션가격 결정요인들로부터 역으로 산출해낸 '내재변동성'이 일반적으로 사용되고 있습니다.

역사적 변동성과 내재변동성

　역사적 변동성은 과거의 주가변동이 다시 반복한다는 가정을 바탕으로 추정하는 방법입니다. 그러나 이 방법은 주가지수가 과거 일정기간 어떻게 움직였는가를 보여주지만 최근의 시장 상황의 변화를 반영하기엔 미흡합니다.

　내재변동성은 옵션 프리미엄을 결정하는 4가지 요인과 실제 시장에서의 옵션 프리미엄을 '옵션가격결정 모형'에 대입하여 역으로 산출하여 구합니다.

　계산방법은 다음과 같습니다. 먼저 변동성 값을 추정한 다음에 추정한 변동성 값과 4가지 요인(주가, 행사가격, 잔존기간, 이자율)을 컴퓨터에 입력해 옵션이론가격을 구합니다. 그리고 이렇게 계산한 옵션이론가격을 시장에서 거래되는 실제 옵션가격과 비교합니다. 이 두 개의 값이 일치하지 않으면 변동성 값을 다시 적절히 수정하여 새로 옵션이론가격을 구합니다.

　이와 같은 작업을 '계산한 옵션이론가격'이 '실제시장에서의 옵션가격'과 일치할 때까지 반복합니다. 이렇게 목표값이 나올 때까지 반복 계산하는 방법을 '시행착오법'이라 하는데, 두 개의 값이 일치한 순간의 변동성 값이 바로 내재변동성 값이 됩니다.

　이렇게 구해진 내재변동성 값은 시장의 옵션가격을 반영하고 있기 때문에 '시장에 참가한 투자자들이 인식하는 잔존기간의 변동성'을 추정한 값이라고 할 수 있습니다. 내재변동성 값은 시장의 분위기와 옵션의 가격수준을 읽는 매우 중요한 값이므로 많은 증권사들이 홈트레이딩 시스템이나 홈페이지를 통해 제공하고 있습니다.

　콜옵션의 내재변동성이 높으면 콜옵션이 주가에 비해 고평가되어 있는 것으로 옵션시장의 투자자들이 주가가 오를 것이라는 기대가 크기 때문입니다. 그리고 풋옵션의 내재변동성이 높으면 풋옵션이 주가에 비해 고평가되어 있는 것으로 옵션시장의 투자자들이 주가가 내릴 것이라는 기대가 크기 때문입니다.

033 이자율은 옵션가격에 어떤 영향을 미치나요

옵션가격(프리미엄)에 영향을 주는 다섯 번째 요인으로 '이자율'이 있습니다. 그러나 옵션 프리미엄에 미치는 영향은 적은 편입니다.

옵션가격(프리미엄)에 영향을 주는 다섯 번째 요인인 이자율이 옵션의 프리미엄에 미치는 영향은 앞서 설명한 네 가지 요인에 비하면 상대적으로 적습니다. 콜옵션의 프리미엄은 이자율이 높아지면 증가하고, 풋옵션의 프리미엄은 이자율이 높아지면 감소합니다.

직관적으로 생각할 때, 이자율이 높은 경우에 콜옵션의 가격이 오르는 이유는 큰 금액으로 현물을 사서 보유하는 것보다 적은 금액으로 콜옵션을 사두는 것이 이자 부담이 없어 유리하기 때문입니다.

이상 다섯 가지 주요 요인 외에도 주가지수옵션의 프리미엄에 영향을 주는 사항으로는 배당이 있습니다. 배당이 있으면 주가가 배당락되어 하락하기 때문에 콜옵션 매수자에게는 불리하게, 풋옵션 매수자에게는 유리하게 작용합니다.

프리미엄 추적

| KEY | **중간청산 타이밍을 놓쳐 대박을 날린 사례**

　　미국 테러 다음 날인 2001년 9월 12일 주가 급락으로 옵션에서 대박을 터뜨렸던 개인투자자들은 선물·옵션 만기일인 13일 주가 반등으로 풋옵션 가격이 급락하면서 커다란 손해를 봤습니다. 반면 전날 2,000억 원을 넘는 평가손실을 봤던 기관투자가들은 손실을 크게 줄였습니다. 이날 기관투자가들은 60 풋을 중심으로 매도전략을 펼쳐 주가 상승에 대한 이익을 본 반면, 개인투자자들은 이날 하루동안 16만 2,443계약의 풋을 매수해 전날 주가지수하락으로 벌어들인 평가이익 중 상당부분을 날린 것으로 추정됩니다.

이날 주식시장에서 프로그램매수로 인해 막판 주가지수가 7포인트 가까이 추가 상승하면서 60 풋옵션의 가치는 3포인트(30만 원)에서 제로가 되었으며, 전일 504배의 기록적인 상승을 기록했던 62.5 풋옵션도 전일의 종가 5.05포인트(50만 5,000원)보다 81.8% 하락한 0.92(9만 2,000원)에 청산되었습니다. 전날 62.5 풋옵션에서 대박을 터뜨린 개인투자자들이 전날 수익을 확정짓지 않았다면 번 돈의 90% 정도를 하루 만에 날린 셈이 됩니다.

블랙·숄즈의 옵션가격결정 모형이란 무엇인가요

미국의 블랙(Black)과 숄즈(Scholes)에 의해 개발된 옵션가격결정 모형으로서 옵션이론가격을 산출할 때 이 모델을 일부 수정하여 현재 널리 이용하고 있습니다.

옵션이론가격에 관심이 많은 분들은 이 절에서 소개하는 계산식을 잘 이해하시기 바랍니다. 이 계산식을 이용하면 기초자산가격(S), 행사가격(E), 잔존만기(T), 무위험이자율(r), 기초자산가격의 변동성(σ)의 값들을 알 때 콜옵션과 풋옵션의 이론가격을 직접 계산할 수 있기 때문입니다.

'블랙·숄즈의 옵션가격결정 모형'은 우리나라에서 적용하는 유럽식 옵션가격 계산에 쓰이고 있는 방법입니다. 이것은 미국의 블랙(Black)교수와 숄즈(Scholes) 교수에 의해 만들어졌으며 옵션의 이론가격을 구하는 데 가장 널리 사용되고 있습니다.

이 모형을 이용하여 옵션가격을 계산하기 위해서는 변동성에 대한 적절한 추정치를 사용해야 하는데, 변동성을 계산하는 방법으로는 앞에서 설명한 역사적 변동성을 이용하는 방법과 내재변동성을 이용하는 방법이 일반적으로 사용되고 있습니다.

블랙-숄즈의 가격결정 모형은 계산을 쉽게 하기 위하여 다음과 같은 몇 가지 가정하에서 만들어졌습니다.

- 잔존기간 가격의 변동성과 무위험이자율은 변하지 않는다.
- 거래비용과 세금은 일체 고려하지 않으며, 배당은 없는 것으로 본다.
- 기준물의 거래는 연속적으로 일어난다.

이 가정의 의미는 옵션의 이론가격을 직접 계산하기 위해서도 알아야겠지만 계산된 이론가격을 응용하기 위해서도 기억해둘 필요가 있습니다.

예를 들어 '기준물의 거래는 연속적으로 일어난다'라는 의미는 휴장인 날에도 거래되는 것으로 가정하여 이론가격을 계산하므로, 만약에 연말이나 여름휴가로 일주일 휴장을 한다면 그 기간에도 옵션의 시간가치는 줄어들므로 일주일 분의 시간가치가 그냥 사라짐을 뜻합니다.

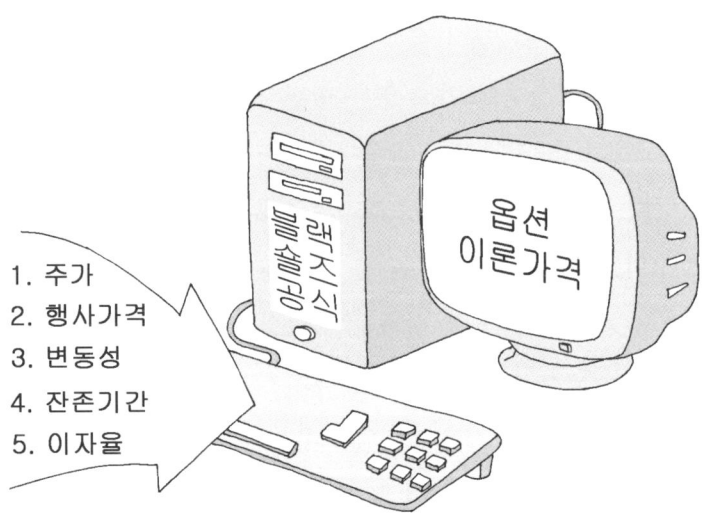

| 블랙 · 숄즈의 모형 |

콜옵션의 이론가격(C)=S×N(d_1)−e^{-rT}×E×N(d_2)
풋옵션의 이론가격(P)=−S×N(−d_1)+e^{-rT}×E×N(d_2)

여기서　N(·) : 정규분포 누적확률
　　　　$d_1 = \{\ln(S/E) + (r + \sigma^2/2)T\} / (\sigma\sqrt{T})$
　　　　$d_2 = \{\ln(S/E) + (r - \sigma^2/2)T\} / (\sigma\sqrt{T})$

　　　　ln : 자연로그
　　　　e : 자연대수(2.718281828…)
　　　　S : 기초자산의 현물가격(코스피200등)　⎤
　　　　E : 옵션의 행사가격　　　　　　　　　　⎥　옵션프리미엄
　　　　T : 잔존기간(연 단위)　　　　　　　　　⎬　결정인자
　　　　r : 무위험이자율(연율)　　　　　　　　 ⎥　5가지
　　　　σ : 기초자산의 변동성(연 단위)　　　　 ⎦

*N(·)는 d_1, d_2값을 구하면 통계표나 엑셀 등을 이용하여 구할 수 있음

　그냥 공식을 들여다보고 있으면 복잡하고 어려울 것 같은 생각이 들 수도 있겠지만 계산과정을 따라가보면 그다지 어렵지 않음을 확인할 수 있습니다.

| 블랙 · 숄즈의 모형을 이용한 콜옵션, 풋옵션의 이론가격 계산 |

　현재의 코스피200 지수가 140포인트이고, 행사가격이 130포인트,

잔존기간이 2개월, 무위험이자율이 9%, 주가변동성이 연 30%일 때 콜옵션과 풋옵션의 이론가격을 구해보기로 하겠습니다.

S=140, E=130, T=2/12=0.1667, r=0.09, σ=0.3이므로 이 값들을 블랙-숄즈의 공식에 대입하면 다음과 같이 됩니다.

먼저 d_1과 d_2 값을 구합니다.

d_1={ln(S/E)+(r+σ^2/2)T}/($\sigma\sqrt{T}$)
   ={ln(140/130)+(0.09+0.3^2/2)0.1667}/(0.3$\sqrt{0.1667}$)
   =0.7888

d_2={ln(S/E)+(r−σ^2/2)T}/($\sigma\sqrt{T}$)
   ={ln(140/130)+(0.09−0.3^2/2)0.1667}/(0.3$\sqrt{0.1667}$)
   =0.6663이 됩니다.

d_1과 d_2를 이용하여 정규분포 누적확률을 구하면

N(d_1)=N(0.7888)=0.7849
N(d_2)=N(0.6663)=0.7474
N(−d_1)=N(−0.7888)=0.2151
N(−d_2)=N(−0.6663)=0.2526이 구해집니다.

이상에서 구한 값을 공식에 대입하면 다음과 같은 콜옵션과 풋옵션의 가격을 구할 수 있습니다.

콜옵션의 이론가격(C)=S×N(d_1)−e^{-rt}×E×N(d_2)
=140×0.7849−$e^{-(0.09 \times 0.1667)}$×130×0.7474=14.169포인트

풋옵션의 이론가격(P)=−S×N(−d_1)+e^{-rt}×E×N(−d_2)
=−140×0.2151+$e^{-(0.09 \times 0.1667)}$×130×0.2526=2.233포인트

| 풋 · 콜항등식(풋 · 콜 패리티) |

　기초자산과 행사가격과 만기일이 동일한 콜옵션과 풋옵션 사이에는 일정한 관계식이 성립하는데 콜옵션과 풋옵션 중에 어느 한쪽의 이론값을 알면 다른 한쪽의 값은 풋 · 콜항등식에 의해 구할 수 있습니다.
　즉, 콜옵션의 이론가격을 알면 풋옵션의 이론가격을 구할 수 있고, 풋옵션의 이론가격을 알면 콜옵션의 이론가격을 구할 수 있습니다.
　때로 시장에서는 수급 상황에 따라 콜옵션과 풋옵션의 가격 사이에 풋 · 콜항등식이 성립되지 않는 경우가 생기기도 하는데, 이런 때에는 차익거래가 발생하여 풋 · 콜항등식이 성립하는 정상적인 가격수준으로 복귀하게 됩니다.

풋 · 콜항등식 $P+S=C+E \cdot e^{-rT}$

　P : 풋옵션의 이론값
　C : 콜옵션의 이론값
　S : 주가(코스피200 등)
　E : 옵션의 행사가격
　T : 잔존기간(연단위)
　r : 무위험이자율(연율)

|풋·콜항등식의 계산 사례|

콜·풋항등식에 의하여 구한 값이 앞페이지에서 계산한 값과 일치하는지 확인해보기로 하겠습니다.

현재의 코스피200이 140포인트이고, 행사가격이 130포인트, 잔존기간이 2개월, 무위험이자율이 9%, 주가변동성이 연 30%인 상황에서 콜옵션의 이론가격이 14.169포인트라면 이때의 풋옵션 가격은 다음과 같습니다.

$$P+S=C+E \cdot e^{-rt}$$
$$\therefore P=C+E \cdot e^{-rt} -S$$
$$=14.169+130 \times e^{-(0.09 \times 0.1667)}-140=2.233 \text{포인트}$$

옵션의 민감도 지표는 어디에 쓰나요

옵션의 민감도지표인 '델타, 감마, 베가, 세타, 로'를 이용하면 시장의 변화에 따라 옵션 프리미엄이 어떻게 변할지 간단히 계산할 수 있습니다.

증권사 단말기를 통해 옵션의 현재가를 조회해보면 현물이나 선물에서는 보지 못한 생소한 값들이 있습니다. 이름하여 '델타, 감마, 베가, 세타, 로'라는 것들인데 이름도 생소할 뿐더러 개념이 어려워서 머리가 아프다는 분도 있고, 그래서 아예 무시해버리는 투자자들도 있습니다. 그러나 그냥 무시해버리기엔 아주 유용하고 재미있는 내용이 들어 있습니다.

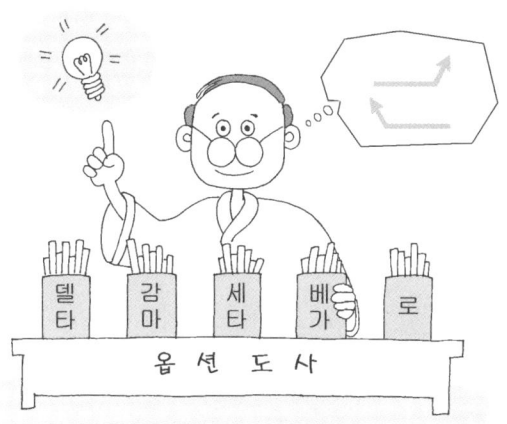

어떤 사람들은 미래가 궁금하면 사주를 보곤 합니다. 옵션도 사주팔자(?)가 있습니다. 옵션의 프리미엄이 어떻게 변할지 미래가 궁금하면 옵션의 사주팔자를 보면 됩니다. 옵션의 사주팔자를 보면 이 옵션이 성질이 급한지 느린지, 변덕이 심한지, 심지가 굳은지, 시간이 지나면 또 얼마나 변할 것인지 짐작할 수 있습니다.

앞에서 옵션의 가치는 주가와 행사가격, 잔존기간, 변동성 그리고 이자율에 의해 결정된다는 것과 옵션가격결정 모형을 통해 산출된 옵션이론가격을 기준으로 옵션의 시장가격이 고평가되어 있는지 저평가되어 있는지 판단할 수 있다는 사실을 알았습니다.

그러나 옵션이론가격은 계산하는 과정이 복잡하여 컴퓨터를 이용하지 않고는 곤란합니다. 더구나 여러 종류의 개별옵션의 조합으로 복합포지션을 구성하게 되면 보유한 복합포지션이 시장 변화의 위험에 어느 정도 노출되어 있는지 판단하기 어렵고, 위험을 관리하는 것은 더욱 어려워집니다.

이때 간편하게 사용할 수 있는 것이 '옵션의 민감도 지표' 입니다. 옵션의 민감도 지표를 이용하면 주가와 변동성, 잔존기간, 이자율이 변할 때 옵션의 가격이 얼마가 될지 휴대용 계산기를 두드려 간단하게 계산할 수 있습니다.

요약하면 '옵션의 민감도 분석지표'는 옵션의 미래를 예측하는 분석지표로서, 시장 상황의 변화에 따라 옵션가격이 얼마나 민감하게 움직이는지 그 위험도를 수치로 나타낸 값이라고 할 수 있습니다. 옵션의 대표적인 민감도 지표에는 델타(δ), 감마(Γ), 세타(θ), 베가(υ), 로(ρ)가 있습니다.

이들의 용도를 보면 델타와 감마는 주가의 변동에 따른 옵션의 가격변화를 유추하는 데 사용하고, 베가는 변동성, 세타는 잔존기간의 변화에 따른 옵션의 가격변화를 유추하는 데 사용합니다. 로는 금리의

● 옵션 민감도 지표의 종류와 정의 ●

델타(δ)	• 델타=옵션가격의 변화 / 기초자산의 가격 변화 • 델타는 기초자산의 가격이 1단위 변화할 때 옵션가격이 얼마나 변하는가를 나타내는 값으로 현재의 방향위험을 나타낸다. • 델타가 +인 포지션은 기초자산가격이 상승할 때 유리하다. • 델타가 -인 포지션은 기초자산가격이 하락할 때 유리하다.
감마(Γ)	• 감마=델타의 변화 / 기초자산의 가격 변화 • 감마는 기초자산의 가격이 1단위 변화할 때 옵션델타가 얼마나 변하는가를 나타내는 값으로 방향위험의 변화위험을 나타낸다. • 감마가 +인 포지션은 기초자산가격이 크게 변할 때 유리하다. • 감마가 -인 포지션은 기초자산가격이 안정될 때 유리하다.
세타(θ)	• 세타=옵션가격의 변화 / 시간의 변화 • 세타는 시간이 1단위 감소할 때 옵션가치의 변화를 나타낸다. 즉, 시간가치의 감소속도를 의미하며, 옵션가치가 시간이 지남에 따라 얼마나 빨리 잠식되는가를 나타낸다. • 세타가 +인 포지션은 잔존기간이 줄어들수록 유리하다. • 세타가 -인 포지션은 잔존기간이 줄어들수록 불리하다.
베가(υ)	• 베가=옵션가격의 변화 / 기초자산의 변동성의 변화 • 베가는 변동성이 1% 변할 때 옵션가격이 변하는 정도를 나타낸다. • 베가가 +인 포지션은 기초자산의 변동성이 커질수록 유리하다. • 베가가 -인 포지션은 기초자산의 변동성이 작을수록 유리하다.
로(ρ)	• 로=옵션가격의 변화 / 금리의 변화 • 금리의 변화에 대한 옵션가격의 변화를 나타낸다. 일반적으로 금리가 옵션가격에 미치는 영향은 미미하다.

변동에 따른 옵션가치의 변화를 유추하는 데 사용합니다.

그리고 이 값들은 항상 일정한 값을 갖는 것이 아니라 주가나 변동성, 잔존기간 등이 변할 때마다 계속 변하면서 투자자들에게 옵션가격의 변동에 대한 새로운 정보를 가르쳐 줍니다.

'옵션의 민감도 분석지표'는 옵션이론가격을 계산하는 '블랙-숄즈의 옵션가격결정 모형'에 의해 구해지며, 증권사의 단말기나 홈트레이딩 시스템을 통해 투자자들에게 제공이 됩니다.

민감도 지표의 부호를 보면 시장의 상황이 보유한 포지션에 유리하게 작용하는지 불리하게 작용하는지를 판단할 수 있습니다.

● 옵션의 민감도 지표의 부호 ●

민감도 지표 포지션		델타 + 기준물의 가격이 상승 시 유리	델타 − 기준물의 가격이 하락 시 유리	감마 + 기준물의 가격이 크게 변할 때 유리	감마 − 기준물의 가격이 변동 적을 때 유리	세타 + 잔존기간 감소 시 유리	세타 − 잔존기간 감소 시 불리	베가 + 기준물 변동성 증가 시 유리	베가 − 기준물 변동성 감소 시 유리
선물	매수	+							
	매도		−						
콜옵션	매수	+		+			−	+	
	매도		−		−	+			−
풋옵션	매수		−	+			−	+	
	매도	+			−	+			−
변동성 스프레드	스트레들 매수			+		−		+	
	나비형 스프레드 매도			+		−		+	
	스트레들 매도				−	+			+
	나비형 스프레드 매도				−	+			+
	시간스프레드 매수				−	+		+	
	시간스프레드 매도			+		−		−	

선물은 델타(주가의등락)의 영향만 받으며, 변동성 스프레드의 델타는 0에 근접합니다. 그리고 감마와 세타는 언제나 서로 반대의 부호를 가집니다. 즉, 가격변동이 클 때 유리한 포지션은 잔존기간이 줄어들면 불리하며, 가격변동이 클 때 불리한 포지션은 잔존기간이 줄어들면 유리합니다. 따라서 어떤 투자자라도 가격변동과 시간가치가 동시에 유리하게 움직이는 포지션을 보유할 수는 없습니다.

|KEY| 민감도 지표는 나중에 보아도 됩니다

36절부터 39절까지는 옵션의 민감도 지표에 대한 세부적인 설명으로서 초보자에게는 좀 딱딱하고 지루한 느낌이 들 수 있습니다. 그럴 경우에는 잠시 건너뛰어서 40절부터 읽어도 좋습니다. 민감도 지표 부분을 건너뛰더라도 이 책의 뒷부분을 이해하는 데 어려운 점은 없습니다.

036 옵션에서 델타는 뭘 하는 거죠

옵션의 델타를 알면 주가의 변화에 따라 옵션의 가격이 얼마나 변하는가를 알 수 있습니다.

주가가 오르내리면 옵션의 가격이 변하는데 행사가격과 잔존기간 등에 따라 옵션가격의 변화량은 다릅니다. 옵션의 델타는 다른 조건이 일정한 경우, 주가의 변화에 대한 옵션의 가격변화를 의미합니다. 이것을 식으로 나타내면 다음과 같습니다.

- **델타** = 옵션가격의 변화분 / 기초자산의 가격의 변화분

델타는 일반적으로 다음과 같은 4가지의 개념으로 사용되고 있습니다.

|옵션가격의 변화속도를 가늠할 수 있다|

옵션의 델타는 주가의 변화에 대한 옵션의 가격변화를 나타냅니다. 예를 들어 '델타=1'의 의미는 기준물 가격이 1포인트 변화할 때 옵션

가격 역시 1포인트 변화함을 의미하고, '델타=0.5'의 의미는 기준물 가격이 1포인트 변화할 때 옵션가격이 0.5포인트 변화함을 의미합니다. 당연히 선물의 델타값은 '1'이 됩니다.

- **추정옵션가격**=현재 옵션가격+(δ×주가의 변화)

그런데 델타값이 큰 옵션은 옵션가격의 변화분이 크다는 것이지 그것이 반드시 옵션의 수익률을 의미하는 것은 아닙니다. 100원짜리 물건이 120원이 되고 10원짜리 물건이 15원이 되었을 때, 옵션가격의 변화분 측면에서 보면 100원짜리는 20원이 올랐으므로 10원짜리의 변화분 5원보다 15원이나 더 올랐습니다. 그러나 수익률 측면에서 보면 100원짜리의 수익률은 20%(20÷100)로서 10원짜리의 수익률 50%(5÷10)보다 더 낮게 나타납니다.

등가격과 내가격 콜옵션의 경우에 프리미엄의 변화분과 수익률이 어떻게 차이가 나는지 예를 들어보겠습니다.

행사가격이 130인 등가격 콜옵션의 경우 가격이 1.64포인트 델타값은 0.49526이고, 행사가격이 120포인트인 내가격 콜옵션의 경우 가격이 5.15포인트 델타값은 0.87561인 시점을 가정하겠습니다. 이 시점에서 주가(코스피200)가 1포인트 오를 경우에 대한 '옵션가격의 변화분'과 '수익률'을 계산해보면 다음과 같습니다.

- **추정옵션가격** = 현재 옵션가격+(δ×주가의 변화) 공식을 이용하면

추정옵션가격(등가격)=1.64+(0.49526×1)=2.135
추정옵션가격(내가격)=5.15+(0.87561×1)=6.026이므로

옵션가격의 변화분(등가격)=2.14−1.64 =0.50
옵션가격의 변화분(내가격)=6.03−5.15 =0.88이 되고

옵션의 수익률(등가격)=0.50÷1.64 =30%
옵션의 수익률(내가격)=0.88÷5.15 =17%가 됩니다.

	현재 옵션가	델타	주가변화	추정옵션가격	옵션가격의 변화	수익률
등가격(65)	1.64	0.49526	1	2.14	0.50	30%
내가격(60)	5.15	0.87561	1	6.03	0.88	17%

계산 결과를 보면 옵션가격의 변화분은 내가격이 0.88포인트로서 더 크지만 수익률에서는 등가격이 30%로 더 큽니다.

|옵션이 만기일에 내가격으로 종료될 확률을 나타낸다|

델타는 내가격옵션이 내가격으로 남아 있거나 외가격옵션이 내가격옵션이 될 확률을 의미합니다. 예를 들어 델타값이 0.7이라는 것은 만기일에 내가격으로 종료될 확률이 70%임을 의미합니다.

심한 외가격옵션에서 델타값이 0에 가까운 것은 내가격으로 변할 가능성이 희박하다는 의미이며, 심한 내가격옵션에서 델타값이 1에 가까

운 것은 내가격으로 머물러 있을 가능성이 100%에 가깝다는 의미입니다. 그리고 등가격 부근에서 델타값이 0. 5인 것은 내가격으로 종료될 확률이 50%임을 의미합니다.

| 보유포지션의 헤지를 위한 대상자산 수를 구 하는 데 사용한다 |

델타값을 이용하면 보유하고 있는 옵션포지션의 델타 중립적 헤지를 하기 위해 필요한 대상자산의 수를 구할 수 있습니다. 예를 들어 델타가 0.3인 옵션 50계약을 보유하고 있을 때, 이에 대한 델타 중립적 포지션을 구성하기 위해서는, 보유하고 있는 옵션 델타에 반대되는 방향으로 3계약의 선물포지션을 취하면 됩니다.

옵션의 δ × 계약수 × 10만 원 = 선물의 δ × 계약수 × 50만 원
$0.3 × 50 × 10$만 원 $= 1 × x × 50$만 원 $\therefore x = 3$계약

이것이 의미하는 바는 델타가 0.3인 콜옵션을 10계약 보유한 투자자는 주가가 하락하면 손실을 입게 되는데 이를 헤지하기 위하여 선물을 3계약 매도하면 된다는 것입니다. 이렇게 하면 옵션에서 잃은 손실만큼의 이익이 선물에서 생기기 때문에 두 가지의 손익이 상쇄되므로 기준물의 가격변동위험을 완전히 헤지할 수 있습니다. 이렇게 하여 포지션델타가 제로(0)인 상태를 '델타 중립포지션'이라 합니다.

그러나 델타 중립적 헤지를 했다고 해서 영구적인 헤지효과를 갖는 것은 아닙니다. 델타값은 주가의 변화와 만기일이 다가옴에 따라 변하기 때문에 완전헤지 상태를 유지하기 위해서는 변경된 델타값에 맞게 포지션을 조정하면서 계속적인 추적관리를 해주어야 합니다.

| 보유포지션이 선물 몇 계약에 해당하는지 환산할 때 사용한다 |

보유하고 있는 옵션포지션의 델타를 선물의 델타와 비교하여 선물 몇 계약에 해당하는가를 환산할 때 사용하는 개념으로서 델타값이 다른 여러 종류의 옵션을 보유하고 있을 때 유용하게 사용할 수 있습니다. 예를 들어 델타가 0.3인 콜옵션 50계약을 매수한 사람은 이론적으로 3계약의 선물을 보유하는 것에 해당합니다.

델타 그래프를 보면 델타의 움직임이 보입니다.

예) 옵션의 δ × 계약수 × 10만 원 = 선물의 δ × 계약수 × 50만 원
0.3 × 50 × 10만 원 = 1 × x × 50만 원   ∴ x = 3계약

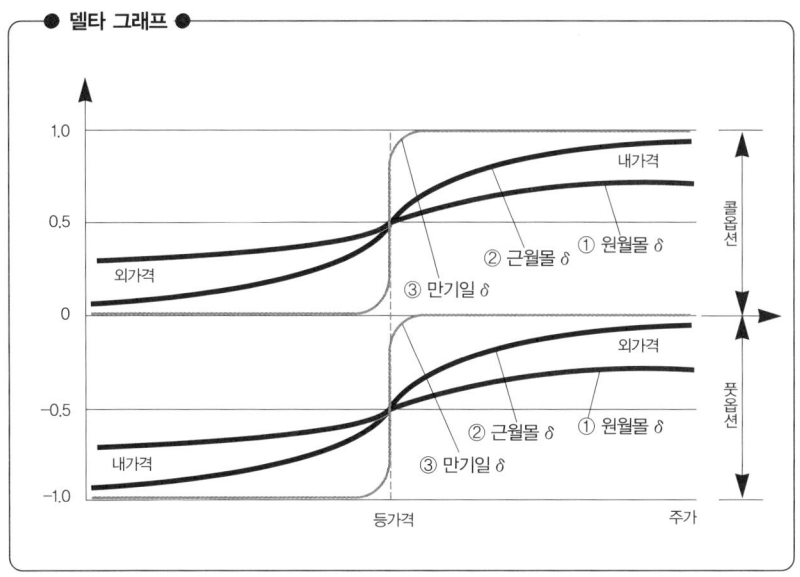

위의 그림은 옵션의 델타와 주가의 관계를 그린 그래프입니다. 그래프를 보면서 그래프가 의미하는 바를 해석해보기로 하겠습니다.

- 콜옵션은 델타값이 양수이므로 그래프의 위쪽에 위치하고 풋옵션은 델타값이 음수이므로 그래프의 아래쪽에 위치합니다.
- 콜옵션 델타는 0과 +1 사이의 값을 가지고, 풋옵션 델타는 0과 -1 사이의 값을 가집니다.
- 심한 외가격일수록 기초자산의 가격변화에 거의 영향을 받지 않으므로 델타값은 0에 가깝고 심한 내가격일수록 거의 내재가치만 있게 되므로 델타값이 1에 가까워집니다.

따라서 콜옵션 델타는 주가가 상승하여 내가격이 될수록 1에 수렴하고, 주가가 하락하여 외가격이 될수록 0에 수렴합니다. 마찬가지로 풋옵션 델타는 주가가 상승하면 0에 수렴하고 주가가 하락하면 −1에 수렴합니다. 그리고 등가격 상태인 경우 델타는 0.5 수준이 됩니다.
- 옵션 델타는 대상자산의 가격이 상승하면 상승하고 하락하면 하락합니다.
- 시간의 경과에 따라 델타값은 변합니다. 옵션 델타 움직임은 원월물은 완만하고 근월물은 뚜렷한 모습을 나타내는데, 옵션 델타값은 만기가 길어질수록 ±0.5에 근접하고, 만기가 다가올수록 ±0.5에서 멀어집니다.

그러면 콜옵션의 델타가 최대값 1, 최소값 0 사이의 양수값을 가지는 이유와 풋옵션의 델타가 최대값 0, 최소값 −1 사이의 음수값을 가지는 이유를 알아보겠습니다.

먼저 콜옵션의 델타가 최대값 1, 최소값 0 사이의 양수값을 가지는 이유입니다.

오른쪽 그래프에서 보면, 콜옵션의 가격은 심한 내가격에서는 y = x의 그래프에 수렴하면서 주가가 1 오를 때 거의 1 가까이 오르지만, 심한 외가격에서는 y = 0의 그래프에 수렴하면서 주가가 1 내려도 콜옵션의 가격은 거의 변화가 없습니다. 그리고 등가격에서는 주가가 1 오를 때 0.5 오릅니다.

이상의 내용을 '델타 = 옵션가격의 변화분 / 대상자산가격의 변화분'의 공식에 대입하면, 콜옵션의 델타는 심한 내가격에서는 '1/1=1'이 되고, 심한 외가격에서는 '0/1=0', 등가격에서는 '0.5/1=0/5'의 값을 가지게 됩니다.

따라서 콜옵션의 델타는 최대값 1, 최소값 0 사이의 양수값을 가집니다.

다음으로 풋옵션의 델타가 최대값 0, 최소값 −1 사이의 음수값을 가지는 이유입니다.

우측 그래프에서 보면, 풋옵션의 가격은 심한 내가격에서는 y=−x의 그래프에 수렴하면서 주가가 1 내릴 때 거의 1 가까이 오르지만, 심한 외가격에서는 y=0의 그래프에 수렴하면서 주가가 1

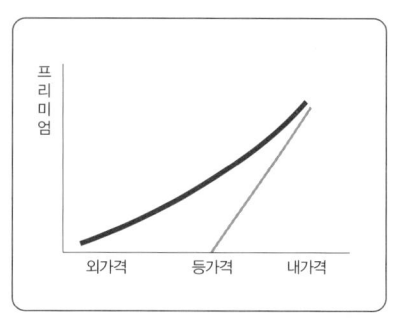

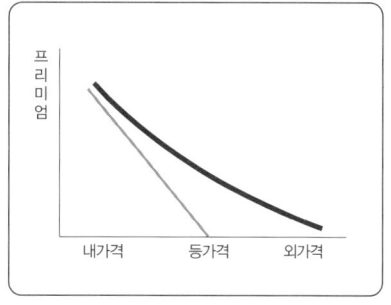

올라도 거의 변화가 없습니다. 그리고 등가격에서는 주가가 1 내릴 때 0.5 오릅니다.

'델타=옵션가격의 변화분 / 대상자산가격의 변화분'의 공식에서, 풋옵션의 델타는 심한 내가격에서는 '1/(−1)=−1'이 되고, 심한 외가격에서는 '0/(−1)=0', 등가격에서는 '0.5/(−1)=−0.5'의 값을 가지게 됩니다. 따라서 풋옵션의 델타는 최대값 0, 최소값 −1 사이의 음수값을 가집니다.

| KEY | 변동성 매매

델타를 잘 이용하면 주가의 변화와는 전혀 무관한 옵션포지션을 구성할 수도 있습니다. 해당 포지션의 델타가 어느 정도 중립을 유지한 상태에서 변동성의 축소, 확대에 대한 예상에 근거한 매매를 변동성 매매라고 합니다.
이때 포지션의 감마값을 체크해보아야 하는데, 감마값이 작아야 시장 상황의 움직임에 대하여 크게 영향을 받지 않으면서 변동성에만 신경을 쓸 수 있는 것입니다.
변동성 매매의 관점에서 볼 때 옵션거래란 '감마값의 변화에 주의하면서 포지션 델타를 중립으로 유지, 변동성의 변화를 즐기는 것이다' 라고 요약할 수 있습니다. 변동성에 대한 개념없이 단순히 '상승 예상 시 콜 매수, 하락 예상 시 풋 매수' 로만 대응한다면 실패할 확률이 높습니다.

옵션의 감마에 대해서 알고 싶어요

옵션의 감마는 주가의 변화에 따라 옵션의 델타가 얼마나 변화하는가를 나타내는 지표입니다.

앞에서 살펴본 바와 같이 옵션의 델타는 옵션의 위험관리를 위해 매우 중요하게 사용되는 값이지만, 델타값 또한 주변 상황에 따라 변화하기 때문에 델타만으로 포지션 위험을 관리하는 데는 미흡하다는 사실을 알았습니다.

만약에 보유한 포지션의 델타를 일정한 범위 안에서 관리할 수 있다면 더욱 안전하게 위험관리를 할 수 있을 것입니다. 이러한 필요에 따라 보유한 포지션의 델타값을 일정한 범위 내에서 관리하기 위하여 사용하는 값이 바로 '감마' 입니다.

델타는 현재의 방향위험을 나타내는 값인데 비하여, 감마는 델타가 얼마나 빨리 변화하는가를 나타내는 값입니다. 옵션의 감마는 다른 조건이 일정한 경우, 기초자산의 가격변화분에 대한 옵션의 델타변화분을 의미합니다. 이것을 식으로 나타내면 다음과 같습니다.

- **감마** = 델타의 변화분 / 기초자산의 가격변화분

감마는 대상자산가격이 1단위 변화할 때 옵션 델타(방향위험)가 얼마나 변하는가를 나타내는 값입니다. 예를 들어 감마가 0.2인 옵션의 기초자산 가격이 1 변화하면 옵션의 델타는 0.2만큼의 변화가 예상됩니다.

이처럼 델타값과 감마값을 알면 대상자산이 변할 때 델타값이 얼마가 될지 추정할 수 있습니다. 이것을 공식으로 나타내면 다음과 같습니다.

- **추정델타값** = 델타 + 감마 × 주가의 변화
  = $\delta + \Gamma \times \triangle S$

δ의 부호 : 콜매수, 풋매도 +,   콜매도, 풋매수 −
Γ의 부호 : 매수포지션 +,   매도포지션 −
$\triangle S$의 부호 : 지수 상승시 +,   지수 하락시 −

추정델타를 구할 때는 부호에 주의해야 합니다. 그러면 계산 사례를 통하여 계산식과 부호가 의미하는 바를 알아보겠습니다.

매수한 콜옵션의 델타가 0.40이고, 감마가 0.05인 경우에는 대상자산이 1포인트 상승하는 경우 델타값은 0.45가 됩니다. 콜옵션 매수이기 때문에 델타값은 양(+)의 값을 갖고, 매수포지션이기 때문에 감마는 양(+)의 값을 갖습니다.

그리고 주가가 상승했기 때문에 주가의 변화($\triangle S$)도 양(+)의 값을 갖습니다.

- **추정델타** = $\delta + \Gamma \times \triangle S$ = 0.40 + 0.05 × 1 = 0.45

그리고 매수한 풋옵션의 델타가 -0.50이고, 감마가 0.05인 경우 대상자산이 1포인트 하락하는 경우 델타값은 -0.55가 됩니다. 이때는 풋옵션 매수이므로 델타값은 음(-)의 값을 갖고, 주가가 하락했기 때문에 주가의 변화(△S)도 음(-)의 값을 갖습니다.

- **추정델타** = $\delta + \Gamma \times \triangle S$ = -0.50 + 0.05 × (-1) = -0.55

감마의 부호가 의미하는 바를 알아보겠습니다. 양(+)의 감마는 대상자산의 가격의 급변을 예상할 때 취하는 포지션이며, 음(-)의 감마는 대상자산의 가격의 안정을 예상할 때 취하는 포지션입니다.

따라서 콜옵션 매수와 풋옵션 매수포지션은 +감마값을 가지고, 콜옵션 매도와 풋옵션 매도포지션은 -감마값을 가집니다.

| 감마의 절대값 |

감마의 절대값은 위험의 정도를 나타냅니다. 감마의 절대값이 작으면 델타의 변화가 느리고 절대값이 크면 델타의 변화가 빠릅니다.

감마가 제로(0)에 가까운 값을 가지는 경우에는 기초자산의 가격이 변하더라도 델타값은 거의 변하지 않지만, 감마의 절대값이 큰 경우에는 기초자산의 가격변화에 따라 델타값이 큰 폭으로 변하게 됩니다. 이처럼 같은 델타를 가지고 있는 옵션이라 하더라도 감마의 크기에 따라 위험 정도는 달라집니다. 따라서 절대값이 큰 감마를 가지는 포지션은 위험이 높고 투기성이 큰 종목이라고 할 수 있습니다.

그러므로 델타중립 전략을 이용하고자 하는 경우에는 현재 포지션의 델타값이 제로(0)라고 해서 안심할 수 없습니다. 물론 델타값이 시장 상황에 따라 변하기 때문입니다. 이때 델타값이 제로(0)이고 감마값이 작은 경우에는 기초자산의 가격이 크게 변하더라도 델타값이 크게 변하지 않습니다. 그렇지만 델타값이 제로(0)라 하더라도 감마값이 큰 경우에는 기초자산의 가격이 크게 변하면 델타값도 크게 변하게 됩니다.

따라서 델타중립 상태를 효과적으로 유지하려면 감마값을 작게 관리하는 것이 좋습니다. 감마값이 크면 시장 상황의 변화에 따라 자주 헤지를 해야 하기 때문에 헤지비용 또한 과다하게 소요됩니다.

이상에서 살펴본 바와 같이 델타중립 전략을 이용할 때는 델타뿐만 아니라 감마도 함께 살피면서 시장 상황의 변화에 대응하는 것이 좋습니다.

감마의 부호와 감마의 절대값이 의미하는 바를 요약하면 다음과 같습니다. 절대값이 큰 +감마는 대상자산의 가격이 급변하기를 매우 희망하는 경우에 택하는 포지션으로서 대상자산의 변동이 없을 때 위험이 높고, 절대값이 큰 −감마는 대상자산의 가격이 매우 안정되기를 희망하는 경우에 택하는 포지션으로서 대상자산의 가격이 급변할 때 위험이 높습니다.

```
절대값이 큰 + 감마   (급변을 매우 희망) ― 위험이 높음
절대값이 작은 + 감마 (급변을 조금 희망) ― 위험이 낮음
절대값이 작은 − 감마 (안정을 조금 희망) ― 위험이 낮음
절대값이 큰 − 감마   (안정을 매우 희망) ― 위험이 높음
```

| 감마그래프 |

감마그래프를 보면 감마의 움직임이 보입니다.

다음 그림은 감마와 주가와의 관계를 그린 그래프입니다. 그래프를 보면서 감마의 개념을 좀더 알아보겠습니다.

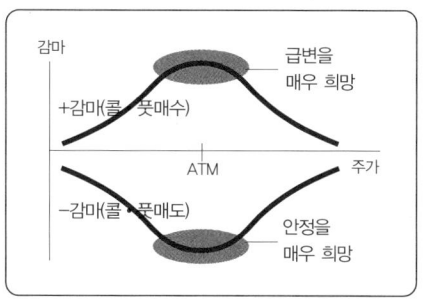

콜·풋매수는 대상자산의 급변을 바라는 포지션으로 +감마값을 가지므로 그래프의 위쪽에 위치하고 콜·풋매도는 대상자산의 안정을 바라는 포지션으로서 −감마값을 가지므로 그래프 아래쪽에 위치합니다. 그리고 감마의 절대값은 등가격옵션에서 최대값을 가집니다. 감마는 기울기의 변화도를 나타내기 때문에 등가격 상태에서 가장 큰 값을 가지고, 심한 내가격과 심한 외가격옵션일수록 감마의 값은 작아집니다. 따라서 감마와 주가와의 관계를 그래프로 그리면 등가격에서 최대값을 갖는 종 모양이 됩니다.

위의 그래프는 옵션의 감마와 잔존기간의 관계를 나타낸 그래프입니다. 등가격옵션의 감마값은 내가격이나 외가격의 감마값보다 높습니다. 그리고 만기가 가까워짐에 따라

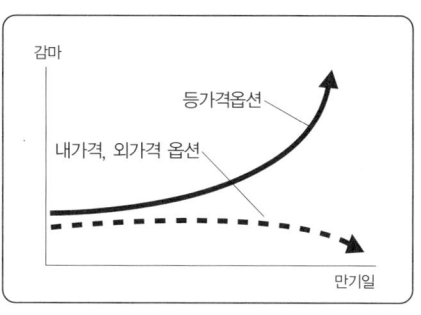

등가격옵션의 감마는 이론적으로 무한대로 증가하며, 내가격옵션과

외가격옵션의 감마는 0으로 감소합니다.

내가격옵션과 외가격옵션에서 만기일이 다가올수록 감마값이 감소하는 이유는 만기일이 다가올수록 내가격이 외가격으로, 외가격이 내가격으로 바뀔 가능성이 매우 낮아진다는 것을 의미합니다.

등가격옵션에서는 만기일에 다가오면 감마값은 급격히 상승하여 주가가 조금만 변하여도 델타값은 민감하게 변합니다. 따라서 만기일이 다가오면 하루에도 큰 폭의 가격변동이 일어나서 차익을 노리는 많은 투기세력들이 모여드는 현상이 나타나기도 하는데, 만기일에 등가격옵션에 투자할 때는 이런 점에 유의해야 합니다.

> **|KEY| 확신이 없을 때는 휴식을**
>
> 주식을 가지고 있지 않거나 선물·옵션의 계약을 가지고 있지 않으면 이익의 기회를 놓치고 있는 것처럼 생각하여 시장에 대한 확신 없이 잦은 매수·매도를 반복하는 투자자들이 많습니다. 그러나 시장의 흐름이 보이지 않거나 예상과 달리 움직일 때는 쉬는 것이 좋으며, 확신이 없는 포지션은 청산하는 것이 좋습니다. 적은 금액을 투자할 때는 수익률이 높던 사람도 투자금액이 커지면서 손실이 커지는 경우가 많습니다. 투자금액이 적을 때는 큰 배짱이 없어도 이성적으로 판단하고 실행할 수 있지만 투자금액이 커질수록 시장이 조금만 움직여도 동요하고 감정으로 판단하고 움직이기 쉽습니다. 욕심과 공포심이 커지기 때문입니다. 욕심 때문에 매도시점에서 추격매수를 하게 되고, 공포 때문에 반등시점에서 손절매를 하게 됩니다. 이렇게 욕심과 공포심으로 매수·매도를 반복하다 보면 원금은 하루하루 줄어들게 됩니다.
>
> 기회를 놓치는 것은 수많은 기회 중에서 하나를 놓치는 것이지만 투자원금을 잃으면 향후의 모든 기회를 놓치는 결과가 될 수도 있습니다. 기회는 기다리면 옵니다. 현금을 쥐고 있지 못하면 결정적인 순간이 와도 실탄이 없어 기회를 살리기 어렵습니다. 현금을 가지고 기다리는 자만이 그 기회를 맞이할 수 있습니다.

 옵션에서 베가의 역할은요

옵션의 베가를 알면 변동성의 변화에 따라 옵션의 가격이 얼마나 변하는가를 알 수 있습니다.

델타와 감마는 기초자산의 가격변화에 대한 보유포지션의 민감도를 나타내는 지표인데 비해서, 베가는 기초자산의 변동성에 대한 옵션가격의 민감도를 나타내는 지표로서 기초자산의 변동성의 변화에 따른 위험을 관리하는 데 사용하는 분석지표입니다.

식으로 나타내면 다음과 같습니다.

> • **베가** = 옵션가격의 변화분 / 기초자산의 변동성의 변화분

베가는 변동성이 1% 변화할 때 옵션가격이 변화하는 정도를 나타내는 값으로서 베가가 0.03인 옵션은 변동성이 1% 변하면 옵션가격이 0.03포인트 변한다는 것을 의미합니다.

이처럼 변동 전의 옵션가격과 베가값을 알면, 변동성이 변화할 때 변동성의 증감에 따른 옵션가격을 추정할 수 있습니다. 이것을 공식으로 나타내면 다음과 같습니다.

> • **추정옵션가격** = 현재 옵션가격 + (베가 × 변동성의 변화분)

　예를 들어 현재의 옵션가격이 1.5포인트, 베가가 0.03, 옵션의 변동성이 45%라면, 변동성이 50%로 증가될 때와 40%로 감소될 때의 옵션가격은 다음과 같이 계산할 수 있습니다.

> 변동성이 50%로 증가될 때의 추정옵션가격은
> 　　1.5 + 0.03 × (50−45) = 1.65포인트
> 변동성이 40%로 감소될 때의 추정옵션가격은
> 　　1.5 + 0.03 × (40−45) = 1.35포인트

　베가의 부호가 의미하는 바를 구체적으로 알아보겠습니다. +베가는 대상자산의 급변을 바라는 포지션이고, −베가는 대상자산의 안정을 바라는 포지션입니다. 옵션은 손익구조의 비대칭성으로 인하여 기초자산의 가격변화가 심할수록 가치가 증가하기 때문에 콜·풋옵션 매수포지션의 베가는 항상 양(+)의 값을 가지며 콜·풋옵션 매도포지션의 베가는 항상 음(−)의 값을 가집니다.

　베가의 절대값은 위험의 정도를 나타냅니다. 같은 변동성의 변화에 대하여 베가의 절대치가 큰 옵션은 옵션가격의 변화가 심하게 나타나는 것을 의미하고, 베가의 절대치가 작은 옵션은 상대적으로 옵션가격의 변화가 작게 나타나는 것을 의미합니다.

　베가는 기초자산의 변동성이 높을수록 커집니다. 그 이유는 변동성

이 낮을 때는 변동성이 변화해도 옵션가격의 변화가 크지 않지만, 변동성이 높을 때는 변동성에 대한 옵션가격의 변화가 크기 때문입니다. 또 베가의 값은 잔존기간이 길수록 베가는 크고 잔존기간이 감소하면 베가값은 감소합니다.

만기일이 다가오면 변동성이 급변하더라도 옵션가격의 변화는 적은데 그 이유는 외가격과 등가격옵션이 내가격옵션으로 변화될 가능성이 높지 않기 때문입니다. 따라서 다른 조건이 동일한 경우에는 만기가 긴 옵션이 만기가 짧은 옵션보다 변동성의 변화에 대해 더 민감하게 반응합니다.

베가의 부호와 베가의 절대값이 의미하는 바를 요약하면 다음과 같은 표를 만들 수 있습니다.

```
절대값이 큰    +베가 (급변을 매우 희망) —— 위험이 높음
절대값이 작은  +베가 (급변을 조금 희망) —— 위험이 낮음
절대값이 작은  -베가 (안정을 조금 희망) —— 위험이 낮음
절대값이 큰    -베가 (안정을 매우 희망) —— 위험이 높음
```

| 베 가 그 래 프 |

다음 그림은 옵션의 베가와 주가의 관계를 그린 그래프입니다. 그래프를 보면서 베가의 개념을 좀더 알아보겠습니다.

베가 그래프를 보면 콜·풋매수는 +베가값을 가지므로 그래프의 위

쪽에 위치하고 콜·풋매도는 －베가값을 가지므로 그래프의 아래쪽에 위치합니다. 그리고 다른 조건들이 동일하다면 등가격옵션에서 변동성 변화에 대한 옵션가격의 변화가 가장 크기 때문에 등가격 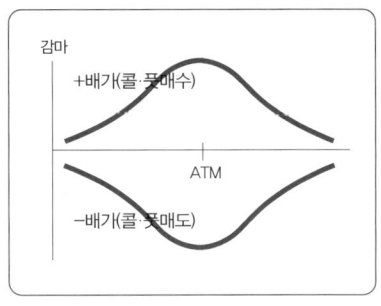 옵션에서 베가가 가장 크고, 심한 내가격이나 외가격으로 갈수록 베가는 작은 값을 가집니다. 따라서 베가와 주가 사이의 그래프는 감마의 경우와 마찬가지로 종 모양을 나타냅니다.

  베가위험은 델타위험이나 감마위험과는 달리 변동성에 관련된 위험이므로 델타위험과 감마위험이 없는 포지션일지라도 베가위험에는 노출됩니다. 따라서 델타나 감마의 검토와는 별도로 베가위험에 대한 검토가 필요합니다. 하지만 변동성이 옵션의 가격에 매우 큰 영향을 미치는 데도 불구하고 변동성의 측정이 어렵기 때문에 실제 적용에 있어서 베가는 델타나 감마에 비해 상대적으로 덜 중요하게 취급되는 경향이 있습니다.

옵션의 세타에 대해서도 알고 싶어요

옵션의 세타를 알면 잔존기간이 하루 줄어드는 동안에 옵션의 시간가치가 얼마만큼 감소하는가를 알 수 있습니다.

세타값은 잔존기간의 감소에 따른 시간가치 감소효과에 무심한 투자자들이 특히 관심을 가져야 할 사항입니다. 옵션의 프리미엄은 내재가치와 시간가치로 이루어져 있으며 만기일이 다가올수록 옵션의 시간가치는 줄어듭니다. 이때 옵션의 세타는 잔존기간이 하루 줄어드는 동안에 시간가치가 얼마만큼 감소하느냐를 나타내 주는 지표입니다. 따라서 매도자의 입장에서는 세타가 클수록 좋고 매수자의 입장에서는 세타가 작을수록 좋습니다. 이것을 식으로 나타내면 다음과 같습니다.

> • **세타** = 옵션가격의 변화분 / 시간의 변화분

세타는 잔존기간이 줄어들면서 시간가치가 줄어들기 때문에 계산값이 양(+)의 값으로 계산되지만, 시간의 경과에 따라 옵션가치가 줄어드는 것을 나타내는 값이므로 세타값은 보통 음(−)의 값으로 표시합니다.

예를 들어 세타가 −0.05인 옵션은 다른 시장조건이 변하지 않는다면 하루가 지나면 옵션가치가 0.05 감소한다는 것을 의미합니다. 즉 당일의 옵션 프리미엄이 1.85였다면 다음날의 옵션이론가는 1.80이 된다는 의미입니다.

- **내일의 옵션가격** = 현재의 옵션가격 + 세타 = 1.85−0.05 = 1.80

세타값은 시간가치가 큰 등가격옵션에서 가장 크고, 심한 내가격과 외가격옵션일수록 작아집니다. 특히 등가격옵션에서는 만료일이 가까워지면서 세타는 급격히 증가하 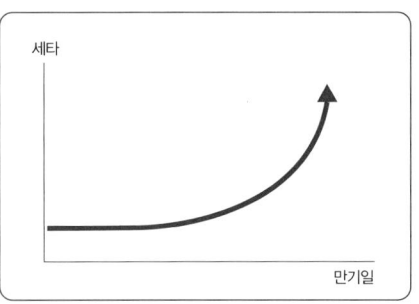 며 시간가치는 급격히 감소합니다. 그리고 세타는 변동성이 증가할수록 증가합니다.

옵션에서 만기보유와 중간청산의 차이는 무엇인가요

주가 급변 후 횡보가 지속될 경우, 중간청산했으면 수백%의 수익을 올릴 수 있었을 것을 만기까지 보유하여 투자원금까지 날리는 경우도 있습니다.

    선물투자의 손익은 주가가 선물포지션 설정 직후에 크게 움직이든 선물만기일에 임박하여 크게 움직이든 변동시점에 따라서 별 차이가 없습니다. 또 주가가 크게 움직였다면 그 즉시 반대매매하든 만기일까지 보유하든 선물포지션의 정리 시점에 따라서도 별 차이가 없습니다.

    그러나 옵션투자에서는 전혀 다릅니다. 주가의 등락폭이 같더라도 주가의 변동시점이 옵션포지션 설정 직후냐 아니면 만기일이 임박해서냐에 따라 손익의 차이는 크게 달라질 수 있습니다. 또 주가변동 직

후에 반대매매하느냐 만기까지 보유하느냐에 따라서도 상황은 완전히 달라질 수 있습니다.

주가 변동 후에 횡보가 지속될 경우, 중간청산했으면 수백%의 수익을 올릴 수 있었을 것을 만기까지 보유했다가 이익은 고사하고 투자한 프리미엄까지 몽땅 날리게 되는 상황도 얼마든지 일어날 수 있습니다.

대부분의 옵션투자자들은 미결제약정을 만기일까지 가져가지 않고 만기일 전에 중간청산하는 만큼, 만기보유 시의 손익그래프만 가지고 옵션의 손익에 대한 개념을 이해하기에는 다소 미흡한 점이 있습니다.

따라서 현명한 투자자라면 시간가치를 고려한 '중간청산 시의 손익그래프'에도 관심을 기울일 필요가 있습니다. 앞에서 소개한 옵션의 프리미엄 그래프의 개념을 이용하여 옵션의 중간청산 시의 손익그래프를 알아보기로 하겠습니다.

선물의 손익그래프는 '만기보유시의 그래프'와 '중간청산 시의 그래프'의 구분이 없습니다. 그냥 단순한 사선 모양을 하고 있습니다. 따라서 선물투자시의 손익은 주가의 등락에 좌우될 뿐 다른 요인의 영향

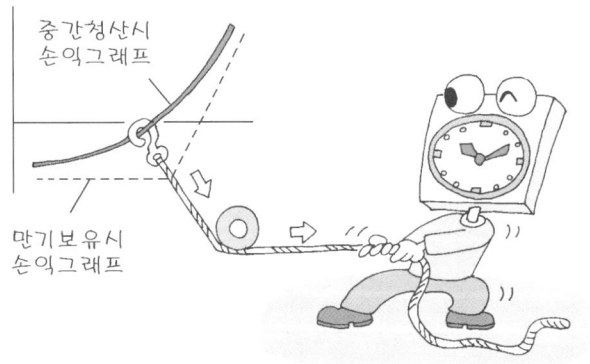

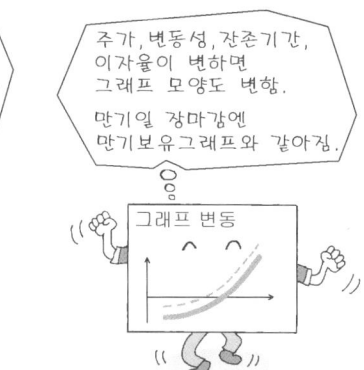

은 거의 받지 않습니다.

그러나 옵션에서는 '만기보유 시의 손익그래프'와 '현재시점의 손익그래프'가 서로 다릅니다. 우리가 흔히 대하는 꺾어진 직선 모양의 옵션의 손익그래프는 포지션을 설정한 후에 만기일까지 보유하는 경우에 대한 옵션의 손익그래프입니다. 그러나 옵션포지션을 만기일 전에 중간청산할 때의 옵션의 손익그래프는 완만한 곡선그래프로 나타납니다.

'만기 전 현재시점의 손익그래프'가 완만한 곡선을 그리는 이유는 옵션이 만기일 전에는 옵션가치가 내재가치와 시간가치 중에서 시간가치의 영향을 받기 때문입니다.

그리고 만기일에 옵션의 손익그래프가 직선을 그리는 이유는 만기일에는 옵션의 가치 중에서 시간가치가 소멸하고 남은 내재가치의 영향만을 받았기 때문입니다.

시간가치 감소효과에 의해 '현재시점의 손익그래프'는 만기일이 가까워질수록 '만기보유 시의 손익그래프'에 수렴하게 되는데, 옵션만기일의 장 마감 시각이 되면 두 그래프는 완전히 일치하게 됩니다.

'만기보유 시의 손익그래프'는 '옵션의 행사가격'과 '프리미엄' 두 가지 조건만으로 결정되므로, 옵션포지션 설정 당시의 조건에 따라 그래프의 모양이 확정되며 시장 상황이 변해도 손익그래프는 절대 변하지 않습니다. 때문에 쉽게 이해할 수 있고 쉽게 그릴 수 있습니다.

그러나 옵션 중간청산 시의 그래프는 주가와 행사가격, 이자율, 잔존기간, 변동성 등 여러 요인들에 의하여 다르게 나타날 뿐 아니라 시장 상황의 변화에 따라서도 그래프의 모양이 끊임없이 변합니다.

만기보유 시 옵션의 손익그래프는 어떻게 읽나요

옵션의 행사가격과 포지션 설정시 수수한 프리미엄은 고정된 값이므로 만기보유 시의 손익은 만기일의 기초자산의 종가에 따라 결정됩니다.

만기보유 시 옵션의 손익그래프는 매수나 매도포지션을 취한 투자자가 도중에 반대매매하지 않고 만기일까지 보유했을 때의 손익구조를 그래프화한 것입니다.

옵션을 만기일까지 보유했을 때 투자자의 손익은 '만기일의 옵션의 내재가치(행사가격과 만기일 종가로 결정)'와 '포지션 설정 당시 주고받은 프리미엄'에 따라 달라집니다. 다시 말해 만기일의 옵션투자자 손익은 '옵션의 행사가격'과 '만기일의 기초자산의 종가' 그리고 '프리미엄의 크기' 등 세 가지 요인에 의해 결정됩니다.

그런데 이 세 가지 중에서도 '옵션의 행사가격'과 '옵션포지션 설정 시에 주고받은 프리미엄'은 변하지 않는 값이므로 만기일까지 옵션 미결제약정을 보유한 투자자는 오로지 만기일의 기초자산의 종가에 따라 수익이 결정됩니다.

- **만기보유 시 옵션매수자의 손익**
  =만기일의 내재가치−지불한 프리미엄

- **만기보유 시 옵션매도자의 손익**
  =만기일의 내재가치+받은 프리미엄

|만기보유 시 손익그래프는 행사가격과 프리미엄으로 결정|

다음 그림에서 보면 '만기보유 시의 옵션의 손익그래프' 모양은 '옵션의 내재가치 그래프' 모양과 매우 비슷한 모양을 하고 있습니다.

왜냐하면 '만기보유 시의 옵션의 손익그래프'는 '옵션의 내재가치 그래프'에서 '옵션 구입 시에 지불한 프리미엄'을 뺀 값으로 결정되기 때문입니다.

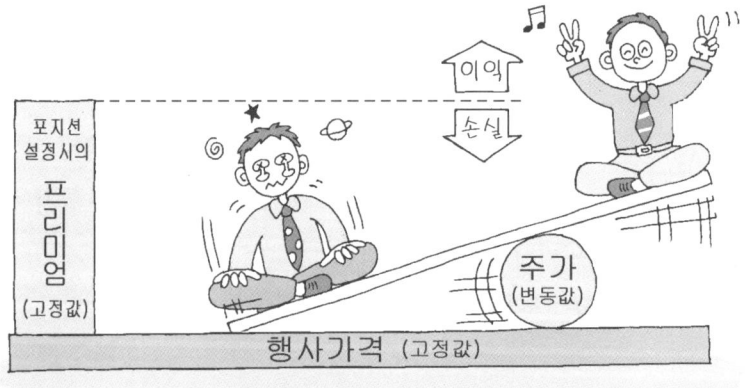

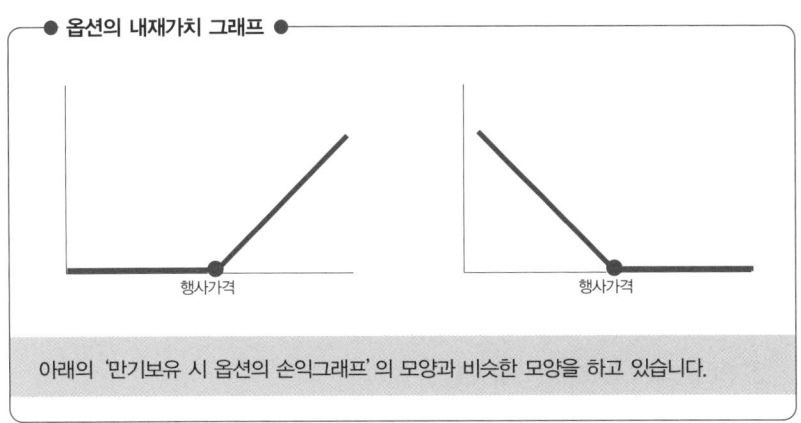

아래의 '만기보유 시 옵션의 손익그래프'의 모양과 비슷한 모양을 하고 있습니다.

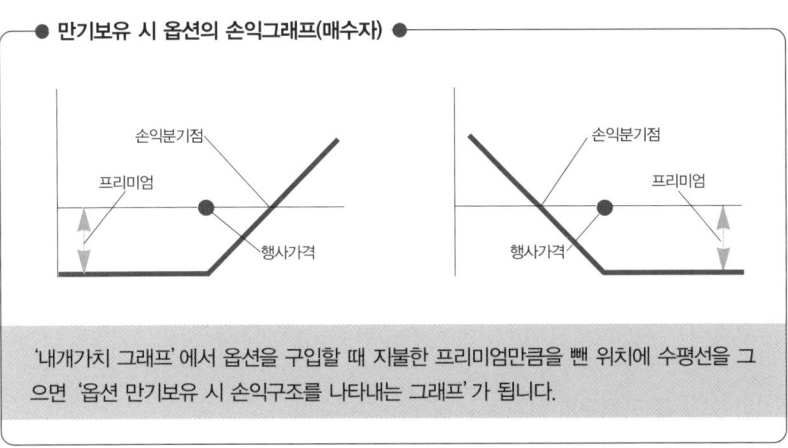

'내개가치 그래프'에서 옵션을 구입할 때 지불한 프리미엄만큼을 뺀 위치에 수평선을 그으면 '옵션 만기보유 시 손익구조를 나타내는 그래프'가 됩니다.

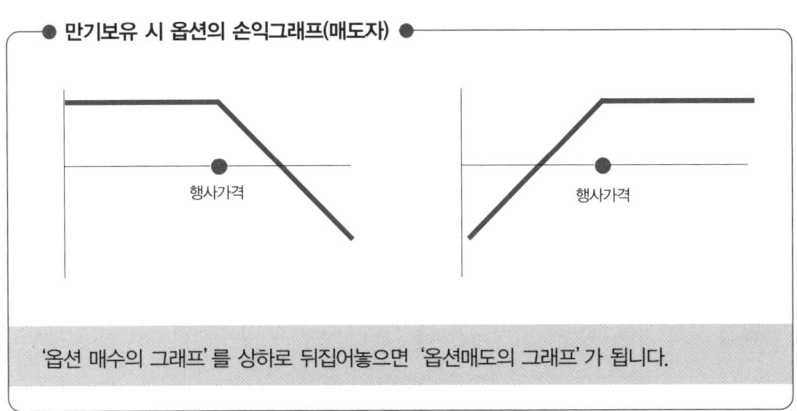

'옵션 매수의 그래프'를 상하로 뒤집어놓으면 '옵션매도의 그래프'가 됩니다.

이상과 같이 옵션의 만기시점의 손익그래프는 포지션 설정 시점의 행사가격과 프리미엄에 의해 확정되므로, 시장 상황이 변해도 그래프의 모양은 변하지 않습니다.

|만기보유 시 손익은 행사가격과 프리미엄 그리고 만기일의 종가로 결정|

　옵션포지션을 설정한 뒤 만기까지 보유한 투자자의 손익은 만기일 장 종료 후의 내재가치에서 옵션을 매수할 때 지불한 프리미엄을 뺀 값으로 결정합니다.
　옵션 매도자의 손익은 옵션 매수자의 손익과 절대값은 같고, 반대의 부호를 가집니다.

만기 시 옵션 매수의 이익 = 내재가치−프리미엄

만기 시 콜옵션 매수자 이익 = 콜옵션의 내재가치−프리미엄
　　　　　　　　　　　　 = max[(주가−행사가격), 0]−프리미엄

만기 시 풋옵션 매수자 이익 = 풋옵션의 내재가치−프리미엄
　　　　　　　　　　　　 = max[(행사가격−주가), 0]−프리미엄

만기 시 콜옵션 매도자 이익 = −콜옵션의 내재가치+프리미엄
　　　　　　　　　　　　 = −max[(주가−행사가격), 0]+프리미엄

만기 시 풋옵션 매도자 이익 = −풋옵션의 내재가치+프리미엄
　　　　　　　　　　　　 = −max[(행사가격−주가), 0]+프리미엄

위의 공식에서 '행사가격'과 '프리미엄'은 고정된 값이므로 '만기일의 주가'가 얼마로 종료되는가에 따라 만기일의 손익이 결정됩니다.

> **|KEY| 옵션 중간청산 시의 손익그래프**
>
> 옵션거래는 대부분이 만기 전에 중간청산하는 만큼 만기 시의 손익그래프가 아닌 중간청산 시의 손익그래프에 관심을 기울여야 합니다. 옵션 프리미엄의 그래프를 이용하면 중간청산 시의 손익구조를 이해할 수 있습니다. 옵션 중간청산 그래프를 이해하면 옵션 대박의 원리가 보입니다.

중간청산 시 옵션의 손익그래프는 어떻게 읽나요

옵션가격은 거래시점의 주가, 변동성, 잔존기간 등에 따라 변화하는데 중간청산 시 손익은 거래하는 시점에서의 프리미엄 차익에 의해 결정됩니다.

중간청산 시 옵션투자의 손익은 옵션을 사고 팔 때의 가격 즉, 프리미엄의 차익에 의해 결정되는데, 옵션가격은 거래시점의 주가와 변동성, 잔존기간과 이자율의 변화에 따라 시시각각으로 변하게 됩니다.

그리고 이 중에서 변동성, 잔존기간, 이자율에 의한 옵션의 시간가치는 만기일이 되면 소멸하여 제로(0)가 됩니다.

> · **중간청산 시 옵션 매수자의 손익** = 받은 프리미엄 – 지불한 프리미엄

현재시점의 손익그래프는 현재시점의 프리미엄 곡선을 기초로 그린다

아래의 그래프는 잔존기간을 남겨둔 시점에서 주가가 140포인트일 때 행사가격이 130, 140, 150포인트인 옵션의 프리미엄 그래프입니다.

이 그림에서 가는 직선은 옵션의 내재가치이며 굵은 곡선이 만기일 전 현재시점의 주가별 프리미엄을 나타내고 있습니다. 그리고 굵은 점으로 표시된 부분은 주가가 140포인트인 현재시점에서의 옵션 프리미엄을 각각 나타내고 있습니다.

이것은 해당 옵션을 매수하기 위해서 지불해야 하는 옵션의 가격으로서, 내재가치가 없는 외가격옵션의 프리미엄은 싸고 내재가치가 있는 내가격옵션의 프리미엄은 비싼 것을 그래프에서 확인할 수 있습니다.

현재시점의 프리미엄 그래프(굵은 곡선)

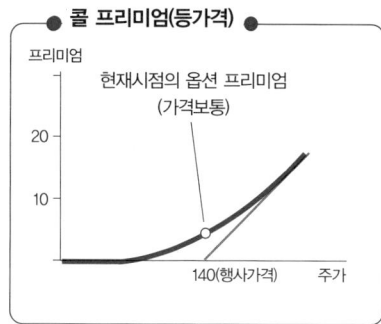
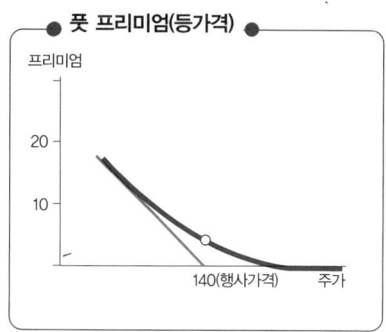

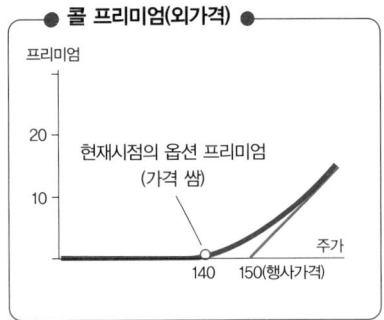
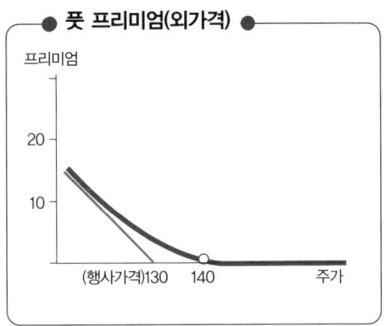
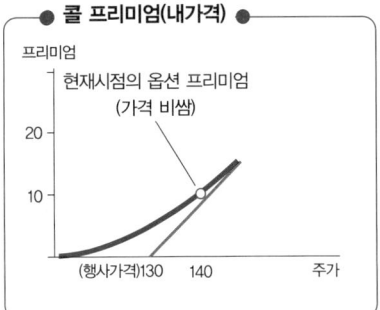
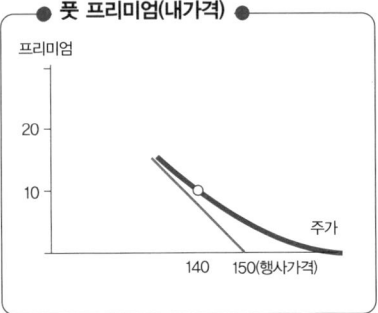

|현재 주가상의 프리미엄에서 수평선을 그으면 현재시점의 손익그래프가 된다|

그림에서 보이는 가는 실선이 옵션 만기일의 손익그래프이며 굵은 곡선이 현재시점에서 중간청산할 때의 주가 변동에 따른 손익그래프입니다.

현재시점의 손익그래프(굵은곡선)

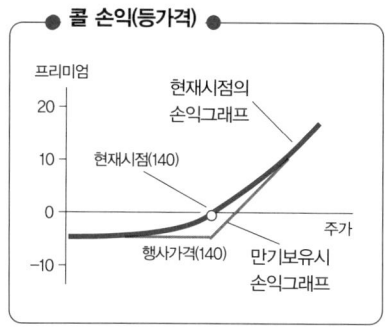
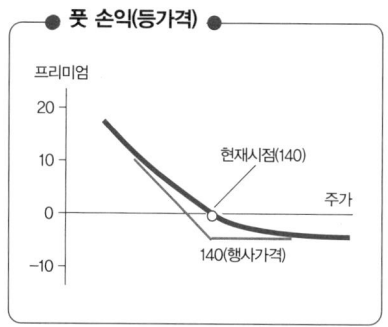

등가격옵션을 구입한 경우의 손익구조를 나타내는 그래프입니다. 시장조건의 변동 없이 지금 당장 반대매매하면 손익은 제로(0)가 됩니다.

그렇지만 주가의 변동 없이 만기일이 되면 지불한 프리미엄만큼의 손실이 발생합니다.

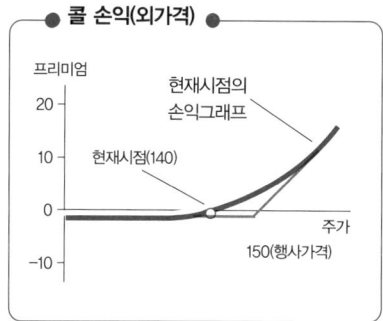
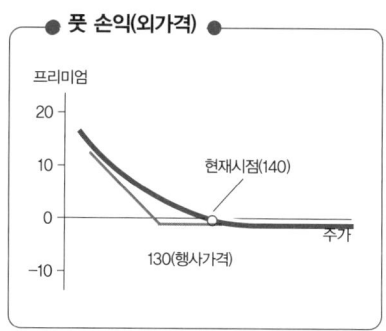

외가격옵션을 구입한 경우의 손익구조를 나타내는 그래프입니다. 시장조건의 변동 없이 지금 당장 반대매매하면 손익은 제로(0)가 됩니다. 그렇지만 주가의 변동 없이 만기일이 되면 지불한 프리미엄만큼의 손실이 발생하며, 예상한 방향으로 주가가 크게 움직여야만 이익이 발생합니다.

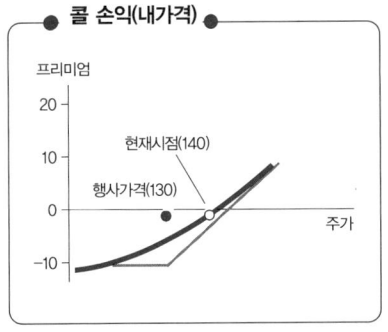 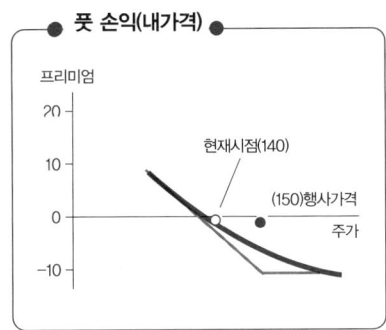

내가격옵션을 구입한 경우의 손익구조를 나타내는 그래프입니다. 시장조건의 변동 없이 지금 당장 반대매매하면 손익은 제로(0)가 됩니다. 내재가치가 있으므로 만기일에 권리행사를 할 수 있는 가능성이 많지만, 만기일에 이익을 내려면 주가는 기대하는 방향으로 좀더 움직여야 합니다.

앞쪽의 그래프를 보면 알 수 있듯이 옵션의 현재시점의 손익그래프는 현재시점의 옵션 프리미엄 그래프에서 '현재 옵션의 프리미엄(흰색 점 부분)'이 위치한 곳에서 수평선을 그으면 됩니다.

| 중간청산 시점에 따라 수익률이 달라진다 |

옵션을 매수한 투자자의 경우 주가가 예측한 방향으로 크게 변한 후에 횡보하게 되면 청산시점이 늦을수록 수익률은 떨어집니다. 현재 등가격인 옵션과 내가격인 옵션에 대하여 만기일 전에 중간청산한 경우와 만기일까지 보유한 경우의 수익률을 비교해보기로 하겠습니다.

등가격옵션에서 청산하는 경우

외가격옵션을 구입한 후 주가가 크게 움직여서 보유한 옵션이 등가격 부근의 옵션이 된 경우에는 만기일 전에 청산하느냐 만기일까지 보유하느냐에 따라 손익면에서 크게 차이가 납니다.

등가격 부근 옵션은 프리미엄 내재가치가 적고 대부분 시간가치이기 때문에, 옵션의 가치가 올랐을 때 수익을 확정시키지 않으면, 자칫 만기일에 외가격옵션으로 종료되어 시간가치가 소멸되고 옵션의 가치가 사라져버릴 수 있습니다. 따라서 주가가 계속해서 유리한 방향으로 움직일 경우에는 옵션을 계속 보유하는 것이 낫지만, 주가가 횡보하기 시작하면 미리 중간청산하는 것이 유리합니다.

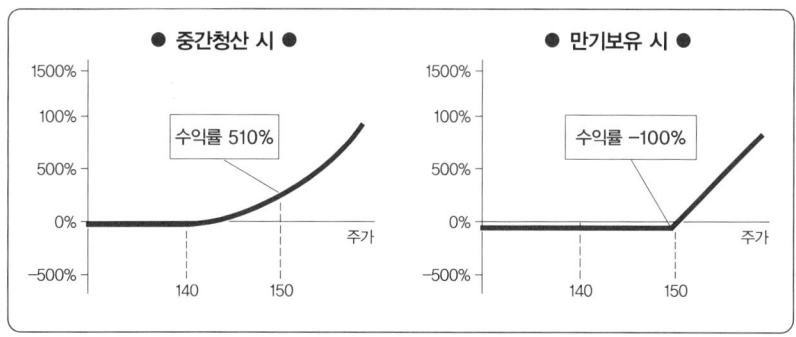

위의 그래프는 이자율 9% 변동성 30%의 조건을 가정했을 때 행사가격이 150포인트인 외가격 콜옵션을 만기 15일 전에 주가 140포인트에서 프리미엄 0.64포인트를 주고 구입한 '현재시점의 손익그래프'이고, 오른쪽 그래프는 구입한 후 만기일까지 보유했을 때의 '만기보유 시 손익그래프'입니다.

만약 콜옵션을 매입한 당일에 주가가 폭등하여 150포인트가 되었다면, 이날 즉시 반대매매하면 510% 상당의 수익률이 발생합니다. 하지만 주가의 더 큰 상승을 기대하고 콜옵션을 만기일까지 계속 보유했지만 주가가 더 이상 오르지 않고 횡보하여 150포인트의 등가격상태로 종료되면 결과는 달라집니다.

보유기간 동안에 옵션의 가치는 점점 감소하여 510%의 수익이 모두 사라질 뿐 아니라 투자원금인 프리미엄까지도 모두 날리게 됩니다.

내가격옵션에서 청산하는 경우

주가가 큰 폭으로 움직여서 보유한 옵션이 심한 내가격옵션이 된 경우에는 만기일 전에 중간청산을 하든 만기일까지 보유하든 수익률 면에서 큰 차이가 없습니다. 심한 내가격 상태에서는 내재가치가 크고 시간가치의 비중이 적어 시간가치가 소멸하여도 옵션가격에 미치는 영향은 작기 때문입니다.

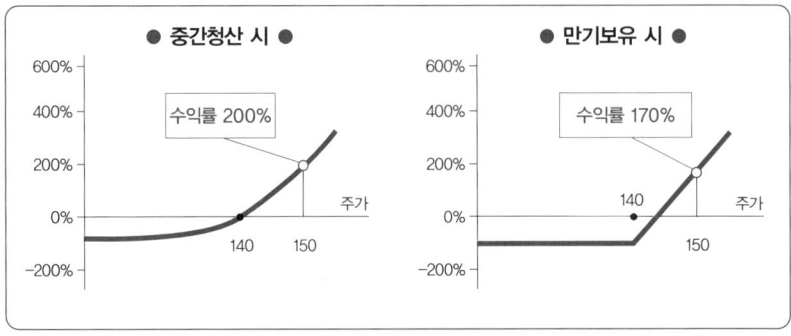

위의 그래프는 행사가격이 140포인트인 등가격 콜옵션을 만기 15일 전에 주가 140포인트에서 프리미엄 3.65포인트를 주고 구입한 '현재

시점의 손익그래프'이고, 오른쪽 그래프는 구입한 후 만기일까지 보유했을 때의 '만기보유 시 손익그래프'입니다.

만약 콜옵션을 매입한 당일에 주가가 폭등하여 150포인트가 되었다면, 이날 즉시 반대매매하면 200% 상당의 수익률이 발생합니다. 하지만 주가의 더 큰 상승을 기대하고 콜옵션을 만기일까지 계속 보유했지만 주가가 더 이상 오르지 않고 횡보하여 150포인트의 등가격 상태로 종료되면 보유기간 동안에 옵션의 가치는 일부 감소하여 170% 상당의 수익이 남게 됩니다. 여기서 발생하는 차이 30%가 내가격옵션의 시간가치의 감소분입니다.

| 주가변동의 시점에 따라서도 수익률은 달라진다 |

주가가 잔존기간을 한 달 남긴 상태에서 5% 변동한 경우와 잔존기간을 하루 남긴 상태에서 5% 변동하는 경우의 수익률도 서로 다릅니다.

심한 외가격옵션의 경우에 한 달을 남긴 상태에서 큰 폭의 주가 변동이 있으면 주가 변동이 더 크게 있으리라는 기대심리까지 작용하여 엄청난 수익을 올릴 수도 있지만, 만기일을 하루 남긴 상태에서는 주가가 원하는 방향으로 큰 폭으로 움직인다 할지라도 권리행사능력이 생길 가능성이 전혀 없는 외가격옵션에서는 단 1%의 수익도 올릴 수 없는 경우가 있습니다.

이런 측면에서 볼 때 만기일이 임박한 시점에서는 심한 외가격 옵션을 보유하는 것은 바람직하지 않다고 할 수 있습니다.

| 주가변동의 속도에 따라서도 수익률은 달라진다 |

이 개념은 변동성 부분에서 언급한 바가 있지만 중간청산의 측면에서 한 번 더 생각해보겠습니다. 주가가 10% 변동했다 하더라도 하루만에 10% 변동한 경우와 장기간에 걸쳐서 10% 변동한 경우의 수익률은 다릅니다. 장기간에 걸쳐서 주가가 변동하는 경우에는 변동성이 작으므로 옵션의 가치가 낮고 또한 시간의 경과만큼 시간가치가 감소하기 때문에 단기간에 변동한 경우에 비해 프리미엄의 상승효과가 작게 나타납니다. 이런 관점에서 볼 때 옵션을 매수하여 대박을 노리는 투자자들은 매수포지션을 설정한 뒤 계속 보유하는 것보다 주가가 급변하는 시점을 포착하는 것이 이익을 극대화하는 방법임을 한 번 더 생각할 필요가 있습니다.

| KEY | 만기일과 일일정산을 고려한 의사결정

현물주식은 주가가 하락한 경우에는 그 회사가 부도가 나지 않는 한 주식이 오를 때까지 1년이고 2년이고 장기 보유할 수도 있습니다. 그러나 선물·옵션은 포지션을 만기일 이후까지 보유할 수 없기 때문에 장기 보유를 고집할 수가 없습니다. 주가상승을 기대하고 3월만기의 선물을 매수한 투자자는 손실을 보았더라도 3월만기일까지는 보유포지션을 정리할 수밖에 없습니다. 3월만기 이후라도 주가가 상승할 것 같아서 선물 매수포지션을 계속 보유하고 싶다면 3월물 선물을 매도하여 손실을 확정짓고 새로 6월물 선물을 매수해야 합니다.
더욱이 선물투자란 적은 증거금으로 큰 금액의 포지션을 취할 수 있어 신용투자의 성격을 띠므로 예측이 빗나가면 손실폭이 클 뿐 아니라, 일일정산을 통해 당일의 손실은 그날그날 바로 계좌에서 빠져나가기 때문에 기다릴 수 있는 여유를 주지 않습니다. 따라서 시세에 따른 가격의 등락 외에도 만기일과 증거금 등을 고려하여 투자전략을 세우는 것이 필요합니다.

옵션의 행사가격과 수익률의 관계를 알고 싶어요

주가의 등락에 따라 등가격, 외가격, 내가격의 옵션은 수익률 면에서 큰 차이가 납니다.

    주가의 등락에 따라 등가격, 외가격, 내가격의 옵션은 수익률 면에서 많은 차이가 있습니다.

    뒤에 나오는 그래프들은 잔존기간을 15일 남겨둔 시점에서 등가격, 외가격, 내가격의 옵션을 매수한 투자자가 현재시점에서 중간청산했을 때와 만기까지 보유했을 때의 수익률을 비교한 것입니다.

    주가가 폭등하여 중간청산할 경우의 수익률을 비교하는 조건으로는 주가의 변동폭이 하루 ±15%인 경우를 가정했습니다. 이는 하루 최대의 변동폭으로서 코스피200 전종목이 상한가 혹은 하한가를 기록했을 때에 해당하는 값입니다.

    그래프를 보면 확인할 수 있듯이 외가격옵션을 매수한 투자자는 만기일까지 보유할 경우 주가가 횡보하면 투자한 프리미엄 전액을 날리게 되지만, 주가가 예측하는 방향으로 크게 움직이면 비로소 이익이 발생합니다. 그러나 내가격옵션을 매수한 투자자는 투자한 프리미엄 전액을 날리는 위험이 상대적으로 적으며, 주가가 원하는 방향으로 조금만 움직여도 이익이 납니다.

한편, 외가격옵션을 매수한 투자자는 주가가 예측한 방향으로 크게 움직이면 내가격 옵션의 경우보다 매우 높은 수익을 올릴 수 있는데, 그 이유는 외가격옵션의 프리미엄은 가격이 매우 싸서 투자한 금액대비 수익률이 높게 나타나기 때문입니다.

따라서 외가격옵션을 매수하는 것은 내가격이나 등가격옵션을 매수하는 것보다 고위험 고수익의 투자전략임을 알 수 있습니다.

그래프를 보면 콜·풋 프리미엄 모두 외가격은 외가격끼리, 등가격은 등가격끼리, 내가격은 내가격끼리 서로 비슷한 모양을 하고 있으며 수익률 또한 비슷하게 나타납니다. 이처럼 옵션은 행사가격별로 수익률이 다릅니다.

'① **콜옵션의 경우,** ② **풋옵션의 경우**'는 등가격, 외가격, 내가격옵션 모두 이자율 9%, 변동성 30%, 잔존기간 0.5개월, 그리고 옵션 매수 당시의 주가는 140포인트인 경우의 그래프입니다. 그리고 그래프 세로축에서 수익률 −100%는 프리미엄을 모두 잃은 경우를 의미하며, 수익률 1,500%는 프리미엄 100만 원을 투자하여 1,500만 원의 수익을 올려, 1,600만 원이 된 경우를 의미합니다.

'③ **행사가격에 따른 손익 비교**' 그래프는 행사가격이 높은 옵션과 낮은 옵션에서 이익을 낼 수 있는 구간과 손익의 크기가 각각 어떻게 달라지는지를 비교한 것입니다.

❶ **콜옵션의 경우** : 외가격 콜옵션(행사가격 150포인트)

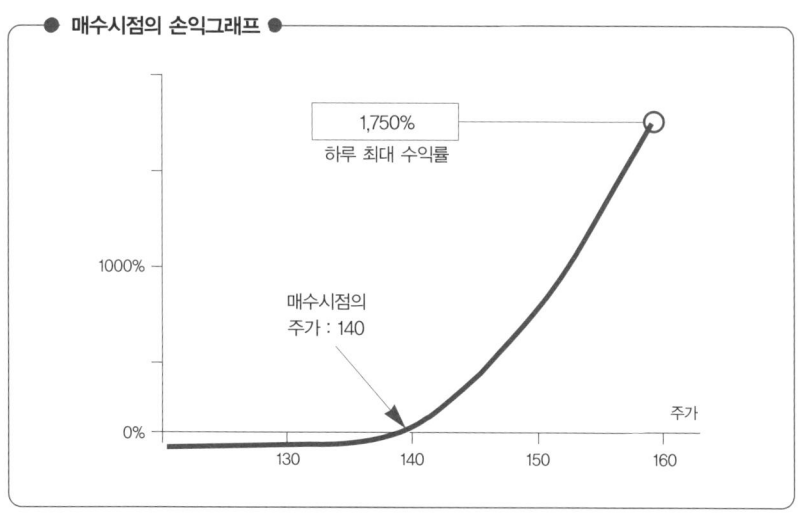

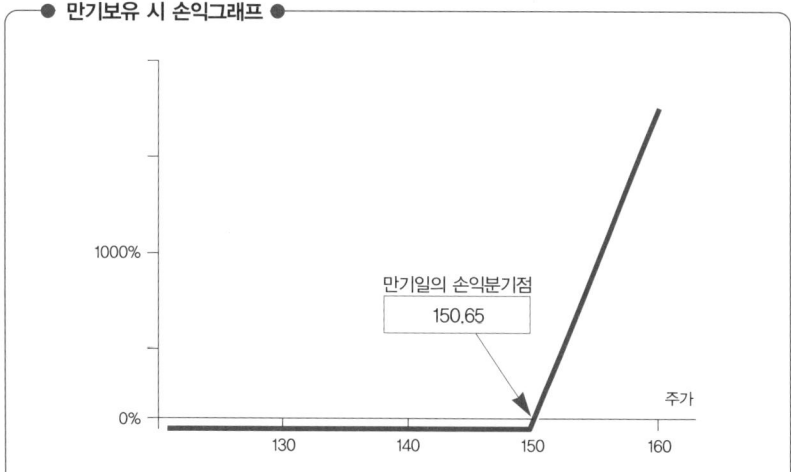

- 주가 140포인트에서 프리미엄 0.65포인트를 주고 구입한 후 주가가 하루 동안에 15% 상승(161)하면 하루에 1,750% 상당의 수익률이 발생합니다.
- 만기까지 보유 시 만기일의 종가가 150.65보다 높아야 이익이 나며 주가가 횡보하면 프리미엄 전액을 날리게 됩니다.

등가격 콜옵션(행사가격 140포인트)

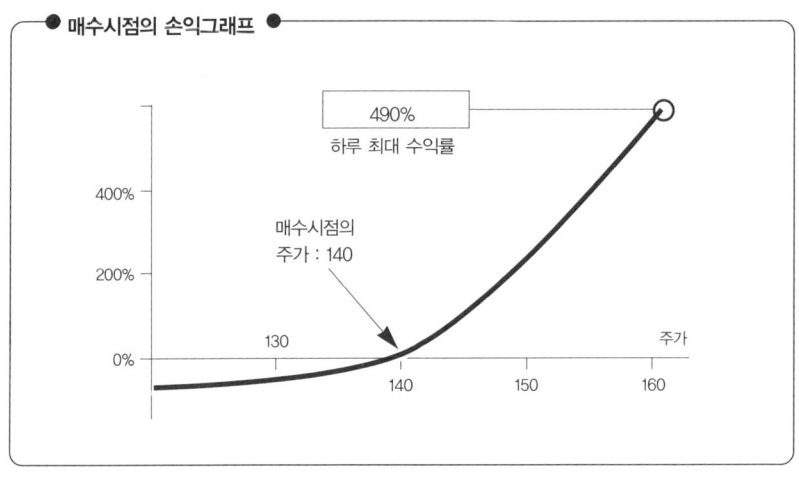

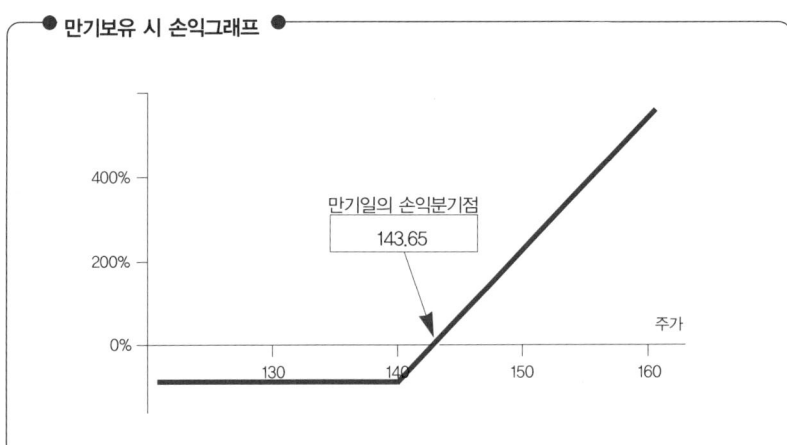

- 주가 140포인트에서 프리미엄 3.65포인트를 주고 구입한 후 주가가 하루 동안에 15% 상승(161)하면 하루에 490%의 수익률이 발생합니다.
- 만기까지 보유 시 만기일의 종가가 143.65보다 높아야 이익이 나며 주가가 횡보하면 프리미엄 전액을 날리게 됩니다.

내가격 콜옵션(행사가격 130포인트)

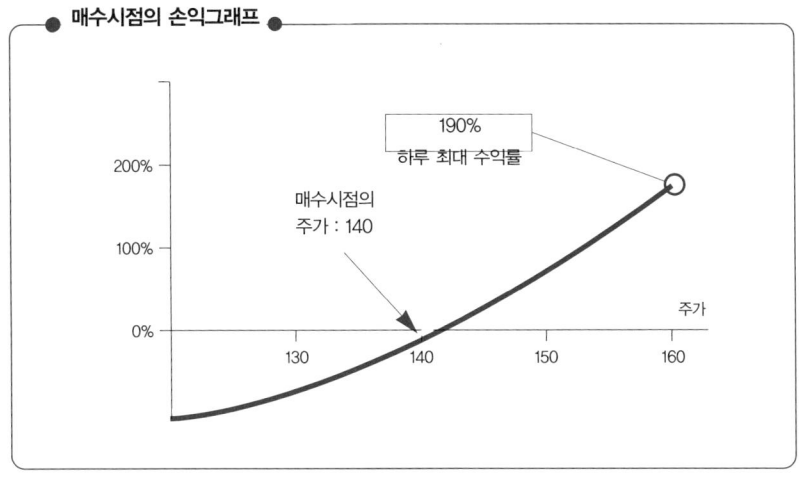

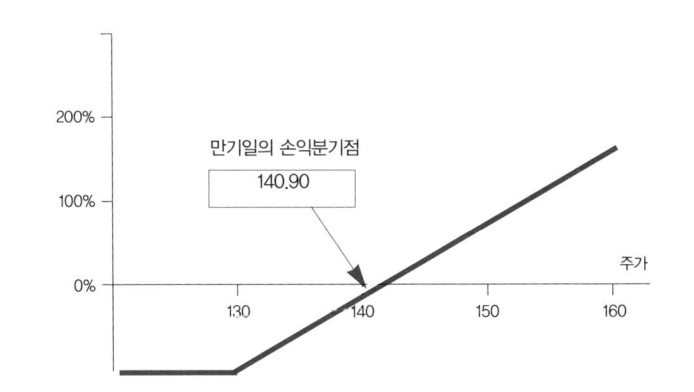

- 주가 140포인트에서 프리미엄 10.90포인트를 주고 구입한 후 주가가 하루 동안에 15% 상승(161)하면 하루에 190%의 수익률이 발생합니다.
- 만기까지 보유 시 만기일의 종가가 140.90보다 높아야 이익이 나며 주가가 횡보하면 프리미엄 일부를 날리게 됩니다.

❷ **풋옵션의 경우** : 외가격 풋옵션(행사가격 130포인트)

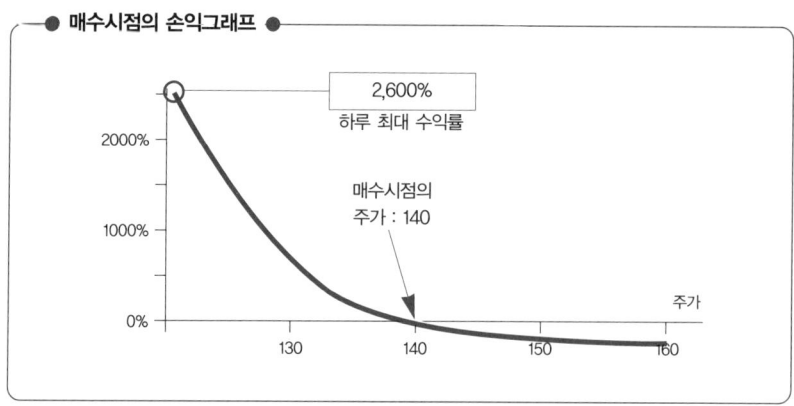

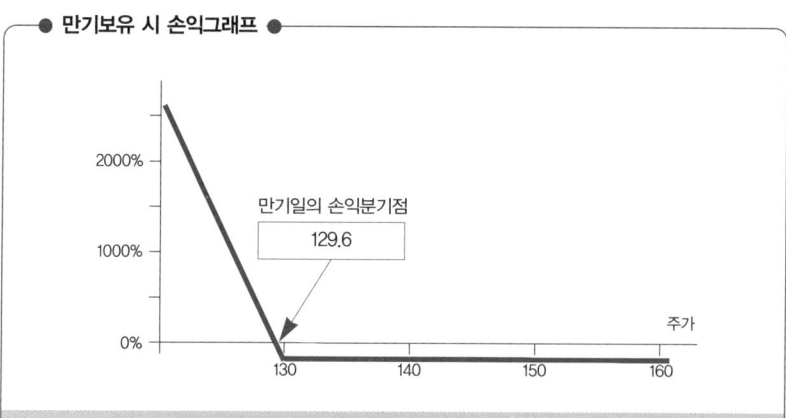

- 주가 140포인트에서 프리미엄 0.40포인트를 주고 구입한 후 주가가 하루 동안에 15% 하락(119)하면 하루에 2600%의 수익률이 발생합니다.
- 만기까지 보유 시 만기일의 종가가 129.6보다 낮아야 이익이 나며 주가가 횡보하면 프리미엄 전액을 날리게 됩니다.

등가격 풋옵션(행사가격 140포인트)

● 매수시점의 손익그래프 ●

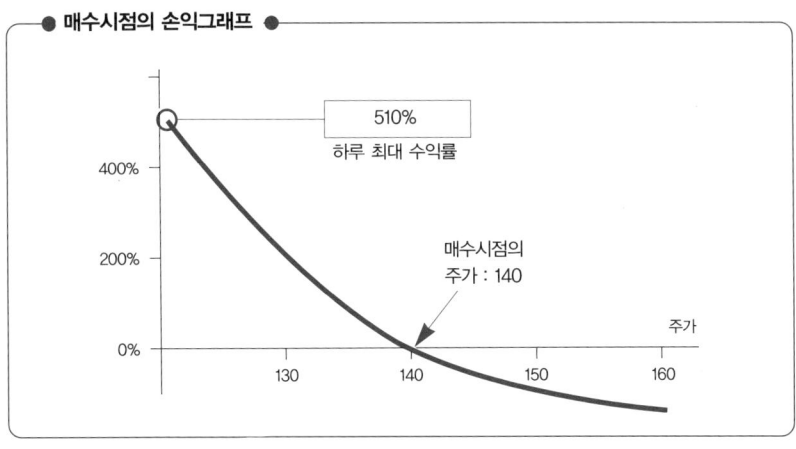

● 만기보유 시 손익그래프 ●

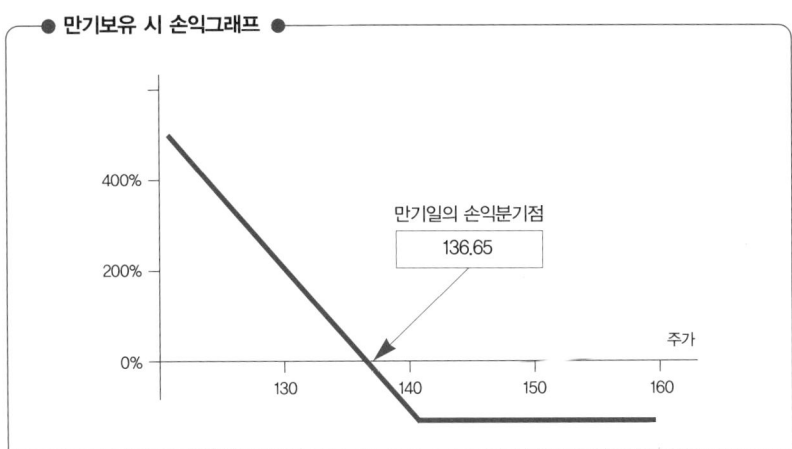

- 주가 140포인트에서 프리미엄 3.35포인트를 주고 구입한 후 주가가 하루 동안에 15% 하락(119)하면 하루에 510%의 수익률이 발생합니다.
- 만기까지 보유 시 만기일의 종가가 136.65보다 낮아야 이익이 나며 주가가 횡보하면 프리미엄 전액을 날리게 됩니다.

내가격 풋옵션(행사가격 150포인트)

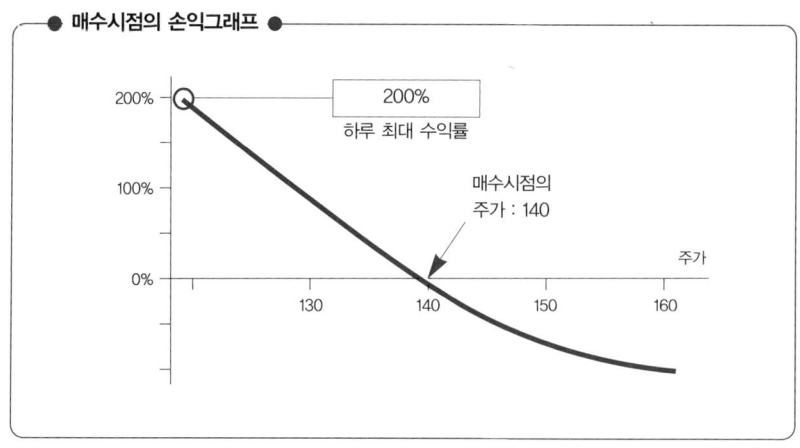

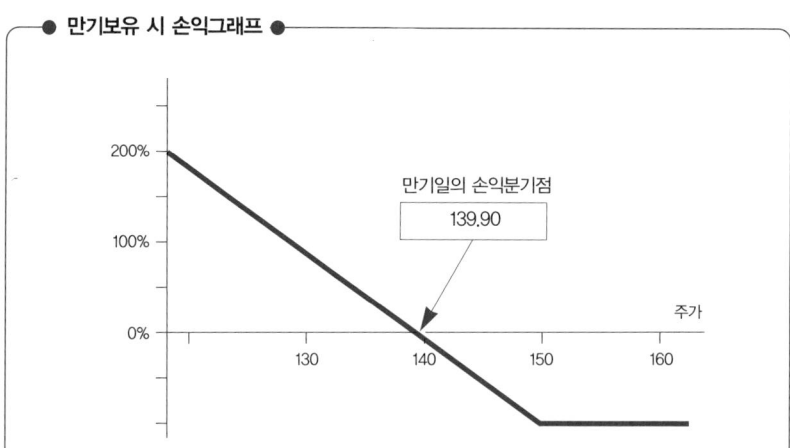

- 주가 140포인트에서 프리미엄 10.10포인트를 주고 구입한 후 주가가 하루 동안에 15% 하락(119)하면 하루에 200%의 수익률이 발생합니다.
- 만기까지 보유 시 만기일의 종가가 139.90보다 낮으면 이익이 나며 주가가 횡보하면 프리미엄 일부를 날리게 됩니다.

❸ 행사가격에 따른 손익 비교

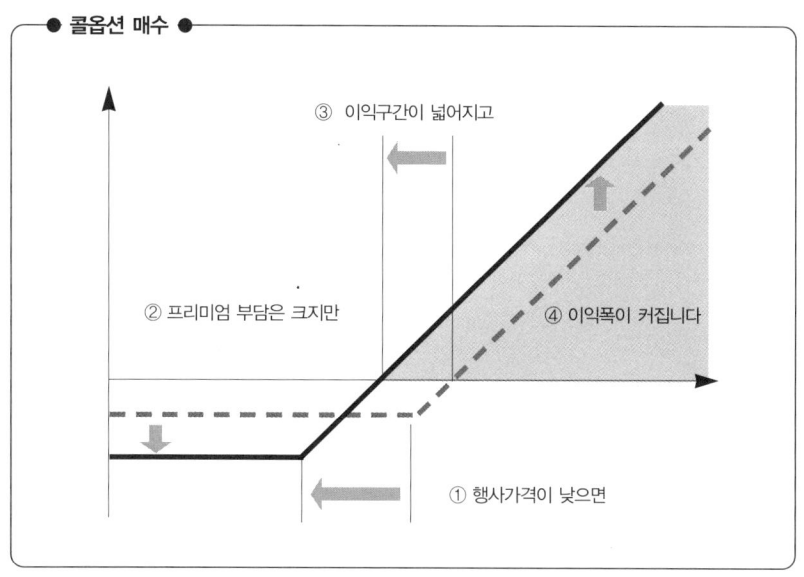

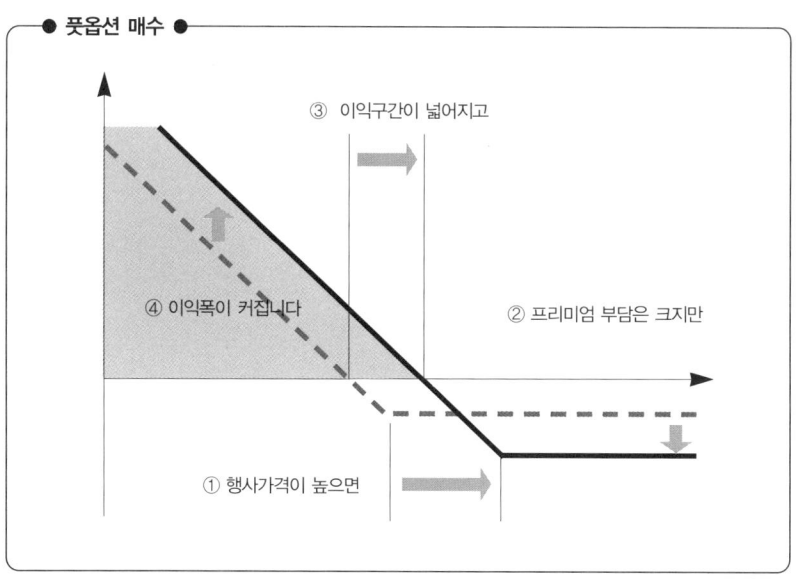

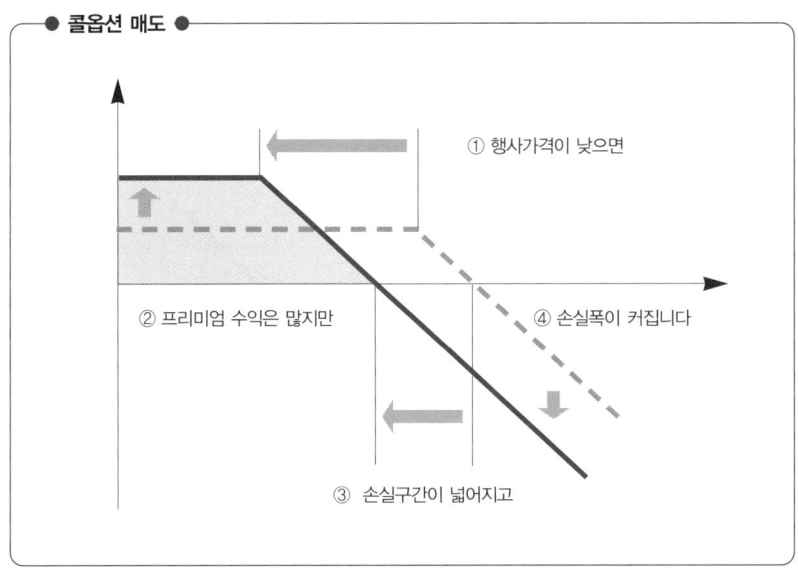

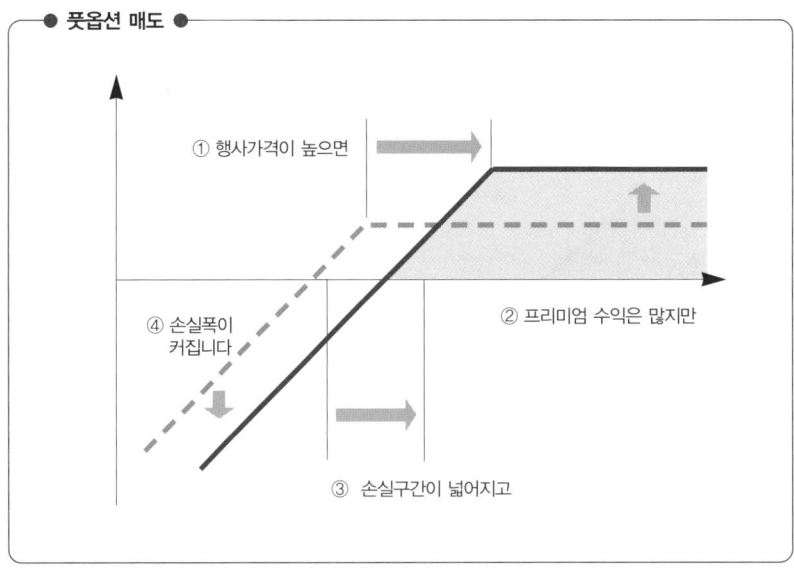

03 현물시장을 움직이는 선물 투자전략

선물 옵션 투자자가 가장 알고 싶은 101가지

선물을 이용한 투자전략에는 어떤 것이 있나요

선물을 이용한 투자전략은 투자목적에 따라 단순거래, 헤지거래, 차익거래, 스프레드거래 4가지 전략으로 구분할 수 있습니다.

선물을 이용한 투자전략은 투자목적에 따라 다음과 같은 4가지 전략으로 구분할 수 있습니다.

| 단 순 거 래 |

투기거래라고도 하며 현물투자와 연계하지 않고 단순히 선물만 거래하는 전략으로서, 선물 자체만의 가격변화를 이용해 시세차익을 얻는 전략입니다. 위험을 감수하고 큰 수익을 내는 것을 목적으로 하고 있습니다. 우리나라의 일반투자자들 대부분은 단순거래에 참여하고 있습니다.

| 헤 지 거 래 |

현물(주식)을 보유하고 있거나 현물을 공매도한 투자자는 현물가격이 급변할 경우 위험에 노출됩니다. 이때 위험을 회피하기 위하여 선물을 이용할 수 있습니다. 현물을 보유하고 있는 투자자는 선물 매도를 하고, 현물을 공매도한 투자자는 선물 매수를 하면 됩니다. 이렇게 하면 현물포지션에서 발생하는 손실을 선물 포지션에서 발생하는 이익으로 상쇄할 수 있습니다.

| 차익거래 |

현물과 선물의 가격 사이에 비정상적인 괴리가 발생했을 때 그 차익을 노리는 전략입니다. 선물이 현물대비 고평가되었을 때는 비싼 선물을 팔고 싼 현물을 사는 매수차익거래가 일어나며, 선물이 현물대비 저평가되었을 때는 값싼 선물을 사고 비싼 현물을 파는 매도차익거래가 일어납니다.

| 스프레드 거래 |

선물과 선물의 가격 사이에 비정상적인 괴리가 발생했을 때 그 차익을 노리는 전략입니다. 즉, 각 선물의 개별가격 변화보다는 두 선물의 가격차이 변화에서 이익을 추구하는 전략으로 상품내 스프레드, 상품 간 스프레드, 시장 간 스프레드 3가지로 구성됩니다.

선물을 이용한 투기거래는 위험한가요

위험을 감수하고 큰 수익을 기대하는 투자자를 투기거래자 혹은 단순거래자라고 합니다.

투기거래(단순거래)란 위험을 무릅쓰고 높은 수익을 얻고자 하는 거래로서, 현물포지션과 관계없이 선물 자체만의 가격변화를 이용해 시세차익을 얻는 거래를 말합니다. 이처럼 위험을 감수하고 큰 수익을 기대하는 투자자를 투기거래자(speculator) 혹은 단순거래자라고 합니다.

선물의 투기거래에는 선물지수의 상승이 예상되면 선물을 매수했다가 지수가 상승하면 매도하고, 선물지수의 하락이 예상되면 선물을 매도했다가 지수가 하락하면 매수하여 시세차익을 얻는 방법입니다.

헤지거래나 차익거래는 않고 오로지 투기거래에만 참여하는 투자자들은 포지션을 설정할 때 미리 철저한 손절매 원칙을 세워두고 거래에 임하는 것이 좋습니다. 현물주식 투자에서도 손절매 원칙이 요구되지만 선물·옵션거래에서는 손절매 원칙이 더욱 요구됩니다.

대개의 경우 손절매 시점을 놓쳤다고 판단하면 물타기를 생각하게 됩니다. 그러나 선물투자에서 물타기는 금물입니다.

선물에서의 물타기는 현물의 경우와는 차원이 다릅니다.

선물에서는 만기일과 일일정산이 있어 포지션이 무한정 보유할 수 없을 뿐 아니라, 물타기를 하면 증거금도 추가로 납부해야 하기 때문에 부담은 더욱 가중됩니다.

만약 물타기를 한 후에도 계속해서 장세가 불리한 방향으로 진행될 경우에는 자칫 회복 불능의 손실을 입을 수도 있습니다.

선물매수

선물가격 140포인트에서 20계약을 매수한 투자자의 경우 선물가격의 등락에 따른 손익그래프는 다음과 같습니다.

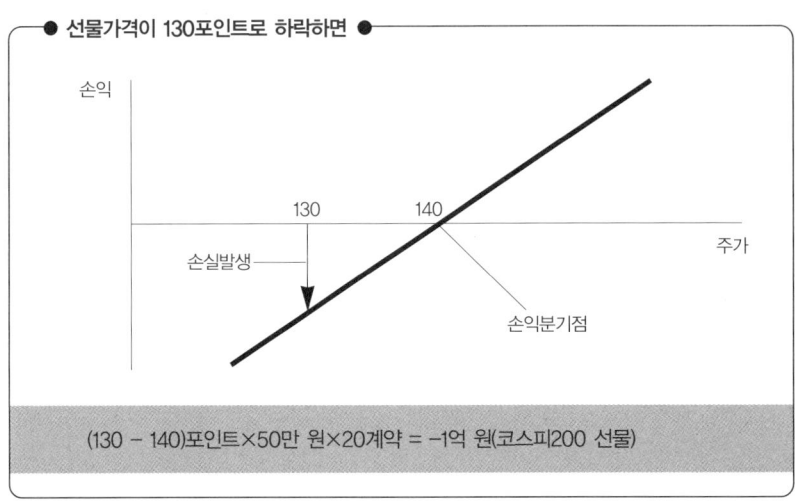

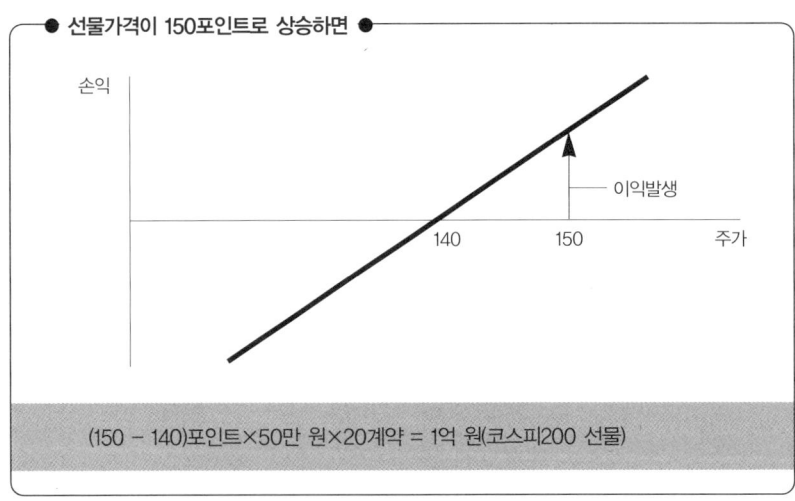

선물매도

선물가격 140포인트에서 20계약을 매도한 투자자의 경우 선물가격의 등락에 따른 손익그래프는 다음과 같습니다.

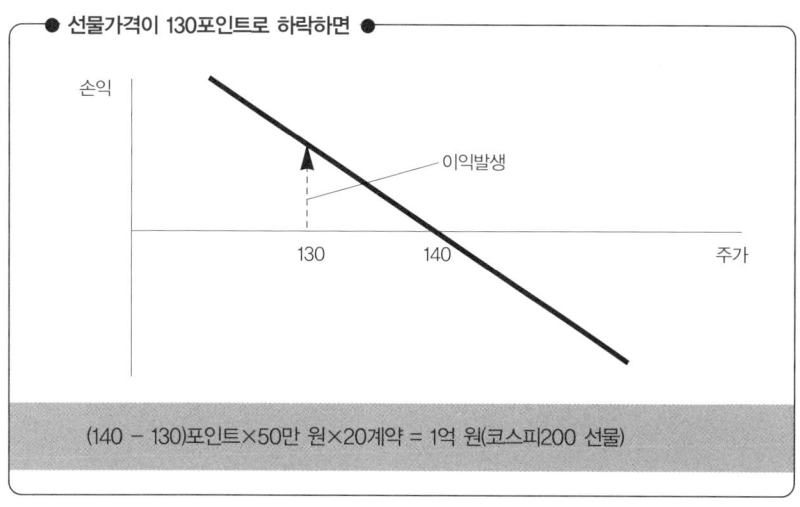

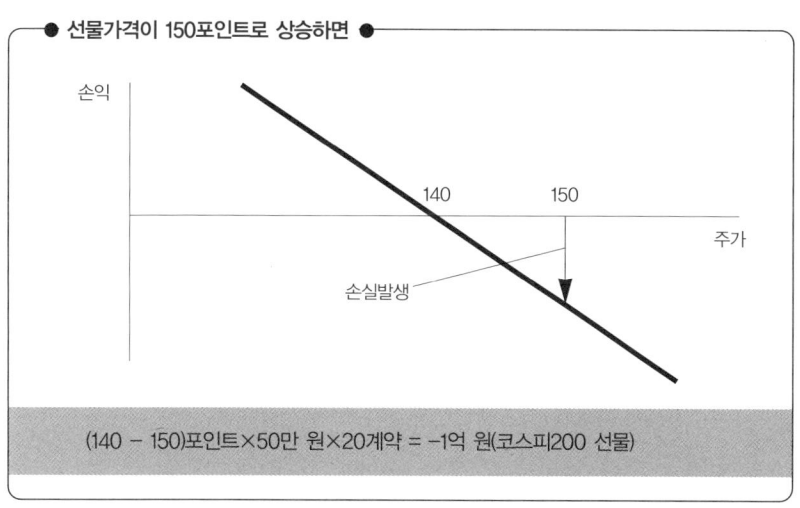

선물을 이용한 헤지거래로 위험을 어떻게 줄이나요

현물포지션에서 발생하는 손실을 선물포지션에서 발생하는 이익으로 상쇄할 수 있습니다.

| 매 수 · 매 도 헤 지 거 래 |

현물(주식)을 보유하고 있거나 현물을 공매도한 투자자는 현물가격이 급변할 경우 바로 위험에 노출됩니다. 이러한 위험으로부터 손실을 줄이기 위하여 현물포지션과 반대의 포지션을 선물시장에서 취하는 전략을 헤지거래전략이라고 합니다. 이렇게 하면 현물포지션에서 발생하는 손실을 선물포지션에서 발생하는 이익으로 상쇄할 수 있습니다.

예를 들어 현물(주식)을 보유하고 있는 사람은 현물이 갑자기 폭락하면 큰 손실을 입습니다. 그러나 투자자는 하락이 예상될 때 현물을 보유하고 있으면서도 선물을 매도함으로써 현물가격의 폭락에 따른 위험을 피할 수가 있습니다. 그 이유는 현물가격의

하락으로 발생하는 손실만큼 선물을 매도하여 얻게 되는 이익으로 보충할 수 있기 때문입니다.

또 현물(주식) 미보유자는 현물가격의 상승에 따른 손실위험을 헤지할 수도 있습니다. 예를 들어 현금이 확보되면 현물(주식)을 살 계획을 하고 있던 투자자는 현금이 확보되기 전에 현물이 급등할 경우 현물 매수의 기회를 놓치게 되어 나중에 비싼 값으로 현물을 사야 하므로 그만큼의 손실이 발생하게 됩니다. 그렇지만 현물가격의 상승이 예상될 때 적은 증거금으로 미리 선물을 사두면 현물이 오르더라도 선물에서 얻은 수익을 보태어 계획한 만큼의 현물을 살 수 있으므로 현물가격 폭등에 의한 가격변동 위험을 피할 수 있게 됩니다.

이와 같이 선물을 이용한 헤지거래에는 '선물 매도'를 이용하는 방법과 '선물 매수'를 이용하는 방법이 있는데 선물 매도를 이용한 헤지거래를 '매도헤지거래'라고 하고 선물 매수를 이용한 헤지거래를 '매수헤지거래'라고 합니다.

| 헤 지 전 략 사 례 |

그러면 헤지 효과를 위해 어느 정도의 선물을 매수 혹은 매도해야 하는지 알아보겠습니다. 100억 원의 주식을 보유하고 있는 기관투자가의

경우 폭락장세가 예상되어 주식을 처분하고자 하더라도 현물주식을 한꺼번에 시장에 내놓게 되면 보유주식의 주가가 더 크게 폭락할 것이므로 단시간에 적정값을 받고 매도하는 것이 쉽지 않습니다.

그래서 투자자는 현물주식을 매도하는 대신에 선물가격 140포인트에 142계약을 매도하여 헤지했습니다. 이때 선물의 거래금액은 99억 4400만 원(140×142×50만 원)입니다.

예상대로 주가가 하락하여 코스피200이 126포인트(10% 하락)가 된 경우를 보겠습니다. 헤지를 하지 않았더라면 10억 원의 손실이 발생했겠지만 선물을 매도하여 선물에서 이익이 얻어지므로 손실의 크기를 600만 원 정도로 줄일 수 있게 되었습니다.

- **현물주식 손익** = 100억 원×(-10%)= -10억 원
- **선물매도 손익** = (140포인트-126포인트) × 50만 원 × 142계약
  = 9억 9,400만 원
- **전체 손익** = 선물매도손익 + 현물주식손익
  = -600만 원(600만 원 손실)

그러나 헤지(선물 매도)를 하고 나서 예상과 반대로 주가가 상승하여 코스피200이 154포인트(10% 상승)가 된 경우를 보겠습니다. 헤지를 하지 않았더라면 10억 원의 이익을 올릴 수 있었겠지만 매도한 선물에서 손실이 발생하므로 전체 이익은 600만 원으로 줄어버렸습니다.

- 현물주식 손익 = 100억 원×10% = 10억 원

- 선물매도 손익 = (140포인트−154포인트)×50만 원×142계약
  = −9억 9,400만 원

- 전체 손익 = 선물매도 손익+현물주식 손익
  = 600만 원 (600만 원 이익)

이상에서와 같이 현물주식과 반대방향으로 선물포지션을 취하면, 시장의 등락에 관계없이 선물과 현물의 손익은 서로 상쇄되므로 헤지의 효과가 나타납니다.

그런데 위의 사례는 선물과 현물의 가격이 같은 비율로 움직인다고 가정한 경우이며 실제로는 보유한 현물주식과 선물의 움직이는 정도가 다르기 때문에 이를 보정하기 위하여 헤지비율을 적용합니다. 다른 조건은 동일한 상황에서 보유종목의 헤지비율이 1인 경우와 1.2인 경우에 완전 헤지를 위해서 몇 단위의 선물을 매도해야 하는지 계산해보겠습니다.

코스피 지수 × 50만 원 × 선물계약수
= 헤지비율 × 현물 포트폴리오 금액

다음의 공식을 이용하여 선물계약수를 구하면, 헤지비율이 1인 경우에는 선물을 143계약 매도하면 되고, 헤지비율이 1.2인 경우에는 171계약을 매도하면 완전 헤지의 효과를 기대할 수가 있습니다.

- 선물계약수(β= 1.0일 때)
  = (헤지비율×현물포트폴리오 금액) ÷ (코스피 지수×50만 원)
  = (1×100억 원) ÷ (140포인트×50만 원)
  = 142.8 ≒ 143계약

- 선물계약수(β= 1.2일 때)
  = (헤지비율×현물포트폴리오 금액) ÷ (코스피 지수 × 50만 원)
  = (1.2×100억 원) ÷ (140포인트×50만 원)
  = 171.4 ≒ 171계약

| 기관투자가가 즐겨쓰는 선물 헤지거래 |

그러나 선물을 이용한 헤지거래는 기관투자가들에게 적합한 위험관리 수단이며 소액을 투자하는 개인투자자들에게는 적합하지 않습니다. 소량의 주식을 보유한 개인투자자들은 하락장이 예상될 때 선물을 매도하여 헤지하기보다는 보유한 현물을 매도하는 것이 훨씬 낫습니다.

그 이유는 우선 기관투자가의 경우 보유한 다량의 주식을 한꺼번에 처분하면 시장충격에 의해 주가가 폭락하므로 주식의 처분이 용이하지 않지만 소량의 주식을 보유한 경우에는 주가의 큰 하락 없이 손쉽게 보유주식을 처분할 수 있습니다.

그리고 기관투자가들은 보유주식을 구성할 때 종합주가지수와 등락을 같이하도록 미리 고려하지만, 개인투자자들은 보유주식이 특정 종목에 편중되어 있는 경우가 대부분이므로 보유주식의 등락이 코스피

200 지수의 등락과 크게 다른 경우가 많습니다. 때문에 선물을 매도해도 기대한 헤지효과를 얻기 어렵습니다.

또 거래소의 선물투자는 기본예탁금을 예탁해야 하므로 이 또한 소액투자자에게는 추가 부담이 될 수가 있고, 전산시스템 없이는 선물과 현물을 연계하여 매매시점을 포착하기에도 어려움이 있습니다.

|KEY| **투기적 미결제약정 수량 제한**

선물거래에서는 급격한 가격변동 및 불공정 거래, 결제불이행 위험을 사전에 예방하는 차원에서 1인당 미결제약정의 보유한도를 제한하고 있습니다.

선물을 이용한 차익거래는 어떻게 하죠

현물주식과 선물의 가격차이를 이용하여 가격이 비싼 시장에서는 매도를 하고 동시에 가격이 싼 시장에서는 매수를 해서 그 차익을 얻는 거래입니다.

차익거래란 동일한 상품이 두 개의 시장에서 각각 다른 가격으로 거래되는 경우에, 가격이 비싼 시장에서는 매도를 하고 동시에 가격이 싼 시장에서는 매수를 해서 그 차익을 얻는 거래를 말합니다.

이 절에서 설명하고자 하는 부분은 선물과 현물의 가격차이를 이용한 차익거래입니다. 선물가격은 이론적으로는 현물가격보다는 높아야 합니다. 그리고 선물과 현물의 가격은 만기일이 다가올수록 접근하게 되어 있습니다.

그러나 시장의 수급 상황에 따라 선물과 현물 간의 가격차이(베이시스)가 비정상적으로 확대되거나 축소되는 경우가 발생하는 경우가 있습니다. 이때를 노려서 선물이 현물 대비 고평가되었을 때는 비싼 선물을 팔고 싼 현물을 매수하며, 선물이 현물 대비 저평가되었을 때는 값싼 선물을 사고 비싼 현물을 팝니다.

그 후에 이들 가격이 정상적인 가격차이를 회복하거나 반대 방향으로 괴리되는 시점을 기다려서 다시 반대매매를 행하는 손실의 위험 없이 이익을 얻을 수 있는데 이것을 '무위험 차익거래'라고 합니다.

차익거래는 매수차익거래와 매도차익거래로 구분하는데 선물을 팔고 현물(주식)을 사는 것을 매수차익거래라고 하고 현물을 팔고 선물을 사는 것을 매도차익거래라고 합니다. 혼동이 되면 현물을 기준으로 해서 현물을 사면 매수차익거래, 현물을 팔면 매도차익거래라고 기억하면 쉽습니다.

우리나라의 경우 선물이 현물보다 고평가되었을 때 매수차익 거래는 대규모로 발생하지만 선물이 현물보다 저평가됐을 때 발생하는 매도차익거래는 많지 않습니다. 매수차익거래는 현물시장에서 원하는 현물을 마음껏 고를 수 있으므로 시도하기가 쉬운 반면에, 매도차익거래는 원하는 현물을 마음껏 공매도하는 것이 어렵기 때문입니다.

차익거래는 투기거래에 비해 큰 수익은 기대하기 어렵지만 거래위험이 적기 때문에 안전한 수익을 올릴 수 있으므로 기관투자가들이 많이 사용하고 있습니다. 그렇지만 개인투자자들이 이용하기에는 많은 어려움이 있습니다.

차익거래를 하기 위해서는 우선 최적의 차익거래 순간을 포착하여 매매할 수 있는 전산시스템이 필요하며 코스피200지수와 비슷한 움직임을 보이는 현물 바스켓을 구성해야 합니다.

그리고 매도차익거래는 필요 시 현물을 매도해야 하는데, 개인투자자는 현물 바스켓을 보유하고 있지 못할 뿐더러 공매도하고자 해도 즉시 현물주식을 빌릴 수 없으므로 더욱 시도하기 어렵습니다.

또 현물주식의 투자금액 외에 별도의 증거금을 납부하고 선물계좌를 개설해야 하므로 소액의 개인투자자들은 이 또한 어려운 조건입니다.

개인투자자들의 입장에서 볼 때 직접 차익거래를 시도하기는 어렵다 하더라도 차익거래가 선물시장과 현물시장 전체에 미치는 영향이 워낙 크기 때문에 차익거래의 원리와 차익거래가 현물시장에 미치는 영향에 대해 충분히 이해하는 것이 필요합니다.

차익거래는 현물시장에 어떤 영향을 미치나요

차익거래가 현물시장의 주가지수에 큰 영향을 미치는 이유는 시가총액이 큰 대형주 위주로 매수·매도가 일어나기 때문입니다.

　차익거래는 현물과 선물의 가격을 정상화시키는 역할을 합니다. 선물시장이 고평가되었을 때 매수차익거래가 일어나 현물가격을 올리게 되고, 반대로 선물이 현물보다 저평가되었을 때 매도차익거래가 일어나 현물가격을 내리는 요인으로 작용하게 됩니다.

　그러나 차익거래가 선물과 현물 간의 가격을 정상적인 균형 상태로 되돌려 놓는 순기능만 가지는 것은 아닙니다. 대규모의 현물 매수, 선물 매도의 매수차익거래가 일어나면 현물가격이 오르고 선물가격이 내리는 것이 타당하지만, 시장에 참여하고 있는 투자자들이 현물가격의 상승에 고무되어 매수에 동참하게 되므로 선물도 덩달아 올라서 현물과 선물이 동시에 급등하는 상황이 발생합니다.

　마찬가지로 대규모의 현물 매도, 선물 매수의 매도차익거래가 일어나면 투자자들이 현물가격의 하락에 편승하여 매도에 동참하게 되므로 현물과 선물이 동시에 급락하는 상황이 연출되기도 합니다.

　차익거래가 현물시장의 주가지수 변동에 큰 영향을 미치는 이유는 차익거래 시 시가총액의 비중이 큰 대형주를 중심으로 매수매도가 일어나기 때문입니다.

이때 순간적인 가격변동으로 투자자들이 심리적 불안감을 느껴서 추격매수나 추격매도를 할 경우 현물시장 전체를 흔드는 엄청난 위력으로 증폭되기도 합니다.

이처럼 차익거래는 현물과 선물간의 가격 불균형을 바로잡아 주지만, 때로는 시장 전체의 폭등락을 야기하기도 합니다. 그렇지만 차익거래는 일시적인 가격변동으로 그치는 경우가 일반적이며, 차익거래 자체가 시장의 중장기적인 추세를 바꾸기는 어렵습니다.

차익거래와 프로그램매매의 차이점은 뭔가요

프로그램매매는 컴퓨터가 기회를 포착해 한 번에 15개 이상의 종목을 매매할 수 있도록 한 것으로 선물과 연계된 거래를 차익거래라고 한다.

흔히 차익거래와 프로그램매매를 동일시하는 경향이 있는데, 엄밀하게 따지면 조금 다릅니다. 차익거래란 시장이 급변할 때 선물과 현물의 가격의 균형이 무너지면서 비정상적인 가격차가 발생할 경우 최적의 순간을 포착하여 현물과 선물을 동시에 매매하여 차익을 얻는 방법입니다.

그렇기 때문에 짧은 순간의 기회를 놓치지 않고 여러 종류의 현물과 선물을 동시에 매매해야 하는데, 일반투자자가 직접 최적의 기회를 포착하여 수작업으로 매매주문을 내는 것은 매우 어렵습니다. 이에 반해 기관투자가들은 전산시스템을 이용하여 프로그램을 만들어서 거래조건을 미리 입력시켜 두고 현물과 선물가격이 정해둔 거래 조건 내에 들어오면 자동적으로 매매주문이 나가도록 운영하고 있습니다.

이처럼 '프로그램매매'란 한꺼번에 많은 종목의 거래를 하기 위하여 컴퓨터가 거래 기회를 포착해서 스스로 매매를 행하도록 한 것을 말하는데, 한꺼번에 15개 종목 이상의 주문이 들어오는 것을 프로그램매

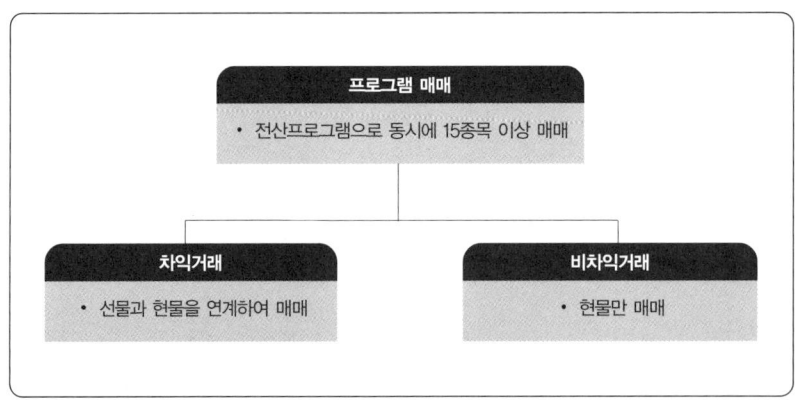

매로 집계합니다.

그리고 프로그램매매는 선물과의 연계 여부에 따라 두 종류로 분류하는데, 선물과 연계된 것을 '차익거래', 선물과 연계되지 않은 현물거래를 '비차익거래'라고 합니다. '프로그램매매에 의한 비차익거래'란 대형펀드가 선물과 연계하지 않고 프로그램매매를 이용하여 단순히 현물주식만을 사고파는 것을 말합니다. 이들은 많은 종목의 현물을 취급하기 때문에 한꺼번에 여러 종목을 효과적으로 매매하기 위해 프로그램매매를 이용합니다.

무위험 차익거래의 조건에 대해 알고 싶어요

현물과 선물의 거래비용, 대출이자율, 잔존기간 등을 감안해야만 차익거래를 통해 무위험이익을 낼 수 있는 최소한의 조건을 찾을 수 있습니다.

단순히 현물가격과 선물가격의 차이가 발생했다고 해서 차익거래의 조건이 갖추어지는 것은 아닙니다. 무위험의 차익거래를 위해서는 기본적인 조건이 필요합니다.

예를 들어 동일한 활어회 한 접시가 서울에서는 3만 원인데 비하여, 속초에서는 2만 원에 거래된다면 속초에서 활어회를 한 접시당 2만 원에 구입하여 서울에서 3만 원씩에 팔면 접시당 1만 원씩의 차익이 발생합니다. 하지만 이때 운송료가 1만 원이라면 이익은 하나도 남지 않게 됩니다. 따라서 차익거래에 소요되는 비용(1만 원)을 제외하고도 이익이 남을 때 비로소 '무위험 차익거래'의 기회가 생기게 됩니다.

이와 마찬가지로 차익거래는 현물과 선물간의 베이시스의 크기에 따라 이루어지지만 실제 거래상황에서는 베이시스 외에도 고려해야 할 요소가 몇 가지 더 있습니다.

현물과 선물의 거래비용, 차입이자율과 대출이자율, 잔존기간, 주식을 판 공매대금의 이용률 등을 살펴보면 차익거래를 통해 무위험 이익을 낼 수 있는 최소한의 조건을 찾을 수 있습니다. 이것을 공식으로 나타내면 다음과 같습니다.

- **매수차익거래 조건**
  베이시스 〉 주가×(1+거래비용)×{1+차입이자율×(잔존일수/365)}−주가

- **매도차익거래 조건**
  베이시스 〈 주가×공매대금이용률×(1−거래비용)×{1+대출이자율×(잔존일수/365)}−주가

베이시스가 '주가×(1+거래비용)×{1+차입이자율×(잔존일수/365)}−주가'보다 큰 값을 가질 때 매수차익거래를 시도할 수 있는 조건이 되고, 베이시스가 '주가×공매대금 이용률×(1−거래비용)×{1+대출이자율×(잔존일수/365)}−주가'보다 작은 값을 가질 때 매도차익거래를 시도할 수 있는 조건이 됩니다. 그리고 이 범위에 해당하지 않는 범위가 정상적인 차익거래를 통해 이익을 낼 수 없는 구간이 됩니다.

매수차익거래 잔고는 어떻게 활용하나요

매수차익거래로 사들인 현물주식은 기회를 보아 선물 매수, 현물 매도를 통해 정리해야 할 물량이기 때문에 주식시장의 대기매물이 됩니다.

매수차익거래를 통해 매수해둔 현물주식을 '매수차익거래 잔고'라고 합니다. 선물 매도, 현물 매수의 매수차익거래로 사들인 현물주식은 기회를 보아 선물 매수, 현물 매도를 통해 정리해야 할 물량이기 때문에 주식시장의 대기매물이 됩니다.

이 매수차익거래 잔고의 처분 과정에서 지수가 큰 폭으로 하락할 수 있기 때문에 매수차익거래 잔고가 늘어난 상태에서 프로그램매도가 예상되면 매도전략의 관점에서 대응하고, 매수차익거래 잔고가 줄고 프로그램매수가 예상되면 대형주 중심으로 매수 전략의 관점에서 대응하는 것이 좋습니다.

거래량이 줄고 주가가 횡보하는 박스권 장세에서는 베이시스와 차익거래잔고의 변화를 주시해야 합니다. 이런 때는 차익거래가 나오는 순간에 주가가 급등락하는데, 베이시스와 차익거래 잔고의 변화를 주시하지 않으면 주가의 급등락이 시세의 변화를 의미하는지 일시적인 현상인지를 판단하기 어렵습니다.

예를 들어 어느 날 횡보장세의 현물시장에서 거래가 늘고 주식시장이 급등했다고 해서 단순히 시장이 상승세로 돌아섰다고 단정해버리면 곤란합니다.

이날 베이시스가 크고 차익거래가 많았다면, 추격매수하기보다 일단 주의하는 것이 좋습니다. 베이시스가 크게 줄어들 경우에 매수차익거래 잔고는 한순간에 선물 매수, 현물 매도로 돌변할 수 있습니다.

투기적 차익거래가 시장을 흔들 수도 있나요

무위험 차익거래의 기회가 줄어들면서 위험을 감수하는 투기적 차익거래가 늘어나게 되었습니다.

선물거래가 도입된 초기에는 무위험 차익거래의 기회도 많고, 정상적인 차익거래를 이용해도 높은 수익을 올릴 수 있었습니다. 그러나 이익이 많은 곳에는 투자자들이 몰리고 경쟁이 치열해지게 마련입니다.

점차 무위험 차익거래의 기회가 사라지고 차익거래를 통한 수익률도 떨어지게 되면서 차익거래의 기회를 먼저 차지하거나 이익의 극대화를 위하여 '무위험 차익거래' 대신에 위험을 감수하는 '주기적인 차익거래'가 늘어나게 되었습니다.

정상적인 차익거래와 투기적인 차익거래의 큰 차이점으로는 거래 초기에 수익이 보장되느냐에 따라 구분됩니다. 정상적인 무위험 차익거래란 선물이 현물보다 충분하게 고평가되어 있을 때 선물을 팔고 현물을 사므로 거래를 개시하는 순간에 이미 최소한의 수익이 보장됩니다. 그러나 투기적 차액거래는 반대매매 종료 후에 비로소 수익이 확정됩니다. 투기적인 차익거래의 대표적인 예가 바로 '전술적 차익거래'와 '래깅 차익거래'입니다.

| 전술적 차익거래 |

'전술적 차익거래'는 현재의 베이시스로서는 도저히 수익을 낼 수 있는 조건이 아닌데도 불구하고 향후의 베이시스의 움직임을 예상하고 차익거래를 시도하는 것입니다.

예를 들어 향후 베이시스가 더욱 축소될 것으로 예상할 때는 매수차익거래를 하고, 베이시스가 더욱 확대될 것으로 예상할 때는 매도차익거래를 시도합니다. 또는 차익거래포지션을 취한 후 반대매매의 기회가 오더라도 베이시스가 더 크게 축소될 것으로 예상되면 포지션을 계속 보유하기도 합니다. 그리고 베이시스가 예상한 수준까지 도달하면 보유포지션을 정리하고 이익을 실현합니다.

심한 경우 투기적 차익거래 세력들은 시장의 움직임이 예상되면 괴리율과 베이시스가 각각 마이너스 상태인데도 불구하고 매수차익거래를 시도하기도 하는데, 이들은 포지션 설정 후에 장중에 0.2~0.3 정도

의 베이시스 변동만 있어도 곧바로 수익을 실현하거나 손절매하고 빠져나가버리기도 합니다.

| 래 깅 차 익 거 래 |

'래깅 차익거래'는 현물과 선물을 동시에 거래하지 않고 어느 정도의 시차를 두고 행하는 차익거래를 말합니다. 래깅 차익거래는 베이시스의 축소(확대)가 예상되면 먼저 주식을 매수(매도)했다가 베이시스가 확대(축소)되면 그때 가서 선물을 매도(매수)하여 차익거래 포지션을 구성합니다. 이렇게 구성한 포지션은 만기 전에 기회가 오면 반대매매를 합니다.

현물 매수, 선물 매도의 포지션을 구성하는 것을 '래깅 매수차익거래'라 하고, 현물 매도, 선물 매수의 포지션을 구성하는 것을 '래깅 매도차익거래'라고 하는데, 거래비용의 절감을 위하여 두 경우 모두 현물포지션을 먼저 설정하고 선물포지션을 나중에 설정하는 순서를 따릅니다.

| 꼬 리 가 몸 통 을 흔 든 다 |

그런데 문제는 이들 투기적인 차익거래 세력들이 시장의 움직임에 따라 합리적인 매매를 하지 않는 경우에 있습니다. 이들은 몇몇 세력

들과 결탁하여 선물과 현물을 일시에 집중 매매함으로써 시장을 인위적으로 흔들고, 시장 참가자들이 혼란스러워하는 틈을 타서 이익을 챙기는 편법으로 바로 이 차익거래를 이용하기도 합니다. 그러면 투기세력들이 차익거래를 이용하여 시장을 흔드는 두 가지의 시나리오를 가정해보겠습니다.

첫 번째 시나리오는 강세가 예상되는 시점에서 매수차익거래 잔고가 적은 경우, 선물 투기세력이 먼저 선물을 집중적으로 사들여 선물가격을 끌어올립니다. 그러면 선물을 매도했던 투자자들이 손실을 줄이기 위해 매수로 전환하고, 상승세에 편승하여 일반투자자들이 추격매수에 가담하면 선물은 급격히 상승하게 됩니다.

선물가격의 상승으로 베이시스가 확대되면 선물 매도, 현물 매수의 매수차익거래가 일어나며 주가가 오르기 시작합니다. 주가의 상승으로 분위기가 고조되면 선물 투기세력들은 매수했던 선물을 비싼 가격에 매도하고 빠져 나옵니다. 이들이 선물을 일시에 매도하여 선물가격이 하락하면 프로그램매수는 프로그램매도로 돌변하면서 시장은 다시 급락하게 됩니다.

두 번째 시나리오는 약세가 예상되는 시점에서 매수차익거래 잔고가 많은 경우, 선물을 집중적으로 매도하여 매도차익거래를 유발하는 전략입니다. 선물 투기세력이 먼저 선물을 집중적으로 팔아서 선물가격을 끌어내립니다. 선물이 급격히 하락하면서 베이시스가 축소되면 현물 매도, 선물 매수의 매도차익거래가 쏟아져 나오면 주가가 내리기 시작합니다. 주가의 하락으로 투매가 일어나면 선물 투기세력들은 매도했던 선물을 싼 가격에 매수하고 빠져 나옵니다.

이처럼 선물·옵션거래가 현물거래에서 파생되어 나왔으면서도 이들 파생상품의 시장의 영향력이 커지면서 오히려 몸통인 현물시장을 좌우하는 위력을 발휘하는 것을 두고 흔히 "꼬리가 몸통을 흔든다"라는 말로 비유하기도 합니다.

| KEY | 오늘을 분석하고 내일을 예측하는 습관

투자자는 매일매일 자신의 거래현황과 시장동향을 추적 관리하는 습관을 들이는 것이 좋습니다. 주문이 체결되지 않았는데도 체결된 줄 알고 시간이 경과하여 의외의 손실이 발생하거나 이익의 기회를 상실하지 않도록 매일매일 주문체결 여부를 반드시 확인하여야 합니다. 또 보증금을 확인하지 않아서 반대매매당하여 낭패 보는 사태가 발생하지 않도록 보증금을 확인하는 것이 필요합니다.
아울러 매일매일의 베이시스와 차익거래잔고, 미결제약정의 변화 그리고 외국인과 기관투자가의 투자 동향 등을 분석하고 내일 장을 예측하는 습관을 들이는 것이 좋습니다. 그리고 장이 끝난 후에 자신이 예측한 바와 비교하면서 자신의 예측이 빗나간 이유와 적중한 이유를 점검해가면 시장을 읽고 예측하는 능력이 더욱 빠르게 향상될 것입니다.

현물 바스켓과 트래킹 에러가 뭐죠

코스피200 지수(코스닥은 스타지수)와 동일하게 움직이는 현물주식을 사고팔아야 차익거래의 효과를 볼 수 있습니다.

차익거래를 할 때 선물은 주가지수 선물시장에서 최근월물을 사고 팔면 되지만, 현물은 아무 종목이나 사고팔아서는 안 됩니다. 반드시 코스피200 지수(코스닥은 스타지수)와 동일하게 움직이는 현물주식을 사고팔아야만 차익거래의 효과를 볼 수 있습니다.

매수차익거래의 경우를 예로 들면, 현물주식을 살 때 코스피200 지수를 구성하는 200개 종목의 주식을 모두 사면 코스피200 지수와 움직임이 일치하는 현물포지션을 구성할 수 있습니다.

그러나 200개 종목의 주식을 모두 사는 것은 사실상 불가능하므로 차익거래를 하는 투자자는 코스피200 지수의 움직임과 유사한 움직임을 갖도록 수십 개의 현물주식 종목을 선별하여 운영해야 합니다.

이처럼 코스피200 지수의 구성 종목 중에서 수십 개의 현물주식 종목을 선별하여 보유하는 것을 '현물 바스켓을 구성한다'라고 합니다.

그러나 현물 바스켓을 잘못 구성하게 되면 코스피200 지수는 오르는데도 현물주식 값은 떨어지는 경우가 발생합니다. 또 매수하고자

하는 종목이 상한가이거나 매도하고자 하는 종목이 하한가인 경우에는 거래가 이루어지지 않을 수도 있습니다. 때문에 코스피200 지수의 등락과 현물 바스켓의 가격 등락이 불일치하는 경우가 생기는데 이런 현상을 '트래킹 에러'라고 합니다.

  차익거래는 이론적으로 항상 이익을 보게 되어 있지만 종종 트래킹 에러가 발생하여 손실을 입기도 합니다. 또 가격차이가 발생하는 순간을 포착하여 여러 종목의 현물과 선물을 거래해야 하는데 그 순간을 놓쳐서 사거나 팔고 싶은 가격에 매매를 못해 손실을 입을 수도 있습니다.

두 번째 목요일이 오면 왜 주가가 요동치나요

선물·옵션의 동시 만기일(3, 6, 9, 12월 두 번째 목요일)이 되면 주가가 심하게 요동치는 경우가 많습니다.

매월 두 번째 목요일은 옵션(코스피200 옵션, 개별주식옵션) 만기일이고 3, 6, 9, 12월의 두 번째 목요일은 선물(코스피200 선물, 스타지수선물, 개별주식선물) 만기일입니다. 따라서 3, 6, 9, 12월의 두 번째 목요일은 선물·옵션이 동시에 만기일이 됩니다.

이날을 두고 외국에서는 만기일을 맞은 선물·옵션 수에 따라서 흔히 더블 위칭데이(두 마녀가 춤추는 날), 트리플 위칭데이(세 마녀가 춤추는 날), 쿼드러플 위칭데이(네 마녀가 춤추는 날)라고 부르는데, 이는 '마녀들이 동시에 날뛴다'는 뜻으로 주가가 심하게 요동친다는 의미를 담고 있습니다. 그러면 선물·옵션 만기일에 주식시장이 출렁이게 되는 이유는 뭘까요?

종종 만기일에는 대규모의 프로그램매물과 보유포지션 정리물량이 쏟아져 나옵니다.

시장에서 선물이 고평가되고 현물이 저평가되었을 때 고평가된 선물을 매도하고 저평가된 현물을 매수했다가 시장가격이 균형을 찾았을

때 다시 선물을 매수하고 현물을 매도하여 그 차익을 취하는 과정에서 생기는 현상입니다.

이때 고평가된 선물을 매도하고 저평가된 현물을 매수함으로써 보유하게 된 현물주식을 매수차익거래 잔고라고 부릅니다.

장 중에 처분 기회를 잡지 못한 매수차익거래 잔고는 만기일에 선물과 현물의 가격이 같아지는 원리를 이용하여 매물로 쏟아져 나오므로 만기일이 되면 지수가 크게 하락할 가능성이 많습니다. 따라서 만기일이 다가오면 '차익거래잔고'와 '미결제약정 수량' 등을 반드시 점검해야 합니다.

그러나 선물·옵션만기일에 프로그램매도로 주가가 폭락할 경우에는 일시적인 현상일 수 있으므로 우량 대형주를 저가에 매수하는 좋은 기회가 될 수도 있습니다.

| 만 기 일 에 는   인 위 적 인   가 격 조 작 이   있 기 도   하 다 |

선물·옵션은 최종거래일에는 주식시장이 동시호가에 들어가는 오후 2시 50분까지만 거래를 하고, 주식시장 종료 10분 전에 동시호가 접수를 받아 거래를 마감합니다.

선물·옵션의 거래가 끝나는 2시 50분부터는 현물주식이 동시호가에 들어가게 되는데 만기일까지 선물·옵션의 포지션을 청산하지 않은 투자자들은 이때가 가장 긴장되는 시간이기도 합니다. 이날 현물주식의 종가가 얼마로 끝나는가에 따라 보유포지션에 대한 손익이 크게 달라지는 경우가 종종 생기기 때문입니다.

장 마감 10분 전에 선물거래를 중단시키는 이유는 마감시간이 임박하여 선물을 집중 매수·매도함으로써 선물을 이용하여 가격을 교란시키는 것을 막기 위함입니다.

그러나 선물에 크게 베팅한 큰 세력들은 현물의 장 마감 동시호가에 엄청난 물량을 매수하거나 매도함으로써 현물의 종가를 의도한 방향으로 움직여서 선물의 손실을 줄이거나 이익을 극대화하려는 시도를 하기도 합니다.

따라서 선물·옵션만기일에는 주가가 급등락하는 틈을 이용하여 저가에 사자 주문이 몰리는 현상이나 고가에 팔자 주문이 몰리는 현상이 생겨나기도 합니다.

롤오버(이월)에 대해 자세히 알고 싶어요

현물을 계속 보유한 채 만기가 된 선물을 차월물로 교체하면서 매수차익거래 포지션을 계속 이어가는 것을 롤오버(이월)라고 합니다.

선물을 팔고 현물주식을 사들이는 매수차익거래의 경우 선물 만기일 전까지 매도한 선물을 매수하고, 매수한 매수차익거래 잔고는 매도하여 차익거래 포지션을 정리하는 것이 원칙입니다.

그러나 차익거래잔고가 선물·옵션만기일에 모두 쏟아져 나오는 것은 아닙니다. 상황에 따라 현물을 그대로 지닌 상태에서 만기가 도래한 근월물 대신에 차월물을 매도하여 선물을 교체함으로써 현물 매수, 선물 매도(매수차익거래) 포지션을 계속 이어가기도 합니다. 이것을 롤오버(roll over ; 이월)라고 합니다.

차익거래를 위해 구성한 현물 바스켓이 코스피200 지수를 따라가지 못하여 트래킹 에러가 발생한 경우를 보겠습니다. 매수차익거래를 통해 매수한 대형주가 코스피200 지수보다 더 크게 하락한 경우에는 현물과 선물 간의 가격차이(베이시스)가 좁혀지거나 만기일이 되어도 매수차익거래 잔고를 청산을 하지 못하는 경우가 생기기도 합니다.

이때 차익거래자는 손실을 감수하고 만기일가지 차익거래포지션을

청산하는 것이 유리한지, 아니면 포지션을 청산하지 않고 롤오버하는 것이 유리한지를 따져보게 됩니다.

이때 만기 청산되는 근월물의 가격보다 차월물의 가격이 비싸면 근월물을 정리하고, 그 대신 차월물을 같은 수량만큼 매도하여 현물 매수, 선물 매도의 차익거래 포지션을 유지함으로써 차익거래잔고를 청산하지 않고 가져갈 수 있습니다. 그러나 차월물이 저평가되어 있을 때 차월물 선물을 값싸게 매도하여 롤오버하면 손실이 발생합니다.

선물만기일을 앞두고 매수차익거래 잔고가 많을 경우에는 이 물량이 선물·옵션만기일에 프로그램매도를 통해 주식시장에 쏟아져 나와 주가가 폭락할 우려가 있기 때문에 매수차익거래 잔고가 장 중에 소화될지, 장 막판에 일시에 쏟아져 나올지, 아니면 롤오버될지 시장의 관심이 집중되곤 합니다.

롤오버 가능성

　롤오버 가능성을 파악하기 위해선 현물과 선물간의 베이시스와 차월물의 움직임, 선물스프레드 상품의 거래추이 등을 지켜봐야 하는데, 시장 상황에 따라 몇 가지 경우로 나누어 예상할 수 있습니다.

　첫째, 근월물 선물가격이 현물가격보다 저평가되는 경우에는 차익거래자의 의도대로 만기일 전에 매수차익거래 잔고를 시장에 충격을 주지 않고 단계적으로 해소할 수 있습니다. 이때는 저평가된 선물을 매수하는 동시에 고평가된 현물을 매도함으로써 차익거래 초기에 의도한 대로 현물과 선물 간의 차익을 취할 수 있게 됩니다.

　둘째, 시장의 참여자들이 증시의 미래를 밝게 볼 때 롤오버의 가능성이 큽니다. 앞으로 증시가 상승한다고 판단할 경우에는 현물주식을 처분하지 않고 계속 보유하는 것이 더 유리할 것입니다. 만약 최근 들어 선물 저평가, 현물 고평가 상태가 되어 매수차익거래 잔고의 청산 기회가 많았는데도 불구하고 매수차익거래 잔고의 변동이 없다면 롤오버될 가능성이 클 것으로 추정할 수 있습니다.

　셋째, 차월물 선물의 거래량이 급증하고 베이시스와 괴리율이 플러스로 확대되어 고평가되는 경우로, 선물 차월물과 근월물의 스프레드가 크고, 차월물의 거래량이 늘면 롤오버의 가능성이 높아집니다.

　스프레드란 만기일은 다르지만 동일한 종목 사이에서 나타나는 가격차이로서 일반적으로 차월물의 이론가격은 근월물의 이론가격보다 이자율을 감안하여 약간 높습니다. 선물시장에서 차월물과 근월물간의 스프레드가 적정 수준 이상으로 벌어져 있을 때, 매수차익거래 포지션을 갖고 있는 투자자는, 싼 근월물을 매수하고 비싼 차월물의 선물을 새로 매도하여, 선물 포지션을 근월물에서 차월물로 옮기면서 현물주식을 처분하지 않고 계속 보유할 수도 있습니다.

2001년 9월에 선물스프레드 상품이 신규로 상장되면서 롤오버가 훨씬 간편해졌습니다. 선물스프레드 상품의 거래추이를 살피는 것도 롤오버의 가능성을 예측하는 유용한 방법입니다.

넷째, 근월물 선물가격의 고평가가 지속되고 차월물 선물가격의 저평가가 지속되는 경우입니다. 이때는 선물 매수와 현물 매도로 정리하기도 곤란하고, 차월물의 선물을 매도하여 롤오버 하기도 곤란합니다. 이때는 만기일 장 마감 시각 무렵에 차익거래잔고가 프로그램매도로 쏟아져 나와서 주가가 폭락할 가능성이 높아집니다.

선물을 이용한 스프레드거래는 어떻게 하는 거죠

스프레드거래란 선물과 선물 사이의 가격차이를 이용한 거래로 '상품 내 스프레드' '상품 간 스프레드' '시장 간 스프레드' 등이 있습니다.

선물을 이용한 스프레드거래는 두 개의 선물간 가격차이를 이용한 거래를 말합니다. 선물을 이용한 스프레드거래는 일반적인 거래에 비해 매우 안전할 뿐 아니라 현물거래를 동반하지 않기 때문에 차익거래에 비해 적은 자금으로 동일한 효과를 올릴 수 있습니다.

그러나 우리나라에서는 선물 상품이 다양하지 못할 뿐 아니라 특정 상품에만 집중적인 거래가 이루어지기 때문에 스프레드거래가 활발하게 이루어지지 못하고 있습니다. 대표적인 스프레드거래로는 '상품 내 스프레드' '상품 간 스프레드' 그리고 '시장 간 스프레드'가 있습니다.

상품 내 스프레드

결제월이 다른 동일한 선물, 예를 들어 6월물과 9월물은 언제나 일정한 가격차이를 보이는 것이 아니라 때로는 가격차이가 비정상적으로 커졌다가 비정상적으로 가까워지는 경우가 있습니다.

이런 경우에 가격이 다시 정상적인 수준으로 복귀할 것을 예상하여 고평가된 선물을 매도하고 저평가된 선물을 매수했다가 나중에 반대매매하여 이익을 얻는 거래를 '상품 내 스프레드거래' 혹은 '시간 스프레드거래'라고 합니다.

이 거래는 시장이 급변할 때 근월물보다 원월물의 가격이 더 크게 변하는 원리를 이용하는데, 이때 스프레드는 현물가격과 금리가 오를수록 벌어지며, 배당률이 오를수록 축소됩니다.

우리나라는 2001년 9월에 최근월물과 다른 원월물간의 가격차이를 대상으로 거래하는 선물스프레드 상품이 새로 상장되었습니다.

이로써 거래소 선물시장에서는 기존의 결제월(3, 6, 9, 12월) 4개 종목 이외에도 선물스프레드 상품 3개 종목(예 : 9월물~12월물, 9월물~다음해 3월물, 9월물~다음해 6월물)이 거래되고 있습니다.

| 상품 간 스프레드 |

만기가 같은 유사한 상품 간의 가격차이를 이용한 전략입니다. 기본적인 요령으로는 상대적으로 저평가된 상품을 매수하고 고평가된 상품을 매도하는 전략을 사용합니다.

또 주가의 상승이 예상될 때는 변동성이 큰 상품을 매수하고 변동성이 작은 상품을 매도하며, 주가의 하락이 예상될 때는 변동성이 작은 상품을 매수하고 변동성이 큰 상품을 매도하는 전략을 사용합니다.

● KOSPI200 선물스프레드 거래제도 ●

주문기준 (원월물 기준)	• 선물스프레드 매수 : 원월물 매수 + 최근월물 매도 • 선물스프레드 매도 : 원월물 매도 + 최근월물 매수
거래대상물 (3종목)	• 제1스프레드 : 최근월물과 차근월물 • 제2스프레드 : 최근월물과 차차근월물 • 제3스프레드 : 최근월물과 원월물
가격표시 방법	• 0을 기준으로 음수(-) 및 양수(+)로 표시 • 스프레드 가격 : 원월물 가격 −최근월물 가격
호가가격 및 호가수량 단위	• 호가가격 단위 : 0.05P • 호가수량 단위 : 1계약
호가의 종류	• 지정가호가
매매체결 방법	• 복수가격에 의한 개별경쟁 매매(접속매매로만 체결)
매매거래 시간	• 평일 : 09 : 00~15 : 05 • 최종거래일 : 09 : 00~14 : 50

 이것은 변동성이 큰 상품이 오를 때 더 오르고 내릴 때 더 내리는 특성을 이용한 것입니다. 코스피200 선물과 스타지수 선물을 대상으로 이 전략을 구사할 수 있습니다.

| 시 장 간 스 프 레 드 |

 한 가지 상품이 서로 다른 두 시장에서 거래될 때 나타나는 시장 간의 가격차이를 이용하는 투자전략입니다. 이때 상대적으로 저평가된 시장에서는 상품을 매수하고 고평가된 시장에서는 상품을 매도하는 전략을 사용합니다.

KEY 만기일과 거래시간

　　선물·옵션의 최종거래일은 각 결제월의 두 번째 목요일(둘째 주 목요일이 아님)입니다. 만약 최종거래일이 휴장인 경우에는 순차적으로 앞당겨집니다. 그리고 거래개시일은 최종거래일의 다음 날이 거래개시일이 되는데 거래개시일이 휴장인 경우에는 순연됩니다. 선물·옵션의 거래 시작 시간은 현물시장과 같이 오전 9시에 시작을 하지만 거래가 끝나는 시간은 좀 다릅니다.

평일에는 주식시장이 종료한 후에도 15분을 더 선물·옵션거래를 하는데, 장 마감 후에 15분 더 거래시간을 주는 이유는 현물시장이 동시호가로 마감된 후에, 현물시장이 어떻게 마감이 되는지 살핀 뒤 보유하고 있는 선물포지션을 조정할 수 있는 기회를 주기 위함입니다. 그러나 최종거래일에는 주식시장 종료 10분 전에 선물·옵션거래를 마감합니다. 그 이유는 마감시간에 선물을 집중 매수·매도함으로써 발생할 수 있는 선물에 의한 가격 교란을 막기 위함입니다.

04
주가방향과 변동성을 이용한 옵션 단순전략

옵션을 이용한 투자전략에는 어떤 것이 있나요

옵션을 이용하면 시세의 상승과 하락은 물론 횡보할 때 수익을 올릴 수 있는 전략도 가능합니다.

옵션을 이용한 투자전략에는 현물과 선물투자에서는 불가능한 다양한 투자전략들이 있습니다.

현물과 선물의 투자에서는 단순히 시세가 상승할까 하락할까 하는 예측에 의한 전략밖에는 세울 수가 없으나 옵션의 경우에는 시세의 상승과 하락은 물론 횡보할 때 수익을 올릴 수 있는 전략도 가능합니다.

그리고 선물과 옵션을 조합하는 원리를 터득하면 시장의 상황에 따라 보유포지션을 카멜레온처럼 변화무쌍하게 변화시키면서 대응할 수 있습니다.

옵션을 이용한 대표적인 투자전략으로는 단순전략, 헤지전략, 스프레드전략 등이 있습니다. 이들 전략은 언뜻 보면 비슷비슷한 것 같기도 하고 복잡한 느낌도 들지만 그래프를 중심으로 찬찬히 살펴보면 아주 규칙적이고 간단한 원리로 이루어져 있음을 알 수 있을 것입니다.

옵션을 이용한 투자전략은 투자목적에 따라 다음과 같은 5가지 전략으로 구분할 수 있습니다.

| 단순거래 |

투기거래라고도 하며, 현물투자와 연계하지 않고 단순히 옵션만 거래하는 전략으로서, 옵션 자체만의 가격변화를 이용해 시세차익을 얻는 전략입니다. 위험을 감수하고 큰 수익을 내는 것을 목적으로 하고 있습니다. 우리나라의 일반투자자들 대부분은 단순거래에 참여하고 있습니다.

| 헤지거래 |

현물가격의 급변이 예상될 때 현물가격 변동에 따른 위험을 회피하기 위하여 옵션을 이용할 수 있습니다. 현물을 보유하고 있는 투자자는 풋옵션 매수 또는 콜옵션 매도를 하고, 현물을 공매도한 투자자는 콜옵션 매수 또는 풋옵션 매도를 하면 됩니다. 이렇게 하면 현물포지션에서 발생하는 손실을 옵션포지션에서 발생하는 이익으로 상쇄할 수 있습니다.

| 스 프 레 드 거 래 |

옵션을 이용한 스프레드거래는 행사가격이나 만기일이 서로 다른 옵션을 하나는 매수하고 하나는 매도하는 전략입니다.

| 콤 비 네 이 션 거 래 |

옵션에만 있는 투자전략으로 동일한 기준물의 옵션을 선택하여 풋옵션과 콜옵션을 동시에 매수하거나 동시에 매도하는 전략입니다. 시세의 방향이 아니라 시장가격의 변동성에 기초하여 투자하는 전략입니다.

| 차 익 거 래 |

옵션과 옵션 간의 가격차이나 옵션과 선물 간의 가격차이가 발생하면 그 차액을 노리는 전략입니다.

아래의 '옵션투자전략 일람표'는 시장 상황에 따라 어떤 전략을 구사하는지를 요약한 표입니다. 종류가 많아서 조금 복잡하게 보일 수도 있지만 미리 고민할 필요는 없습니다. 이 책을 다 읽고 나면 일람표가 한눈에 들어오게 될 것입니다.

● 옵션투자전략 일람표 ●

시장상황에 따른 세부전략		기본 전략	❶ 단순 투자	❷ 헤지 거래	❸ 스프 레드	❹ 콤비네 이션	❺ 차익 거래
내재 가치변화를 이용하는 전략	기초자산의 상승 예상 (강세 전략)	콜옵션 매수	◎				
		풋옵션 매도	◎				
		수직 강세 콜 스프레드			◎		
		수직 강제 풋 스프레드			◎		
		선물 매수 합성					◎
		콜옵션 매수 합성					◎
		풋옵션 매도 합성					◎
	기초자산의 하락 예상 (약세 전략)	풋옵션 매수	◎				
		콜옵션 매도	◎				
		보호적 풋매수		◎			
		보증된 콜매도		◎			
		수직 약세 콜 스프레드			◎		
		수직 약세 풋 스프레드			◎		
		선물 매도 합성					◎
		풋옵션 매수 합성					◎
		콜옵션 매도 합성					◎
내재 가치변화를 이용하는 전략	기초자산의 가격변동성 (증가 예상)	스트래들 매수				◎	
		스트랩 매수				◎	
		스트립 매수				◎	
		스트랭글 매수				◎	
		거트 매수				◎	
		나비형 스프레드 매도			◎		
	기초자산의 가격변동성 (감소 예상)	스트래들 매도				◎	
		스트랩 매도				◎	
		스트립 매도				◎	
		스트랭글 매도				◎	
		거트 매도				◎	
		나비형 스프레드 매수			◎		
	잔존기간에 따른 전략	수평 스프레드 매수			◎		
		수평 스프레드 매도			◎		
기타	옵션·선물 이용	컨버전					◎
		리버스 컨버전					◎
	옵션만을 이용	크레딧 박스					◎
		데빗 박스					◎

옵션의 단순전략은 쉽게 할 수 있는 전략인가요

옵션의 단순전략에는 콜옵션 매수, 콜옵션 매도, 풋옵션 매수, 풋옵션 매도 4가지가 있습니다.

옵션의 단순전략에는 콜옵션 매수, 콜옵션 매도, 풋옵션 매수, 풋옵션 매도가 있습니다.

단순전략은 시장의 방향 또는 변동성의 추이를 예측하고 그에 따라 포지션을 정하는 일종의 투기적 거래전략으로서 다른 포지션과 관계없이 단순히 콜옵션이나 풋옵션을 매수하거나 매도하는 전략입니다.

옵션은 단순전략만으로도 선물투자에 비해 상대적으로 다양한 투자전략을 구사할 수 있습니다.

|주가의 방향에 따라서|

주가의 상승이 예상될 때는 콜옵션을 매수하거나 풋옵션을 매도합니다. 특히 주가의 폭등이 예상될 때는 콜옵션을 매수하고, 주가가 보합 또는 약간의 상승이 예상될 때는 풋옵션 매도를 합니다.

주가의 하락이 예상될 때는 풋옵션을 매수하거나 콜옵션을 매도합니다. 주가의 폭락이 예상될 때는 풋옵션을 매수하고, 주가가 보합 또는 약간의 하락이 예상될 때는 콜옵션을 매도합니다.

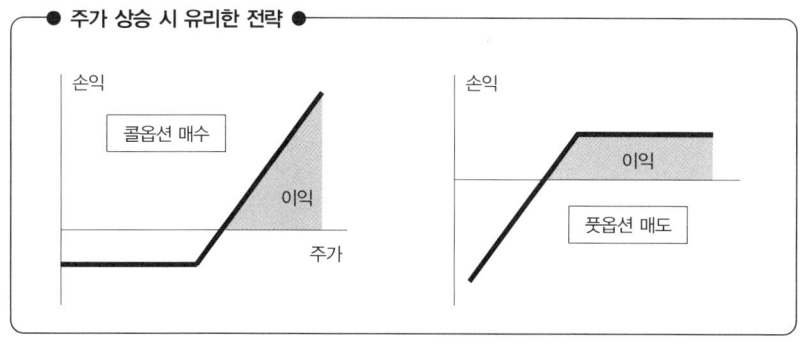

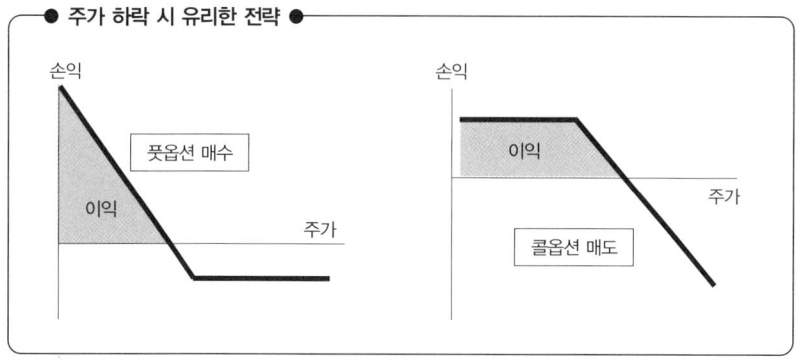

|변동성에 따라서|

변동성이 커져서 시장의 급격한 움직임이 예상될 때는 옵션 매수를 하는 것이 유리합니다. 옵션 매수를 하면 최대손실 금액은 프리미엄으

로 한정할 수가 있지만 주가가 예상한 방향으로 크게 움직이면 변동폭 만큼의 이익을 취할 수 있기 때문입니다.

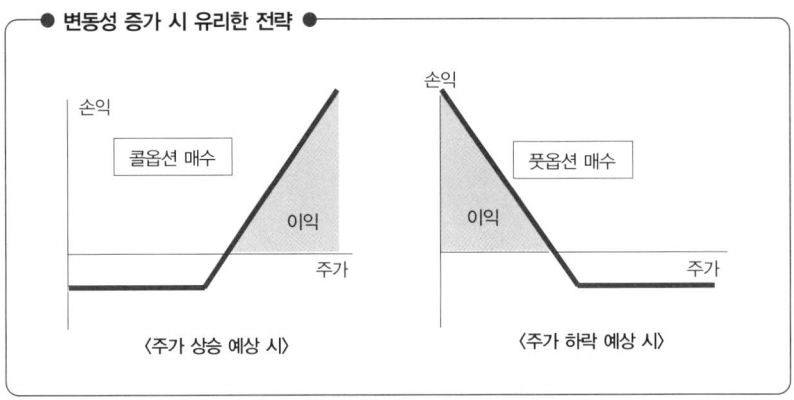

가격이 급등락하는 경우 외가격옵션을 매수하는 것이 유리합니다. 외가격옵션의 매수는 선물과 현물을 통틀어서 가장 강력한 레버리지 효과를 기대할 수 있어서 2001년 9월 12일에는 하루에 504배의 '대박'이 터진 기록도 있습니다.

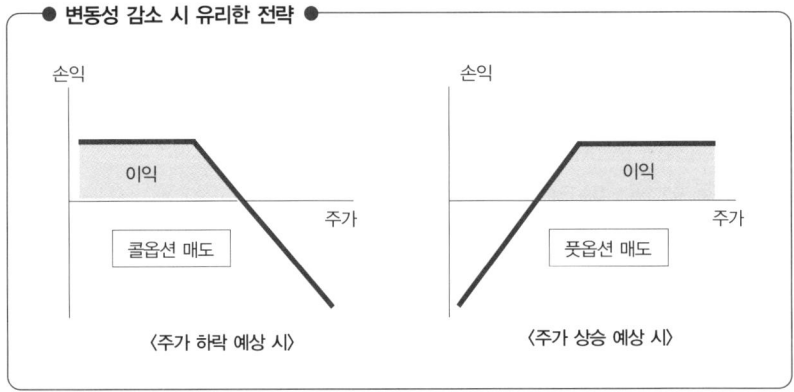

그러나 주가가 변하기는 하되 그 움직이는 속도가 느릴 때에는 콜옵션 매수보다는 선물 매수가 유리하고, 풋옵션 매수보다는 선물 매도가 유리합니다. 옵션 매수 후 주가가 원하는 방향으로 움직일지라도 속도가 느릴 때는 '주가의 변화로 얻는 이익'을 '시간 가치의 감소효과'가 잠식해버리기 때문입니다.

변동성이 작아질 것으로 예상될 때는 옵션 매도를 하는 것이 유리합니다. 옵션은 시간이 지날수록 프리미엄이 줄어들기 때문에 옵션매도자는 주가가 횡보만 해도 수익을 올릴 수 있습니다.

따라서 옵션 매도의 경우는 옵션 매수에 비해 수익을 낼 수 있는 가능성이 많습니다. 그러나 기초자산의 가격이 옵션매도자의 예상과 반대방향으로 움직일 경우에는 큰 손실을 입을 수 있는 위험에 노출됩니다.

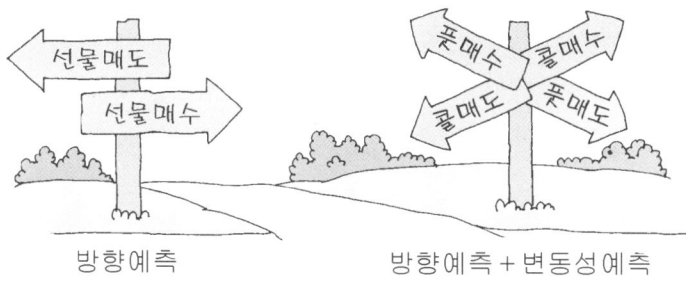

방향예측 　　　　　 방향예측 + 변동성예측

콜옵션 매수의 장단점은 뭐죠

주가의 상승이 예상되는 강세장과 변동성의 확대가 예상될 때 유리한 전략으로 최대손실은 프리미엄에 한정되지만, 이익은 주가 상승폭에 비례합니다.

콜옵션 매수는 주가의 상승이 예상되는 강세장과 변동성의 확대가 예상될 때 유리한 전략입니다.

주가의 폭등이 예상되면 행사가격이 높은 외가격 콜옵션을 매수하는 것이 유리합니다. 하지만 횡보장세나 잔존만기가 얼마 남지 않았을 때는 큰 폭의 상승이 예상되지 않는 한 외가격 콜옵션의 매수는 자제하는 것이 좋습니다. 만기일에 등가격이나 외가격으로 종료되면 투자원금 모두를 날릴 수 있기 때문입니다.

- 주가가 상승할 경우 주가 상승폭에 비례하여 이익이 발생합니다.
- 주가가 하락할 경우 손실액은 옵션을 매수할 때 지불한 프리미엄에 한정됩니다.

- 주가가 횡보할 경우에도 프리미엄만큼의 손실이 있을 수 있습니다.
- 외가격 콜옵션 매수는 선물 매수보다도 강력한 레버리지 효과를 기대할 수 있습니다.

| 약정금액과 프리미엄 |

1월이 만기이고 행사가격이 140포인트인 콜옵션을 프리미엄 6.0포인트를 주고 샀다는 것은 1월 옵션 만기일에 기초자산의 가격이 얼마가 되든 140포인트를 지불하고 살 수 있는 매수 권리를 사면서 옵션의 가격으로 6.0포인트를 지불했다는 것을 의미합니다.

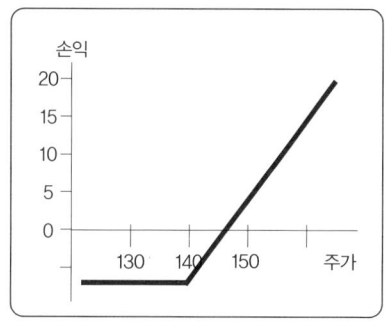

- **약정가격(1계약기준)** =140포인트×10만 원×1계약=1,400만 원
- **프리미엄 지불(1계약기준)** = 6.0포인트×10만 원×1계약=60만 원
- **손익분기점** = 행사가격 + 프리미엄 = 140포인트+6포인트=146포인트

|콜옵션 매수 시 손익|

> • **손익분기점** = 행사가격 + 프리미엄

만기보유시

콜옵션 매수자의 경우는 행사가격에 지불한 프리미엄을 더한 값이 손익분기점이 됩니다.

만기일의 주가가 손익분기점보다 높은 가격으로 마감되면 이익이 발생하는데, 이익의 크기는 주가 상승폭에 비례해서 증가합니다. 그러나 주가가 행사가격보다도 더 내리면 지불한 프리미엄 전액을 날리게 됩니다. 그리고 주가가 행사가격보다는 높고 손익분기점보다는 낮은 값으로 결정이 되면 손실은 발생하지만 지불한 프리미엄의 일부는 회수할 수 있습니다.

이처럼 콜옵션 매수자의 최대 손실은 프리미엄에 한정되지만 이익은 주가 상승폭에 비례합니다.

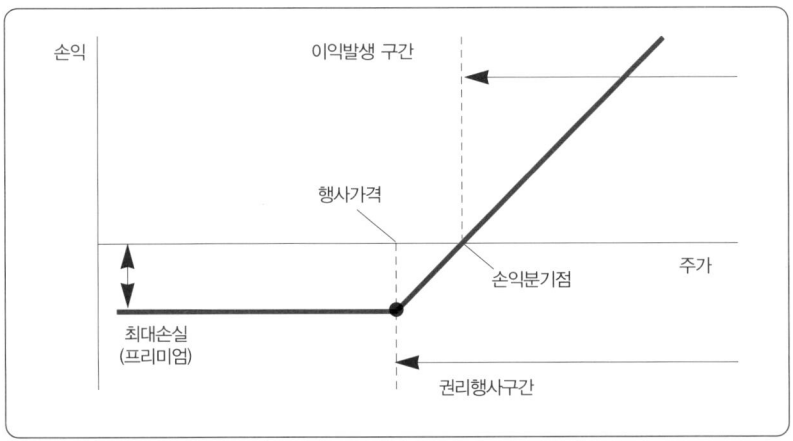

아래의 공식은 만기보유 시 콜옵션 매수자의 손익을 나타낸 공식입니다. 옵션만기 시점에서 이익이 나려면 '만기일 장 마감 후의 내재가치'에서 '콜옵션을 살 때 지불한 프리미엄'을 뺐을 때 +값이 나오면 이익금이고 -값이 나오면 손실금입니다.

- **만기 시 콜옵션 매수의 이익**=내재가치-프리미엄
  = max[(종가-행사가격), 0]-프리미엄

중간청산 시

콜옵션 매수자는 옵션을 살 때 지불한 프리미엄보다 더 많은 프리미엄을 받고 옵션을 매도하면 그 차액만큼 이익이 납니다. 주가가 오르거나 변동성이 커지면 콜옵션의 가격이 오르고, 반대로 주가가 내리거나 변동성이 줄어들면 콜옵션의 가격이 내립니다.

- **중간청산 시 손익**=받은 프리미엄-지불한 프리미엄

|콜옵션 매수자의 손익 사례(만기보유 시)|

행사가격 140포인트의 콜옵션을 프리미엄 4포인트를 지불하고 10계약 체결한 콜옵션 매수자의 경우, 옵션만기일에 코스피200이 150포인트로 상승 마감했을 때와 130포인트로 하락 마감했을 때의 손익을 살펴보겠습니다.

주가 상승 시

콜옵션 매수자는 매수권리를 행사하여 1,000만 원 이익이 생기므로, 계약 당시에 지불한 프리미엄 400만 원을 차감하면 600만 원의 이익이 납니다.

- **주가변동 손익**=(150포인트−140포인트) × 100,000원 × 10계약
  =10,000,000
- **프리미엄 지불**=4포인트 × 100,000원 × 10계약=4,000,000원
- **매수자의 손익**=10,000,000원−4,000,000원=6,000,000원 이익

주가 하락 시

콜옵션 매수자는 주가 하락으로 1000만 원의 손실이 발생했지만 매수권리의 행사를 포기하면 손실은 프리미엄으로 한정할 수 있습니다. 즉 프리미엄 지불금 400만 원이 모두 손실액이 됩니다.

- **주가변동 손익**=(130포인트−140포인트) × 100,000원 × 10계약
  =−1,000만 원 ← 권리행사 포기하면 주가변동 손익은 0원
- **프리미엄 지불**=4포인트 × 100,000원 × 10계약=4,000,000원
- **매수자의 손익**=0원−4,000,000원=−4,000,000원 ← 4백만 원 손실

다음의 그래프를 통해서 위의 계산과정을 확인해보겠습니다. 그래프에서 굵은 선이 바로 콜옵션 매수의 그래프입니다. 그래프를 보면 코스피200 지수가 144포인트(손익분기점) 이상으로 오르면 이익이 발생하고 144포인트보다 내리면 손실이 발생합니다.

그리고 140포인트(행사 가격) 이하에서는 손실이 400만 원(프리미엄)으로 고정되어 있음을 알 수 있습니다. 이때의 손익분기점은 행사가격(140포인트)에 프리미엄(4포인트)를 더한 144포인트인 지점입니다.

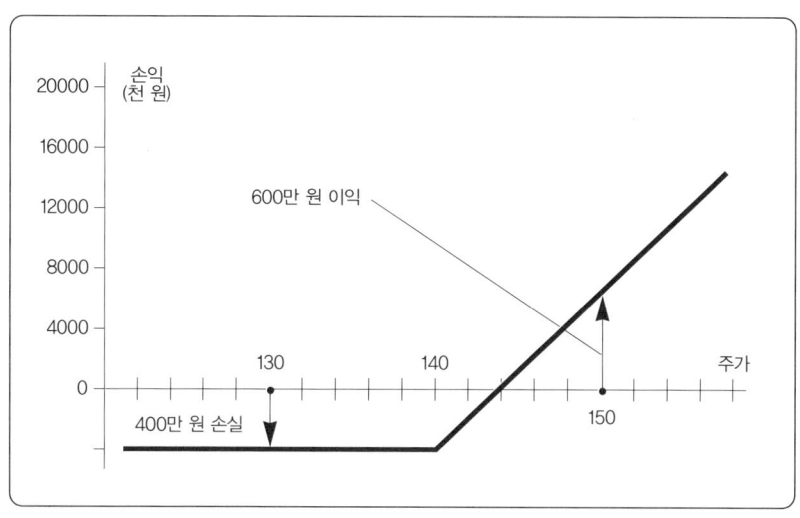

| 콜옵션 매수자의 손익 사례(중간청산 시) |

프리미엄 2포인트를 지불하고 콜옵션 5계약을 매수한 투자자가 중간청산하는 경우의 손익을 살펴보겠습니다.

주가 상승시

프리미엄이 2포인트에서 3포인트로 상승했을 때, 수익을 실현시키기 위하여 매도하면 투자자는 50만 원의 이익을 얻을 수 있습니다.

- **중간청산 시 손익**
  =(받은 프리미엄−지불한 프리미엄)×100,000원×계약수
  =(3포인트−2포인트)×100,000원×5계약=500,000원

주가 하락 시

프리미엄이 2포인트에서 1포인트로 하락했을 때, 손절매를 위하여 중간에 매도하면 투자자는 50만 원의 손실을 봅니다.

- **중간청산 시 손익**
  =(받은 프리미엄−지불한 프리미엄)×100,000원×계약수
  =(1포인트−2포인트)×100,000원×5계약=−500,000원

KEY   10% 90%법칙

시장은 대부분의 거래일 동안 작은 폭의 움직임을 보이다가 매우 짧은 시간에 상당폭의 가격 움직임을 보이는 경향이 있습니다. 이와 관련하여 '10% 90% 법칙'이 거론되기도 하는데, 이는 거래일수의 10%에 해당하는 기간동안에 90%의 가격 움직임을 나타낸다는 것을 의미합니다.
옵션가격은 큰 가격 움직임이 나타나기 바로 직전에 싸지는 경우가 종종 있습니다. 기초자산시장이 큰 가격 움직임을 보이기 전까지 상당 기간 추세를 형성하지 않고 거래된 경우가 특히 그렇습니다. 이는 옵션 매수자는 시간가치의 감소로 인하여 매수에 적극적이지 않은 반면 옵션 매도자는 이익을 늘려나가기 위해 옵션 매도에 적극적인 모습을 보이기 때문입니다.

풋옵션 매수는 언제 쓰는 전략인가요

주가의 하락이 예상되는 약세장과 변동성의 확대가 예상될 때 유리한 전략으로 최대손실은 프리미엄에 한정되며, 이익은 주가 하락폭에 비례합니다.

풋옵션 매수는 주가의 하락이 예상되는 약세장과 변동성의 확대가 예상될 때 유리한 전략입니다.

주가 폭락이 예상되면 행사가격이 낮은 외가격 풋옵션을 매수하는 것이 유리합니다. 하지만 횡보장세나 잔존만기가 얼마 남지 않았을 때는 큰 폭의 하락이 예상되지 않는 한 외가격 풋옵션의 매수는 자제하는 것이 좋습니다.

만기일에 등가가격이나 외가격으로 종료되면 투자원금 모두를 날릴 수 있기 때문입니다.

- 주가가 하락할 경우 주가 하락폭에 비례하여 이익이 발생합니다.
- 주가가 상승할 경우 손실액은 옵션을 매수할 때 지불한 프리미엄에 한정됩니다.
- 주가가 횡보할 경우에도 프리미엄만큼의 손실이 있을 수 있습니다.
- 외가격 풋옵션 매수시 선물 매도보다도 강력한 레버리지효과를 기대할 수 있습니다.

| 약정금액과 프리미엄 |

1월이 만기이고 행사가격이 140포인트인 풋옵션을 프리미엄 6.0포인트를 주고 샀다는 것은, 1월 옵션만기일에 기초자산 가격이 얼마가 되든 140포인트를 받고 팔 수 있는 매도권리를 사면서 옵션 가격으로 6.0포인트를 지불했다는 것을 의미합니다.

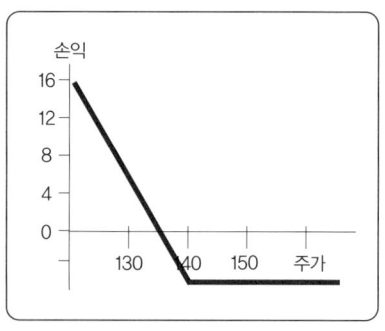

- 약정가격(1계약기준)=140포인트×10만 원×1계약=1400만 원
- 프리미엄 지불(1계약기준)=6.0포인트×10만 원×1계약=60만 원
- 손익분기점=행사가격−프리미엄=140포인트−6포인트=134포인트

|풋옵션 매수 시 손익|

- 손익분기점＝행사가격－프리미엄

만기보유 시

풋옵션 매수자의 경우는 행사가격에서 받은 프리미엄을 뺀 값이 손익분기점이 됩니다.

만기일의 주가가 손익분기점보다 낮은 가격으로 마감되면 이익이 발생하는데, 이익의 크기는 주가의 하락폭에 비례해서 증가합니다. 그러나 주가가 행사가격보다도 더 오르면 지불한 프리미엄의 전액을 날리게 됩니다.

그리고 주가가 행사가격보다는 낮고 손익분기점보다는 높은 값으로 결정되면 손실은 발생하지만 지불한 프리미엄의 일부는 회수할 수 있습니다.

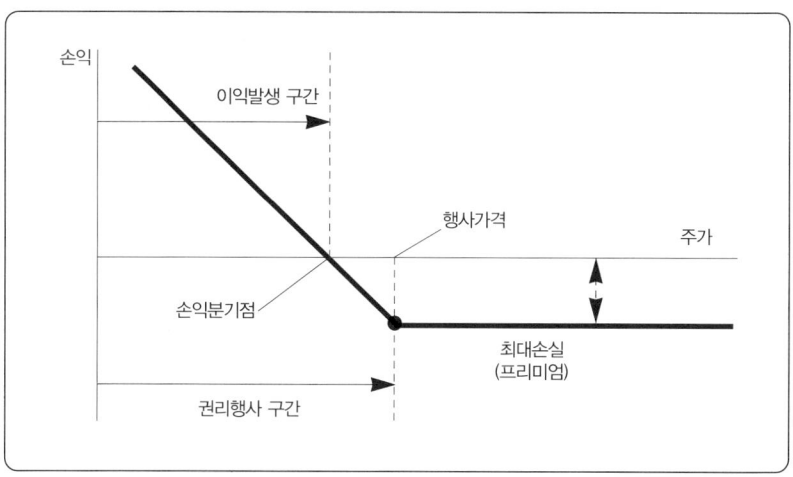

이처럼 풋옵션 매수자의 최대손실은 프리미엄에 한정되지만 이익은 주가 하락폭에 비례합니다.

아래의 공식은 만기보유 시 풋옵션 매수자의 손익을 나타낸 공식인데, 옵션만기 시점에서 이익이 나려면 '만기일 장마감 후의 내재가치'에서 '풋옵션을 살 때 지불한 프리미엄'을 뺐을 때 +값이 나오면 이익금이고 -값이 나오면 손실금입니다.

- **만기 시 풋옵션 매수 이익**=내재가치-프리미엄
  =max×[(행사가격-종가), 0]-프리미엄

중간청산 시

풋옵션 매수자는 옵션을 살 때 지불한 프리미엄보다 더 많은 프리미엄을 받고 옵션을 매도하면 그 차액만큼 이익이 납니다. 주가가 내리거나 변동성이 커지면 풋옵션의 가격이 오르고, 반대로 주가가 오르거나 변동성이 줄어들면 풋옵션의 가격이 내립니다.

- **중간청산 시 손익**=받은 프리미엄-지불한 프리미엄

|풋옵션 매수자의 손익 사례(만기보유 시)|

행사가격 140포인트의 풋옵션을 프리미엄 4포인트를 지불하고 10계약을 체결한 풋옵션 매수자의 경우, 옵션 만기일에 코스피200이 150

포인트로 상승 마감했을 때와 130포인트로 하락 마감했을 때의 손익을 살펴보겠습니다.

주가 하락 시

풋옵션 매수자는 매도권리를 행사하여 1,000만 원 이익이 생기므로, 계약 당시에 지불한 프리미엄 400만 원을 차감하면 600만 원의 이익이 발생합니다.

- **주가변동 손익**
  =(140포인트−130포인트)×100,000원×10계약=10,000,000원
- **프리미엄 지불**
  =4포인트×100,000원×10계약=4,000,000원
- **매수자의 손익**
  =10,000,000원−4,000,000원=6,000,000원 이익

주가 상승 시

풋옵션 매수자는 주가가 10포인트 상승함으로써 1,000만 원의 손실이 발생했습니다. 그러나 매도권리의 행사를 포기하면 손실은 프리미엄으로 한정할 수 있습니다. 즉 프리미엄 지불금 400만 원이 전액 손실로 나타납니다.

- **주가변동 손익**
  =(140포인트-150포인트)×100,000원×10계약
  =-10,000,000원 ← 권리행사 포기하면 주가변동 손익은 0원
- **프리미엄 지불**
  =4포인트×100,000원×10계약=4,000,000원
- **매수자의 손익**
  =0원-4,000,000원=-4,000,000원 ← 4백만 원 손실

그래프를 통해서 위의 계산과정을 다시 확인해보겠습니다. 그래프에서 굵은 선이 바로 풋옵션 매수 그래프입니다.

그래프를 보면 코스피200 지수가 136포인트(손익분기점) 이하로 내리면 이익이 발생하고 136포인트보다 오르면 손실이 발생함을 알 수 있습니다.

그리고 140포인트(행사가격) 이상에서는 손실이 400만 원(프리미엄)

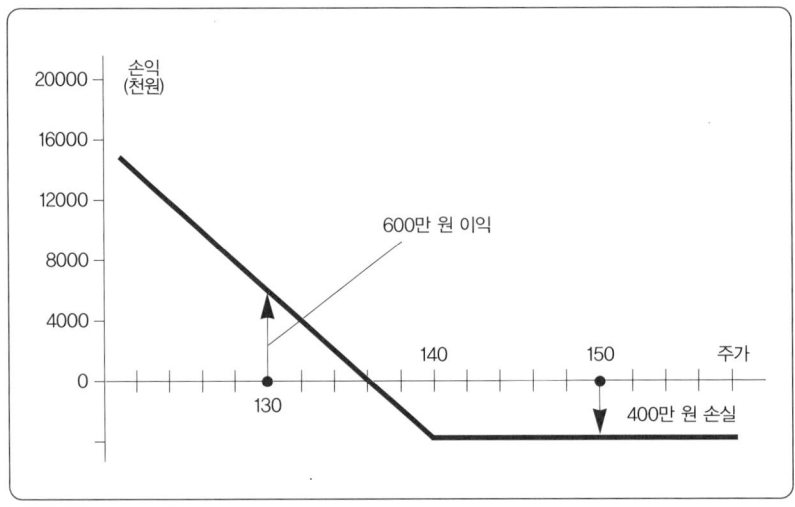

으로 고정되어 있음을 알 수 있습니다. 이때 행사가격(140포인트)에 프리미엄(4포인트)을 뺀 136포인트 지점이 바로 손익분기점입니다.

|풋옵션 매수자의 손익 사례(중간청산 시)|

풋옵션을 프리미엄 2포인트를 지불하고 5계약을 매수한 투자자가 중간청산하는 경우를 살펴보겠습니다.

주가 하락 시

풋옵션 매수 후, 주가 하락으로 프리미엄이 2포인트에서 3포인트로 상승했을 때, 수익을 실현시키기 위하여 중간청산한다면 투자자는 50만 원의 이익을 얻을 수 있습니다.

- **중간청산 시 손익**
  =(받은 프리미엄−지불한 프리미엄)×100,000원×계약수
  =(3포인트−2포인트)×100,000원×5계약=500,000원

주가 상승 시

풋옵션 매수 후, 주가 상승으로 프리미엄이 2포인트에서 1포인트로 하락했을 때, 손절매를 위하여 중간에 매도하면 투자자는 50만 원의 손실을 봅니다.

- **중간청산 시 손익**
  =(받은 프리미엄−지불한 프리미엄)×100,000원×계약수
  =(1포인트−2포인트)×100,000원×5계약=−500,000원

| KEY | 풋옵션 하루만에 10만 8,000원이 0원으로

미국 테러 발생 다음 날인 2001년 9월 12일 1,000원에서 504배의 '대박'을 터트렸던 풋옵션 62.5가 2001년 10월 11일 옵션만기일에는 '쪽박'으로 장을 마감했습니다. 하루 전 10만 8,000원이었던 풋옵션 62.5는 이날 제로(0)로 마감해 이 풋옵션을 매수했던 투자자들은 투자원금 모두를 날렸습니다. 장 중 최저가격인 1,000원에 매도했다 하더라도 99%의 손실을 본 셈입니다.
옵션만기일을 앞두고 미국의 보복공격이 시작되면서 증시의 불확실성이 커지자 9월과 같은 대박을 노리는 개인투자자들이 1,000원대로 싼 외가격옵션을 복권 사듯 매수해왔으며, 특히 풋옵션은 이들 매수세에 힘입어 고평가를 유지해왔습니다. 그러나 이날 미국 증시의 폭등에 따라 국내 주가가 급등하면서 풋옵션은 폭락하기 시작하였고 결국 대박의 꿈은 물거품이 되고 말았습니다. 한편 이날 콜 62.5는 3만 원에서 13만 원으로 올라 전날 매수한 투자자는 하루 만에 6배 이상의 수익을 냈습니다.
그동안 개인투자자들이 지수가 급등할 것이라고 예상하고 외가격 풋옵션과 콜옵션을 사들였다가 지수가 안정적으로 움직여 손해를 본 반면에, 증권 투신 등 기관들은 외가격옵션(행사가격 65포인트 이상의 콜옵션과 행사가격 55포인트 아래의 풋옵션) 매도에 치중하여 안정적인 수익을 챙긴 것으로 보입니다.

콜옵션 매도는 초보자가 하기에 위험한가요

주가의 보합 또는 약간의 하락이 예상될 때와 변동성의 축소가 예상될 때 유리한 전략으로 최대이익은 프리미엄에 한정되며, 손실은 주가 상승폭에 비례합니다.

콜옵션 매도는 주가의 보합 또는 약간의 하락이 예상될 때와 변동성의 축소가 예상될 때 유리한 전략입니다. 행사가격이 이익구간 안에 있기 때문에 주가가 횡보만 해도 이익을 낼 수 있습니다. 그러나 시장이 예상과 다른 방향으로 크게 움직일 경우 큰 손실이 발생할 수 있습니다. 때문에 옵션 매도를 위해서는 많은 증거금이 필요합니다. 이 전략을 단독으로 사용하는 데는 신중을 기할 필요가 있으며, 헤지 수단과 손절매 수준을 미리 정해두고 위험관리를 하는 것이 좋습니다.

- 주가가 하락할 경우 최대이익은 프리미엄 수익으로 한정됩니다.
- 주가가 횡보할 경우에도 프리미엄만큼의 이익을 기대할 수 있습니다.
- 주가가 상승할 경우 주가 상승폭에 비례하여 손실이 발생합니다.
- 외가격 콜옵션의 매도는 주가가 큰 폭으로 오르면 매우 큰 손실의 위험이 있습니다.

|약정금액과 프리미엄|

1월이 만기이고 행사가격이 140포인트인 콜옵션을 프리미엄 6.0포인트를 받고 팔았다는 것은, 콜옵션 매수자가 원할 경우 1월 옵션만기일에 기초자산의 가격이 얼마가 되든 140포인트를 받고 팔아야 하는 매도 의무를 지는 대신에 옵션 가격으로 6.0포인트를 받았다는 것을 의미합니다.

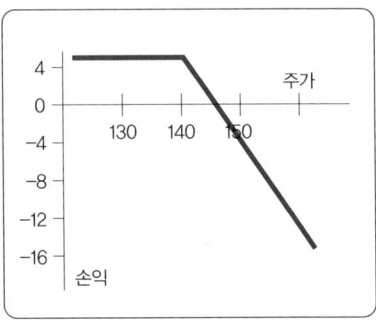

- **약정가격(1계약기준)** = 140포인트 × 10만 원 × 1계약 = 1,400만 원
- **프리미엄 지불(1계약기준)** = 6.0포인트 × 10만 원 × 1계약 = 60만 원
- **손익분기점** = 행사가격 + 프리미엄 = 140포인트 + 6포인트 = 146포인트

|콜옵션 매도 시 손익|

- 손익분기점 = 행사가격 + 프리미엄

만기보유 시

콜옵션 매도자의 경우는 행사가격에 받은 프리미엄을 더한 값이 손익

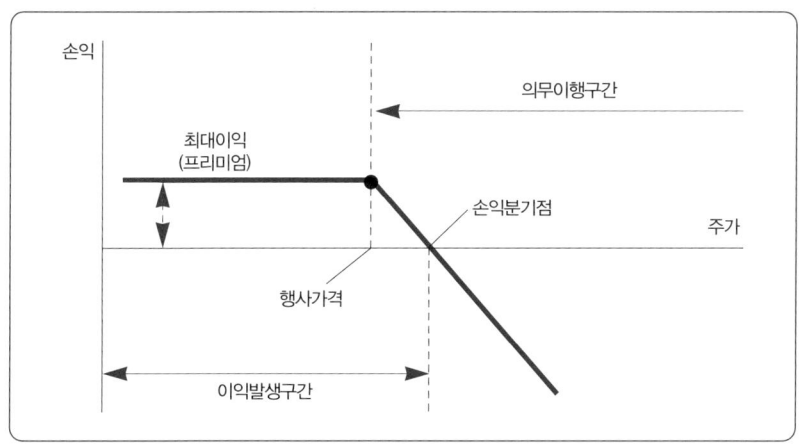

분기점이 됩니다. 만기일의 주가가 손익분기점보다 높은 가격으로 마감되면 손실이 발생하는데, 손실의 크기는 주가의 상승폭에 비례해서 증가합니다. 그러나 주가가 행사가격보다 더 내리면 받은 프리미엄 전액을 고스란히 이익으로 남기게 되는데 이것이 최대이익입니다. 그리고 주가가 행사가격보다 높고 손익분기점보다는 낮은 값으로 결정되면 이익은 발생하지만 이미 받았던 프리미엄의 일부는 돌려주어야 합니다.

  이처럼 콜옵션 매도자의 최대이익은 프리미엄에 한정되지만 손실은 주가 상승폭에 비례합니다.

  아래의 공식은 만기보유시 콜옵션 매도자의 손익을 나타낸 공식입니다. '콜옵션 매도 시 받은 프리미엄'에서 '만기일 장 마감 후의 내재가치'를 뺐을 때 +값이 나오면 이익금이고 −값이 나오면 손실금입니다.

- **만기 시 콜옵션 매도 이익** = −내재가치 + 프리미엄
  $$= -\max[(\text{종가} - \text{행사가격}),\ 0] + \text{프리미엄}$$

중간청산 시

콜옵션 매도자는 옵션을 팔 때 받은 프리미엄보다 더 적은 프리미엄을 지불하고 옵션을 매수하면 그 차액만큼 이익이 발생합니다. 주가가 오르거나 변동성이 커지면 콜옵션의 가격이 오르고, 반대로 주가가 내리거나 변동성이 줄어들면 콜옵션의 가격이 내립니다.

- 중간청산 시 손익=받은 프리미엄-지불한 프리미엄

콜옵션 매도자의 손익 사례 (만기보유 시)

행사가격 140포인트의 콜옵션을 프리미엄 4포인트를 받고 10계약을 체결한 콜옵션 매도자의 경우, 옵션만기일에 코스피200이 150포인트로 상승 마감했을 때와 130포인트로 하락 마감했을 때의 손익을 살펴보겠습니다.

주가 상승 시

콜옵션 매도자는 주가 상승으로 1,000만 원 손실이 생기므로, 계약 당시에 받은 프리미엄 400만 원을 차감하면 600만 원의 손실이 발생합니다.

- **프리미엄 수익**
  =4포인트×100,000원×10계약=4,000,000원
- **주가변동 손익**
  =-(150포인트-140포인트)×100,000원×10계약=-10,000,000원
- **매도자의 손익**
  =4,000,000원-10,000,000원=-6,000,000원 ← 6백만 원 손실

주가 하락 시

콜옵션 매도자는 주가 상승으로 1,000만 원의 이익이 발생하지만 콜옵션 매수자가 권리행사를 포기할 것이므로 이익은 프리미엄으로 한정됩니다. 즉 프리미엄 수령금 400만 원이 전액 이익으로 남습니다.

- **프리미엄 수익**
  =4포인트×100,000원×10계약=4,000,000원
- **주가변동 손익**
  =-(130포인트-140포인트)×100,000원×10계약
  =10,000,000원 ← 권리행사 포기하면 주가변동 손익은 0원
- **매도자의 손익**
  =4,000,000원-0원=4,000,000원 ← 4백만 원 이익

그래프를 통해서 위의 계산과정을 다시 확인해보겠습니다. 그래프에서 굵은 선이 바로 콜옵션 매도 그래프입니다.

그래프를 보면 코스피200 지수가 144포인트(손익분기점) 이상으로 오르면 손실이 발생하고 144포인트보다 내리면 이익이 발생합니다.

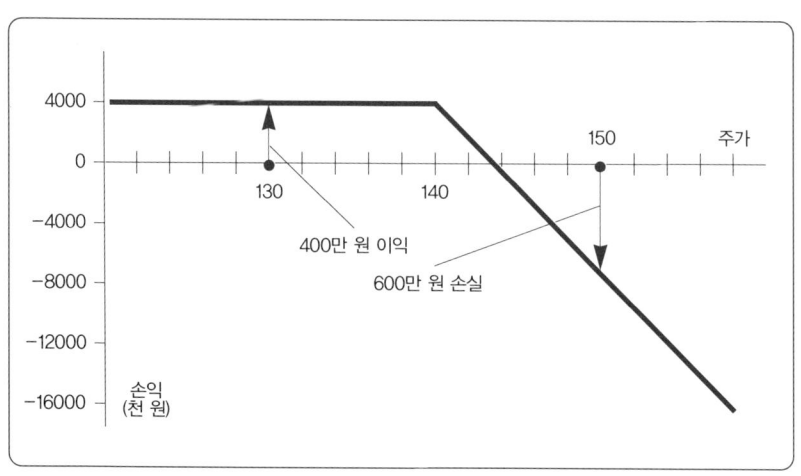

그리고 140포인트(행사가격) 이하에서는 이익이 400만 원(프리미엄)으로 고정되어 있음을 알 수 있습니다.

이때의 손익분기점은 행사가격(140포인트)에 프리미엄(4포인트)을 더한 144포인트인 지점이 바로 손익분기점입니다.

| 콜옵션 매도자의 손익 사례(중간청산 시) |

콜옵션을 프리미엄 2포인트를 받고 5계약을 매도한 투자자가 중간청산하는 경우를 살펴보겠습니다.

주가 하락 시

프리미엄이 2포인트에서 1포인트로 하락했을 때, 수익을 실현하기 위하여 매수하면 투자자는 50만 원의 이익을 얻을 수 있습니다.

- **중간청산 시 손익**
  =(받은 프리미엄−지불한 프리미엄)×100,000원×계약수
  =(2포인트−1포인트)×100,000원×5계약=500,000원

주가 상승 시

프리미엄이 2포인트에서 3포인트로 상승했을 때, 손절매하기 위하여 중간에 매수하면 투자자는 50만 원의 손실이 발생합니다.

- **중간청산시 손익**
  =(받은 프리미엄−지불한 프리미엄)×100,000원×계약수
  =(2포인트−3포인트)×100,000원×5계약=−500,000원

|KEY| 선물·옵션매매의 주문유형

코스피200 선물·옵션매매의 주문방법으로는 지정가주문 외에 가격을 지정하지 않은 시장가주문이나 최유리 지정가주문, 조건부 지정가주문이 있습니다.

- **시장가주문** : 매매할 수량만 정하고 가격을 지정하지 않는 주문으로 수량이 충족될 때까지 가장 빨리 체결될 수 있는 가격에 매매가 되는 것입니다. 이 방법은 유동성이 부족하면 불리한 가격에 체결될 위험이 있습니다.
- **최유리 지정가주문** : 가격을 지정하지 않지만 주문이 시장에 도달된 시점에서 가장 빨리 체결될 수 있는 가격이 되면 그 가격에 지정된 것으로 간주하는 주문입니다. 예컨대 매수주문의 경우 현재가격보다 1호가(0.05포인트) 높은 가격으로 주문가가 고정됩니다.
- **조건부 지정가주문** : 주문시에는 지정가로 매매하지만 장 중 매매가 체결되지 못했을 때는 종가 단일매매시에 시장가주문으로 전환하는 주문을 말합니다.

풋옵션 매도는 언제 사용하는 전략인가요

주가의 보합 또는 약간의 상승이 예상될 때와 변동성의 축소가 예상될 때 유리한 전략으로 최대이익은 프리미엄에 한정되고 손실은 주가 하락폭에 비례합니다.

풋옵션 매도는 주가의 보합 또는 약간의 상승이 예상될 때와 변동성의 축소가 예상될 때 유리한 전략입니다.

행사가격이 이익구간 안에 있기 때문에 주가가 횡보만 해도 이익을 낼 수 있습니다. 그러나 시장이 예상과 다른 방향으로 크게 움직일 경우 큰 손실이 발생할 수 있습니다. 때문에 옵션 매도를 위해서는 많은 증거금이 필요합니다.

이 전략을 단독으로 사용하는 데는 신중을 기할 필요가 있으며, 헤지 수단과 손절매 수준을 미리 정해두고 위험관리를 하는 것이 좋습니다.

- 주가가 상승할 경우 최대이익은 프리미엄 수익으로 한정됩니다.
- 주가가 횡보할 경우에도 프리미엄만큼의 이익을 기대할 수 있습니다.
- 주가가 하락할 경우 주가 하락폭에 비례하여 손실이 발생합니다.
- 외가격 풋옵션의 매도는 주가가 큰 폭으로 내리면 매우 큰 손실의 위험이 있습니다.

| 약정금액과 프리미엄 |

1월이 만기이고 행사가격이 140포인트인 풋옵션을 프리미엄 6.0포인트를 받고 팔았다는 것은 풋옵션 매수자가 원할 경우 1월 옵션만기일에 기초자산의 가격이 얼마가 되건 140포인트를 지불하

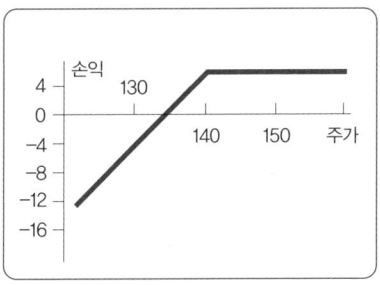

고 사야 하는 매수 의무를 지는 대신에 옵션가격으로 6.0포인트를 받았다는 것을 의미합니다.

- **약정가격(1계약기준)**=140포인트×10만 원×1계약=1400만 원
- **프리미엄 수령(1계약기준)**=6.0포인트×10만 원×1계약=60만 원
- **손익분기점**=행사가격−프리미엄=140포인트−6포인트=134포인트

| 풋옵션 매도 시의 손익 |

- 손익분기점=행사가격−프리미엄

만기보유 시

풋옵션 매도자의 경우는 행사가격에서 받은 프리미엄을 뺀 값이 손

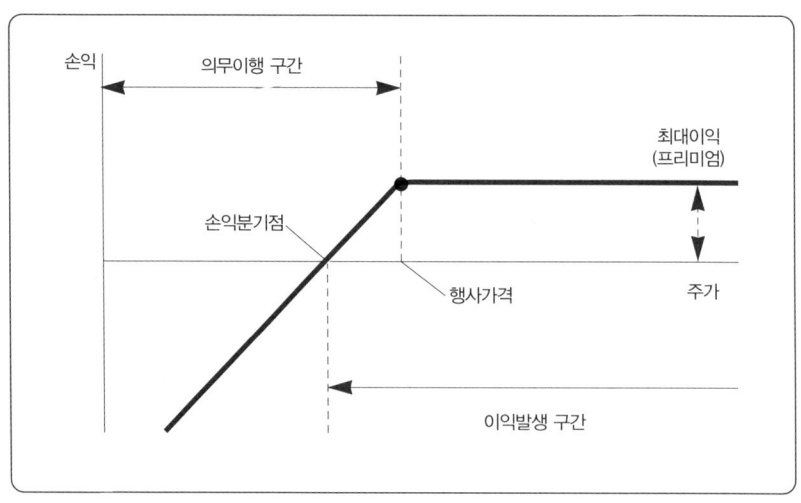

익분기점이 됩니다. 만기일의 주가가 손익분기점보다 낮은 가격으로 마감되면 손실이 발생하는데, 손실의 크기는 주가 하락폭에 비례해서 증가합니다.

    그러나 주가가 행사가격보다 더 오르면 받은 프리미엄 전액을 고스란히 이익으로 남기게 되는데 이것이 최대 이익입니다. 그리고 주가가 행사가격보다 낮고 손익분기점보다는 높은 값으로 결정되면 이익은 발생하지만 이미 받았던 프리미엄의 일부는 돌려주어야 합니다. 이처럼 콜옵션 매도자의 최대 이익은 프리미엄에 한정되지만 손실은 주가 하락폭에 비례합니다.

    아래의 공식은 만기 보유 시 풋옵션 매도자의 손익을 나타낸 공식입니다. 시점에서 '풋옵션 매도 시에 받은 프리미엄'에서 '만기일 장 마감 후의 내재가치'를 뺐을 때 +값이 나오면 이익금이고 -값이 나오면 손실금입니다.

- 만기시 풋옵션 매도 이익=−내재가치+프리미엄
  =−max[(행사가격−종가), 0]+프리미엄

중간청산 시

풋옵션 매도자는 옵션을 팔 때 받은 프리미엄보다 더 적은 프리미엄을 지불하고 옵션을 매수하면 그 차액만큼 이익이 발생합니다. 주가가 내리거나 변동성이 커지면 풋옵션의 가격이 오르고, 반대로 주가가 오르거나 변동성이 줄어들면 풋옵션의 가격이 내립니다.

- 중간청산 시 손익=받은 프리미엄−지불한 프리미엄

풋옵션 매도자의 손익 사례(만기보유)

행사가격 140포인트의 풋옵션을 프리미엄 4포인트를 받고 10계약을 체결한 풋옵션 매도자의 경우, 옵션 만기일에 KOSPI200이 150포인트로 상승 마감했을 때와 130포인트로 하락 마감했을 때의 손익을 살펴보겠습니다.

주가 하락 시

풋옵션 매도자는 주가 하락으로 1,000만 원의 손실이 생기므로, 계약 당시에 받은 프리미엄 400만 원을 차감하면 600만 원의 손실이 발생합니다.

- 프리미엄 수익
  =4포인트×100,000원×10계약=4,000,000원
- 주가변동 손익
  =-(140포인트-130포인트)×100,000원×10계약=-10,000,000원
- 매도자의 손익
  =4,000,000원-10,000,000원=-6,000,000원 ← 6백만 원 손실

주가 상승 시

풋옵션 매도자는 주가 상승으로 1,000만 원의 이익이 발생하지만 풋옵션 매수자가 권리행사를 포기할 것이므로 이익은 프리미엄으로 한정됩니다. 즉 프리미엄 수령금 400만 원이 전액 이익으로 남습니다.

- 프리미엄 수익
  =4포인트×100,000원×10계약=4,000,000원
- 주가변동 손익
  =-(140포인트-150포인트)×100,000원×10계약
  =10,000,000원 ← 권리행사 포기하면 주가변동손익은 0원
- 매도자의 손익
  =4,000,000원-0원=4,000,000원 ← 4백만 원 이익

그래프를 통해서 위의 계산과정을 다시 확인해보겠습니다. 그래프에서 굵은선이 바로 풋옵션 매도의 그래프입니다. 그래프를 보면 코스피200 지수가 136포인트(손익분기점)이하로 내리면 손실이 발생하고 136포인트보다 오르면 이익이 발생합니다.

그리고 140포인트(행사가격)이상에서는 이익이 400만 원(프리미엄)으로 고정되어 있음을 알 수 있습니다. 이때의 손익분기점은 행사가격(140포인트)에 프리미엄(4포인트)를 뺀 136포인트인 지점입니다.

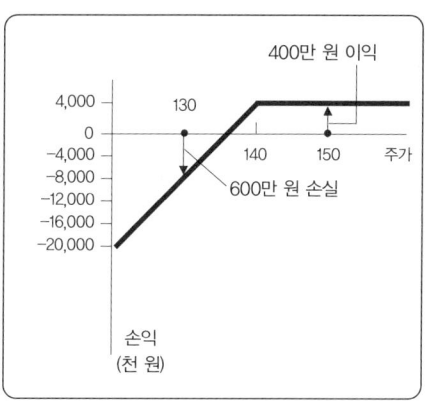

| 풋옵션 매도자의 손익 사례(중간청산) |

풋옵션으로 프리미엄 2포인트를 받고 5계약을 매도한 투자자가 중간청산하는 경우를 살펴보겠습니다.

주가 상승 시
프리미엄이 2포인트에서 1포인트로 하락했을 때, 수익을 실현하기 위해 매수하면 투자자는 50만 원의 이익을 얻을 수 있습니다.

- 중간청산 시 수익
  =(받은 프리미엄−지불한 프리미엄)×100,000원×계약수
  =(2포인트−1포인트)×100,000원×5계약=500,000원

주가 하락 시

프리미엄이 2포인트에서 3포인트로 상승했을 때, 손절하기 위하여 중간에 매수하면 투자자는 50만 원의 손실을 봅니다.

- **중간청산 시 수익**
  =(받은 프리미엄−지불한 프리미엄)×100,000원×계약수
  =(2포인트−3포인트)×100,000원×5계약=−500,000원

05
위험회피와 초과수익을 노리는 옵션 헤지전략

선물·옵션 투자자가 가장 알고 싶은 101가지

옵션을 이용한 헤지거래는 어떤 것이 있나요

옵션을 이용한 헤지전략은 선물을 이용한 헤지전략과 달리 추가이익을 포기하지 않고 헤지목적을 달성할 수 있습니다.

현물포지션의 위험을 회피하는 헤지전략에는 선물을 이용하여 헤지하는 방법과 옵션을 이용하여 헤지하는 방법으로 구분할 수 있습니다.

이들 헤지 효과의 차이점을 보면, 선물을 이용하는 헤지의 경우는 헤지 이후에 현물에서 이익이 발생하더라도 현물에서의 손익을 선물이 상쇄해버리므로 더 이상의 추가 수익을 기대할 수는 없습니다.

그러나 옵션을 이용하는 헤지의 경우는 헤지의 목적을 달성하면서도 아울러 추가 수익까지도 기대하는 효과를 얻을 수 있는 이점이 있습니다.

주식을 보유하고 있는 투자자가 보유주식을 주가하락으로부터 보호하기 위한 방법 중에 옵션을 사용하는 대표적인 헤지수단으로는 콜옵션 매도를 이용하는 '보증된 콜(Covered Call)'과 풋옵션 매수를 이용하는 '보호적 풋(Protective Put)'이 있습니다.

이들 옵션을 이용한 헤지전략은 코스피200과 동일한 움직임을 갖는 현물주식 포트폴리오를 보유한 기관투자가들과 외국인 투자자들이 즐겨 사용하는 전략입니다.

● 보증된 콜(Coverd Call)과 보호적 풋(Protective Put)의 비교 ●

	보증된 콜(Coverd Call)	보호된 콜(Protective Put)
거래소 그래프 거래조건	(그래프: 손익, 헤지수단, 합성포지션, 주가, 보유주식)	(그래프: 손익, 합성포지션, 주가, 헤지수단, 보유주식)
헤지방법	콜옵션을 매도하여 헤지	풋옵션을 매수하여 헤지
헤지 후의 손익구조	풋옵션 매도와 비슷한 손익구조를 갖게 됨	콜옵션 매수와 비슷한 손익구조를 갖게 됨
손익 / 주가 하락 시	보유주식에서 발생하는 손실의 일부를 옵션의 프리미엄으로 보충. 폭락 시 큰 손실 위험에 노출.	보유주식에서 발생하는 손실의 일부를 풋옵션의 이익으로 보충. 폭락 시에도 일정 손실로 한정.
손익 / 주가 상승 시	일정 이익에 한정	폭등에 비례한 이익 (현물 이익-지불한 프리미엄)
손익 / 주가 횡보 시	옵션 프리미엄만큼 수익	옵션 프리미엄만큼 손실

이 전략은 아주 유용한 전략으로서 개별주식옵션을 이용하면 개인투자자들도 해당주식(예 : 삼성전자 주식)과 해당옵션(예 : 삼성전자 옵션)을 연계하여 다양한 전략을 구사할 수 있습니다. 개별주식 옵션은 코스피200 옵션과 달리 여러 종목의 주식을 이용하여 현물 바스켓을 구성할 필요도 없고 트래킹 에러의 부담도 없으므로 고가의 전산시스템이나 큰 자금이 없어도 이 전략을 사용할 수 있기 때문입니다.

그러나, 개별주식옵션의 경우는 현재 거래가 거의 없기 때문에 유동성이 낮아서 헤지의 목적으로 사용하기엔 무척 어렵고 위험하며, 옵션을 이용한 헤지는 현물주식 포트폴리오와 연계하여 KOSPI200 옵션이 사용되고 있습니다.

보증된 콜거래에 대해 알고 싶어요

현물주식을 보유한 상태에서 콜옵션을 매도하여 만들어지는 보증된 콜은 풋옵션 매도와 비슷한 손익구조를 가집니다.

보증된 콜은 코스피200과 움직임을 같이하는 주식 포트폴리오를 보유한 투자자가 장세의 하락이나 횡보가 예상될 때 수익률을 높이기 위해 사용하는 전략으로서 현물주식을 보유한 상태에서 콜옵션을 매도하는 방법입니다. 이렇게 현물주식과 콜옵션의 조합으로 만들어진 합성포지션은 풋옵션 매도와 비슷한 손익구조를 가지게 됩니다.

- 주식(옵션기준물)을 보유한 채로 + 콜옵션을 매도

| 보증된 콜의 사례 |

뒤의 그래프는 코스피200이 160포인트인 현재시점에서 10억 원 규모의 주식포트폴리오를 보유한 투자자가 헤지를 위하여 약정금액 10억 원 규모의 콜옵션(행사가격 168포인트, 프리미엄 6포인트)을 매도했을 때

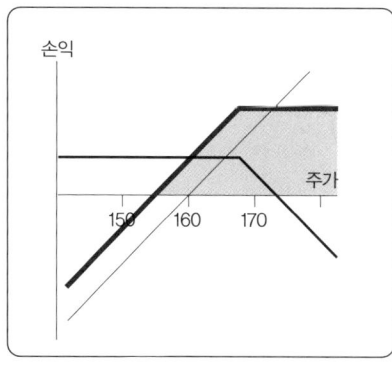

의 손익구조를 보여주고 있습니다. 옵션의 약정금액이 10억 원이 되려면 코스피200이 160포인트이면 62계약을 매도하면 됩니다.

(10억원 ÷ 10만 원 ÷160포인트 ≒ 62계약)

현물과 콜옵션으로 합성된 포지션은 기초자산의 가격이 손익분기점보다 높게 마감하면 이익이 발생하며, 매도한 콜옵션의 행사가격 이상에서는 최대이익이 고정됩니다.

- 손익분기점=기준물 매수가-콜 프리미엄
  =160-6=154포인트
- 최 대 손 실 =현물만 보유했을 때의 손실+콜 프리미엄
- 최 대 이 익 =(콜옵션 행사가격-기준물 매수가)+콜 프리미엄
  (고정)   ={(168-160) + 6}포인트=14포인트
  =14포인트 × 10만 원 × 62계약=8,680만 원

기초자산의 하락 시

콜옵션을 매도한 후에 기초자산의 가격이 콜옵션의 행사가격 이하로 떨어지면, 단순히 현물주식만을 보유한 경우의 손실에 비해서 콜옵션 매도로 발생하는 프리미엄 이익만큼 보충됩니다. 그러나 콜옵션을 매도하여 얻은 수익은 일정금액으로 고정되어 있으므로 하락폭이 클 때에는 적절한 헤지 수단이 되지 못합니다.

기초자산의 횡보 시

단순히 현물주식만을 보유한 경우보다 콜옵션 매도로 발생하는 프리미엄만큼 이익이 증가합니다.

기초자산의 상승 시

예상과 달리 기초자산의 가격이 크게 상승할 경우에는 단순히 현물주식만을 보유한 경우보다 이익이 감소합니다. 기초자산의 가격이 상승하게 되면 기초자산에서는 이익이 발생하지만, 헤지를 위해 매도한 콜옵션에서는 손실이 발생하므로 손익이 서로 상쇄되어버립니다.

따라서 기초자산의 가격이 콜옵션의 행사가격을 넘어 아무리 오르더라도 전체 수익은 일정금액 이상 오르지 않고 일정수준으로 한정됩니다.

보호적 풋거래는 어떤 이점이 있나요

현물주식을 보유한 상태에서 풋옵션을 매수하여 만들어지는 보호적 풋은 콜옵션 매수와 비슷한 손익구조를 가집니다.

보호적 풋은 코스피200과 움직임을 같이하는 주식 포트폴리오를 보유한 투자자가 시장의 폭락이 예상될 때 손실을 일정금액으로 한정하기 위해 사용하는 전략으로서 현물주식을 보유한 상태에서 풋옵션을 매수하는 방법입니다.

이렇게 현물주식과 풋옵션의 조합으로 만들어진 합성포지션은 콜옵션 매수와 비슷한 손익구조를 가지게 됩니다. 이것은 포트폴리오 보험의 대표적인 방법으로서 프리미엄이라는 보험료를 지불하는 대신에 주가 폭락 시에는 손실을 일정수준으로 고정시킬 수 있습니다.

이 전략은 헤지효과와 함께 시장이 크게 상승할 때는 현물에서 발생하는 수익을 취할 수 있는 특징이 있습니다.

- 주식(옵션기준물)을 보유한 채로 + 풋옵션을 매수

| 보 호 적 풋 의 사 례 |

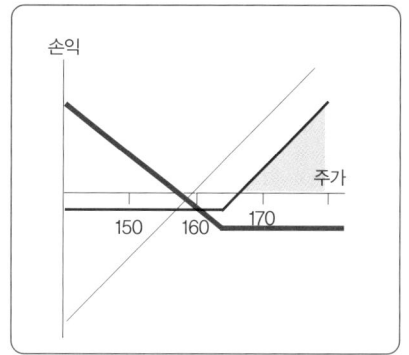

왼쪽 그래프는 코스피200이 160포인트인 현재시점에서 10억 원 규모의 주식포트폴리오를 보유한 투자자가 헤지를 위하여 약정금액 10억 원 규모의 풋옵션 (행사가격 164포인트, 프리미엄 8포인트)을 매수했을 때의 손익구조를 보여주고 있습니다. 옵션의 약정금액이 10억 원이 되려면 코스피 200이 160포인트이면 62계약을 매도하면 됩니다.

(10억 원 ÷ 10만 원 ÷ 160포인트 ≒ 62계약)

현물과 풋옵션으로 합성된 포지션은 기초자산의 가격이 손익분기점보다 낮게 마감하면 손실이 발생하며, 매수한 풋옵션의 행사가격 이하에서는 최대손실이 고정됩니다.

- 손익분기점=기준물 매수가+풋 프리미엄
  =160+8=168포인트
- 최대이익=현물만 보유했을 때의 이익−풋 프리미엄
- 최대손실=(풋옵션 행사가격−기준물 매수가)−풋 프리미엄
  (고정)　=｛(164−160)−8｝포인트= −4포인트
  　　　　= −4포인트 × 10만 원 × 62계약
  　　　　= −2,480만 원 ← 2,480만 원 손실

기초자산의 하락 시

헤지를 하기 위해 풋옵션을 매수하면 프리미엄을 지불하게 되므로 프리미엄만큼의 지출이 발생합니다. 그러나 기초자산의 가격이 풋옵션의 행사가격 아래로 하락할 경우에 기초자산에서 발생하는 손실은 풋옵션 매수로 발생하는 수익으로 상쇄됩니다.

따라서 기초자산 가격이 풋옵션의 행사가격 아래로 폭락을 하더라도 손실은 일정금액에 한정됩니다. 따라서 폭락이 예상될 때는 보증된 콜보다 보호적 풋이 효과적인 전략입니다.

기초자산의 횡보 시

단순히 현물주식만을 보유한 경우보다 풋옵션 매수 시에 지불한 프리미엄만큼 손실이 발생합니다.

기초자산의 상승 시

예상과 달리 기초자산의 가격이 크게 상승을 할 경우에는 기초자산에서 발생하는 상승폭만큼의 이익을 취할 수 있습니다. 따라서 보호적 풋은 현물의 손실은 일정 한도로 고정하고 수익은 최대한 얻고자 할 때 유용한 전략입니다. 그러나 단순히 현물주식만을 보유한 경우보다는 지불한 프리미엄(보험료)만큼 수익은 감소합니다.

| KEY | 보증된 콜과 보호적 풋을 위한 옵션 행사가격 선정

보증된 콜에서 콜옵션의 행사가격 선정 : 헤지를 위해 콜옵션을 매도할 때 행사가격 얼마짜리 콜옵션을 매도하는가는 목적에 따라 선택할 수 있습니다. 행사가격이 높은 외가격 콜옵션을 매도하면 최대이익은 커지지만 헤지효과가 작고, 행사가격이 낮은 내가격 콜옵션을 매도하면 최대이익은 줄어들지만 헤지효과가 커집니다.

보호적 풋에서 풋옵션의 행사가격의 선정 : 헤지를 위하여 풋옵션을 매수할 때 행사가격 얼마짜리 풋옵션을 매수하는가는 목적에 따라 선택할 수 있습니다. 행사가격이 높은 내가격 풋옵션을 매수하면 최대손실은 줄일 수 있지만 상승 시의 이익은 비싼 프리미엄만큼 낮아집니다. 반면 행사가격이 낮은 외가격 풋옵션을 매수하면 상승 시의 이익은 크게 줄지 않지만 헤지효과가 줄어들어서 최대손실은 좀더 커집니다.

06

옵션 간의 가격차이를 이용한 옵션 스프레드 전략

선물 옵션 투자자가 가장 알고 싶은 101가지

옵션을 이용한 스프레드거래에 대해 알고 싶어요

옵션을 이용한 스프레드거래란 행사가격이나 만기일이 서로 다른 둘 이상의 옵션을 같은 단위로 사고파는 전략을 말합니다.

옵션을 이용한 스프레드 전략이란 행사가격이 다르거나 만기일이 서로 다른 동일한 종류의 풋옵션이나 콜옵션을 택하여 같은 단위로 사고파는 전략을 말하며, 두 개의 옵션간의 가격차이를 스프레드라고 합니다.

스프레드를 이용한 투자전략은 행사가격이 다른 옵션간의 가격차이를 이용하는 '수직스프레드 전략' 과 변동성 변화를 이용하는 '나비형 스프레드 전략' 그리고 잔존기간이 다른 옵션 간의 가격차이를 이용하는 '수평스프레드 전략' 으로 구분할 수 있습니다.

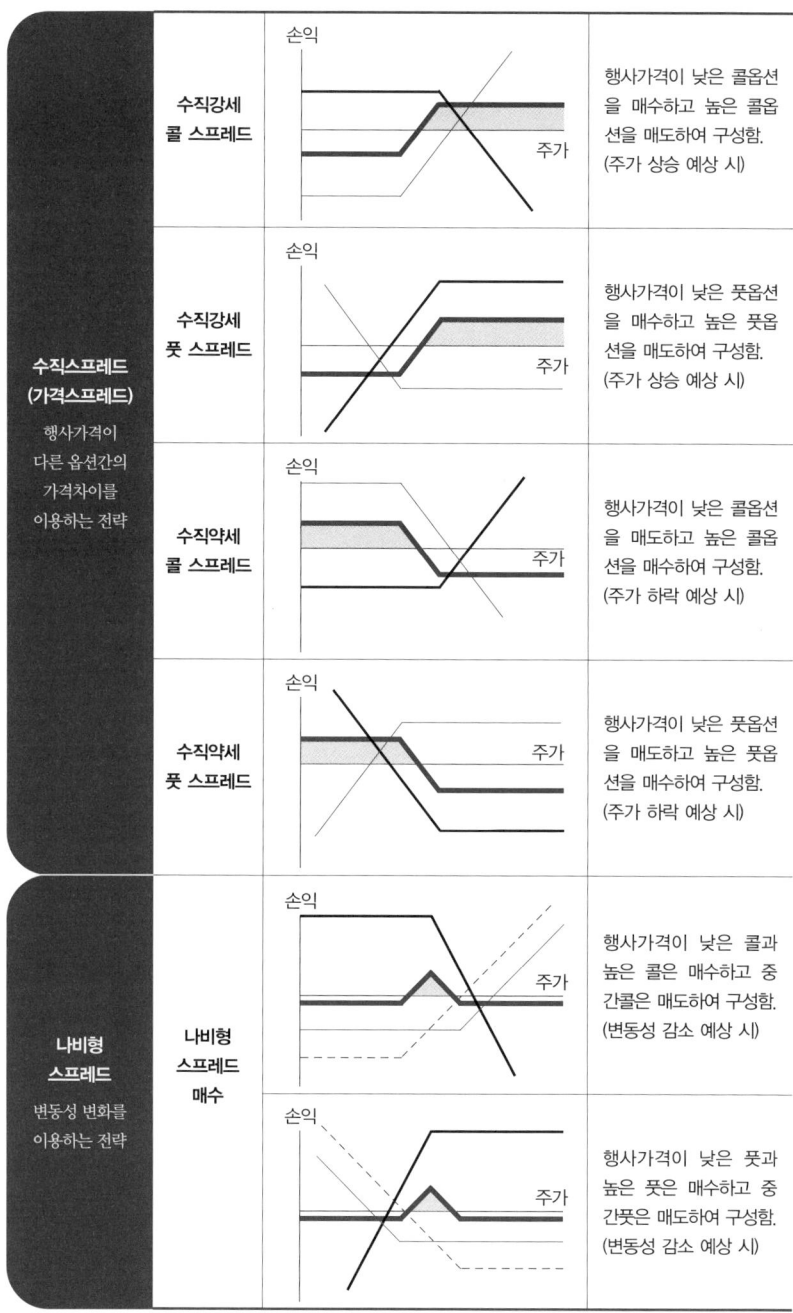

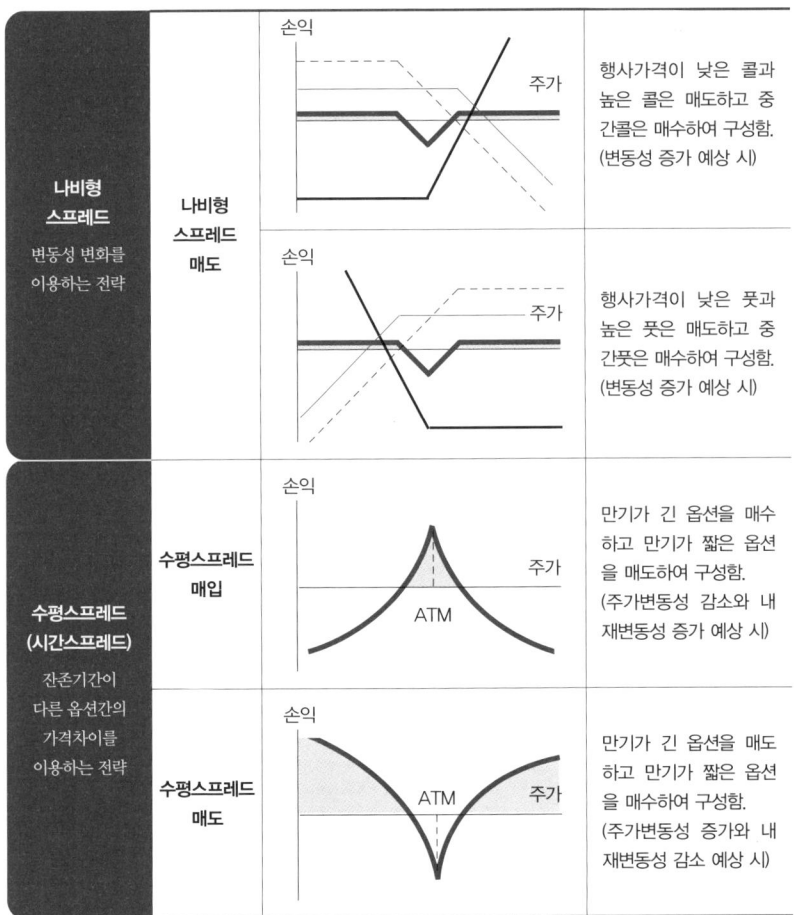

나비형 스프레드 변동성 변화를 이용하는 전략	나비형 스프레드 매도		행사가격이 낮은 콜과 높은 콜은 매도하고 중간콜은 매수하여 구성함. (변동성 증가 예상 시)
			행사가격이 낮은 풋과 높은 풋은 매도하고 중간풋은 매수하여 구성함. (변동성 증가 예상 시)
수평스프레드 (시간스프레드) 잔존기간이 다른 옵션간의 가격차이를 이용하는 전략	수평스프레드 매입		만기가 긴 옵션을 매수하고 만기가 짧은 옵션을 매도하여 구성함. (주가변동성 감소와 내재변동성 증가 예상 시)
	수평스프레드 매도		만기가 긴 옵션을 매도하고 만기가 짧은 옵션을 매수하여 구성함. (주가변동성 증가와 내재변동성 감소 예상 시)

| KEY | **안전 위주의 전략**

　　선물·옵션거래를 할 때는 풀 베팅을 하지 않고 손절매 원칙을 지키는 등 위험관리 원칙을 철저히 실천을 해야 예상이 빗나가더라도 손실폭을 최소화할 수 있습니다. 높은 수익률만을 바라고 위험관리를 하지 않으면 가격변동이 쉽게 흔들리게 됩니다. 선물·옵션을 이용한 다양한 전략을 이해하고 실리를 따져본 후에 '수익 위주의 전략' 보다 '안전 위주의 전략' 으로 접근하는 것이 필요합니다.

수직스프레드는 어떻게 나눠지나요

수직스프레드의 종류는 강세장에 유리한 전략과 약세장에 유리한 전략, 콜옵션을 사용한 전략과 풋옵션을 사용한 전략으로 나누어집니다.

수직스프레드(가격스프레드)는 기초자산가격의 상승 또는 하락을 예상하고 이용하는 투자전략으로서, 손익구조는 최대이익의 크기와 최대손실의 크기가 일정한 범위 내에 제한되는 특징을 지니고 있습니다.

수직스프레드는 행사가격이 다른 두 개의 콜옵션이나 두 개의 풋옵션을 이용하여 하나는 매수하고 다른 옵션은 매도하는 방법으로 구성합니다. 이때 사용하는 두 옵션은 기초자산과 만기, 수량이 동일한 옵션이어야 합니다.

수직스프레드의 종류는 강세장에 유리한 강세 스프레드와 약세장에 유리한 약세 스프레드로 나눠지고, 다시 콜옵션을 사용한 수직 콜 스프레드와 풋옵션을 사용한 수직 풋 스프레드로 나눠집니다. 이렇게 나눠진 수직스프레드는 수직강세 콜 스프레드, 수직강세 풋 스프레드, 수직약세 콜 스프레드, 수직약세 풋 스프레드의 4가지로 구분됩니다.

	콜옵션 사용	풋옵션 사용
강세장 (기초자산가격 상승 예상)	수직강세 콜 스프레드	수직강세 풋 스프레드
약세장 (기초자산가격 하락 예상)	수직약세 콜 스프레드	수직약세 풋 스프레드

| KEY | 스프레드거래의 별명은?

'가격스프레드'를 '수직스프레드'라고 하고 다음에 나오는 '시간스프레드'를 '수평스프레드'라고 하는 이유는 옵션표에서 행사가격을 세로 방향으로, 만기를 가로 방향으로 표시하는 데서 유래되었습니다.

# 수직강세 콜 스프레드가 궁금해요

단순 콜옵션 매수에 비해서 주가폭등 시의 큰이익은 포기하는 대신 프리미엄 지출이 작고 이익구간이 넓습니다.

기초자산의 가격이 강세를 보일 것으로 예상할 때 행사가격이 낮은 콜옵션을 매수하고 행사가격이 높은 콜옵션을 매도하는 전략으로서, 포지션 구성 시 비싼 콜을 매수하므로 두 옵션의 프리미엄의 차이만큼의 현금 지출이 발생합니다.

이 전략이 단순 콜옵션 매수와 다른 점은 큰 폭의 가격 상승이 생겼을 때 얻을 수 있는 이익을 포기하는 대신에 포지션을 구성하는 데 드는 비용(최대손실 금액)을 줄이고 이익구간을 넓힐 수 있다는 점입니다.

- 수직강세 콜 스프레드=행사가격 낮은 콜 매수+행사가격 높은 콜 매도

수직강세 콜 스프레드 사례

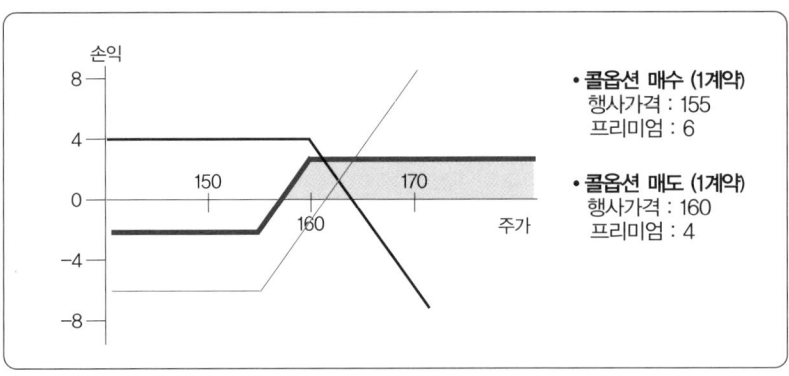

주가가 매도한 콜옵션의 행사가격보다 상승하면 최대이익이 발생하고, 주가가 매수한 콜옵션의 행사가격보다 하락하면 최대손실이 발생합니다. 그리고 이들 최대값과 최소값은 일정한 규모로 한정됩니다.

- 만기 시 손익분기점 = 낮은 행사가격 + 두 옵션의 프리미엄의 차이
  = 155 + (6−4) = 157포인트
- 최대 손실(고정) = 두 옵션의 프리미엄의 차이 = 6−4 = 2포인트
- 최대 이익(고정) = 행사가격 차이 − 옵션가격 차이
  = (160 − 155) − (6−4) = 3포인트

수직강세 풋 스프레드도 알고 싶어요

단순 풋옵션 매도에 비해서 프리미엄 수익이 적고 이익구간도 좁지만 주가 폭락 시의 손실은 한정됩니다.

기초자산의 가격이 강세를 보일 것으로 예상할 때 행사가격이 낮은 풋옵션을 매수하고 행사가격이 높은 풋옵션을 매도하므로 두 옵션의 프리미엄의 차이만큼의 현금 유입이 발생합니다.

이 전략이 단순 풋옵션 매도와 다른 점은 프리미엄 수익의 감소와 이익구간의 축소를 감수하는 대신에 큰 폭의 가격 하락이 발생할 경우에 그에 따른 손실을 일정금액으로 한정시킬 수 있다는 것입니다.

- 수직강세 풋 스프레드=높은 풋 매도+행사가격 낮은 풋 매수

수직강세 풋 스프레드 사례

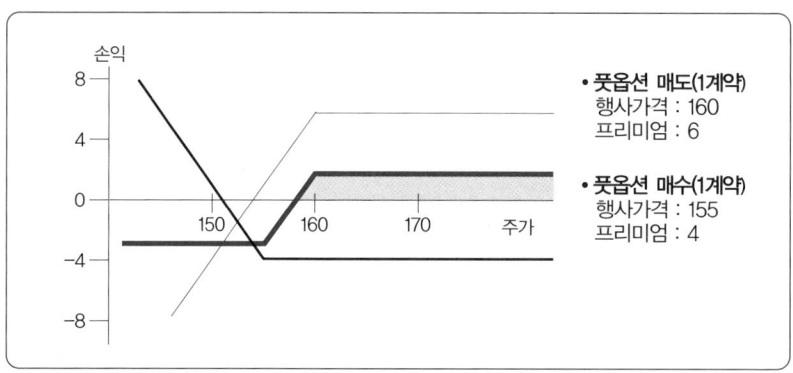

주가가 매도한 풋옵션의 행사가격보다 상승하면 최대이익이 발생하고, 주가가 매수한 풋옵션의 행사가격보다 하락하면 최대손실이 발생합니다. 그리고 이들 최대값과 최소값은 일정한 규모로 한정됩니다.

- 만기 시 손익분기점 = 높은 행사가격 − 두 옵션의 프리미엄의 차이
  = 160 − (6−4) = 158포인트
- 최대손실(고정) = 행사가격 차이 − 옵션가격 차이
  = (160−155) − (6−4) = 3포인트
- 최대이익(고정) = 두 옵션의 프리미엄의 차이 = 6−4 = 2포인트

수직약세 콜 스프레드 전략은 왜 필요하죠

단순 콜옵션 매도에 비해서 프리미엄 수익이 적고 이익구간도 좁지만 주가 폭등 시의 손실은 한정됩니다.

기초자산의 가격이 약세를 보일 것으로 예상할 때 행사가격이 낮은 콜옵션을 매도하고 행사가격이 높은 콜옵션을 매수하는 전략으로서, 포지션 구성 시 비싼 콜을 매도하므로 두 옵션의 프리미엄의 차이만큼의 현금 유입이 발생합니다.

이 전략이 단순 콜옵션 매도와 다른 점은 프리미엄 수익의 감소와 이익구간의 축소를 감수하는 대신에 큰 폭의 가격 상승이 발생할 경우 그에 따른 손실을 일정금액으로 한정시킬 수 있는 점입니다.

- 수직약세 콜 스프레드=행사가격 낮은 콜 매도+행사가격 높은 콜 매수

수직약세 콜 스프레드 사례

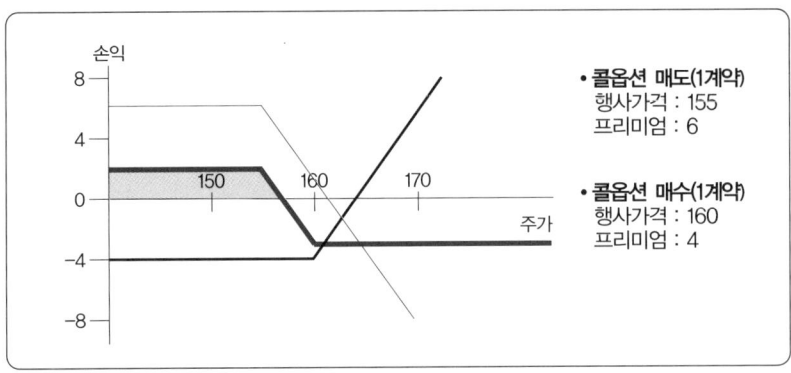

주가가 매도한 콜옵션의 행사가격보다 하락하면 최대이익이 발생하고, 주가가 매수한 콜옵션의 행사가격보다 상승하면 최대손실이 발생합니다. 그리고 이들 최대값과 최소값은 일정한 규모로 한정됩니다.

- 만기시 손익분기점 = 낮은 행사가격 + 두 옵션의 프리미엄의 차이
  = 155 + (6−4) = 157포인트
- 최대손실(고정) = 행사가격 차이 − 옵션가격 차이
  = (160−155) − (6−4) = 3포인트
- 최대이익(고정) = 두 옵션의 프리미엄의 차이 = 6−4 = 2포인트

수직약세 풋 스프레드도 꼭 알아야 되나요

단순 풋옵션 매수에 비해서 주가 폭락 시의 큰 이익은 포기하는 대신 프리미엄 지출이 적고 이익구간이 넓습니다.

기초자산의 가격이 약세를 보일 것으로 예상할 때 행사가격이 높은 풋옵션을 매수하고 행사가격이 낮은 풋옵션을 매도하는 전략으로서, 포지션 구성 시 비싼 풋을 매수하므로 두 옵션의 프리미엄의 차이만큼의 현금 지출이 발생합니다.

이 전략이 단순 풋옵션 매수와 다른 점은 큰 폭의 가격 하락이 생겼을 때 얻을 수 있는 이익을 포기하는 대신에 포지션을 구성하는 데 드는 비용(최대손실 금액)을 줄이고 이익구간을 넓힐 수 있는 점입니다.

- 수직약세 풋 스프레드 = 행사가격 높은 풋 매수 + 행사가격 낮은 풋 매도

수직약세 풋 스프레드 사례

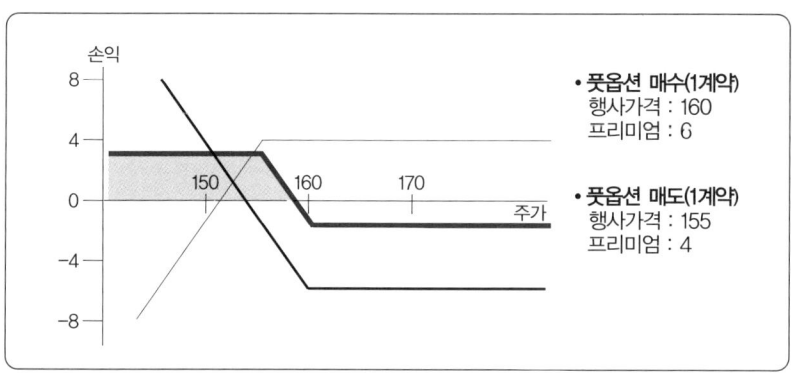

주가가 매도한 풋옵션의 행사가격보다 하락하면 최대이익이 발생하고, 주가가 매수한 풋옵션의 행사가격보다 상승하면 최대손실이 발생합니다. 그리고 이들 최대값과 최소값은 일정한 규모로 한정됩니다.

- 만기시 손익분기점=높은 행사가격−두 옵션의 프리미엄의 차이
  =160−(6−4)=158포인트
- 최대손실(고정)=두 옵션의 프리미엄의 차이=6−4=2포인트
- 최대이익(고정)=행사가격 차이−옵션가격 차이
  =(160−155)−(6−4)=3포인트

나비형 스프레드는 어떤 경우에 사용하나요

주가의 등락이 아니라 주가가 횡보할 것인가, 급등락할 것인가에 대한 예측을 기초로 한 전략입니다.

　나비형 스프레드(Butterfly Spread)는 시장의 강세나 약세의 전망을 기초로 하여 투자하는 전략이 아니라 주가의 변동성을 이용한 투자전략입니다. 즉, 주가가 오를까 내릴까에 대한 예측을 기준으로 투자하는 방식이 아니라, 주가가 횡보할 것인가 급등락할 것인가에 대한 전망을 기초로 한 투자전략입니다. 이러한 변동성 전략은 현물과 선물의 거래에서는 적용할 수 없고 옵션에서만 가능한 투자전략입니다.

　나비형 스프레드의 종류로는 사용 목적에 따라 나비형 스프레드 매수전략과 나비형 스프레드 매도전략 2가지로 나눌 수 있습니다.

　'나비형 스프레드 매수'는 변동성이 축소될 것으로 예상할 때 유리한 전략입니다. 주가의 횡보가 예상될 때는 이 전략을 쓰면 됩니다. 나비형 스프레드 매수를 하면 예상대로 지수가 일정범위 내에서 횡보하는 경우에는 이익을 보게 되지만, 예상과 반대로 변동성이 확대되어 지수가 일정범위를 벗어날 만큼 오르거나 내릴 경우 손실이 발생합니다. 나비형 스프레드 매수에는 '콜옵션을 이용한 나비형 스프레드 매수'와

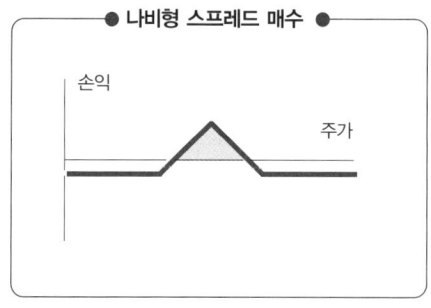

'풋옵션을 이용한 나비형 스프레드 매수'가 있습니다.

'나비형 스프레드 매도'는 변동성이 확대될 것으로 예상할 때 유리한 전략입니다. 즉, 주가가 오를지 내릴지는 모르겠지만 급변이 예상될 때 이 전략을 사용하면 됩니다. 나비형 스프레드를 매도하면 예상대로 지수가 큰 폭으로 변동하여 일정범위를 벗어날 만큼 오르거나 내릴 경우는 이익을 보게 되지만 예상과 반대로 지수가 일정범위 내에서 횡보하는 경우에는 손실을 보게 됩니다.

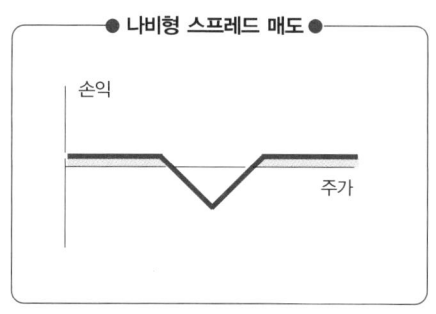

나비형 스프레드 매도에는 '콜옵션을 이용한 나비형 스프레드 매도'와 '풋옵션을 이용한 나비형 스프레드 매도'가 있습니다.

나비형 스프레드는 '콜옵션 3종목' 또는 '풋옵션 3종목'을 이용하여 전략을 구성하는데, 이때 사용하는 옵션은 만기가 같고, 행사가격이 등가격이어야 합니다.

나비형 스프레드 매수는 포지션을 구성할 때 현금 지출이 발생하며, 나비형 스프레드 매도는 포지션을 구성할 때 현금 유입이 발생합니다.

포지션을 구성할 때 현금 지출이 발생하는 경우가 매수(Long), 현금 유입이 발생하는 경우가 매도(Short)입니다.

옵션에서 변동성을 이용한 전략으로는 스트래들, 스트랭글, 스트랩, 스트립, 거트 등 여러 가지 전략들이 있지만 이들 변동성을 이용한 투자전략은 투자자의 예측이 빗나갈 경우에 손실의 위험이 매우 높습니다.

그러나 나비형 스프레드는 변동성을 이용한 투자전략이지만 예측이 빗나갈 경우에도 손실의 위험이 제한되는 특징을 가지고 있습니다.

|KEY| **나비형 스프레드와 수직 스프레드**

나비형 스프레드를 자세히 살펴보면 수직강세 스프레드와 수직약세 스프레드의 조합으로 이루어져 있음을 알 수 있습니다. 따라서 나비형 스프레드는 변동성을 이용하는 전략이면서도 콤비네이션 전략과 달리 손실이 제한되는 특징을 가지고 있습니다.

콜옵션을 이용한 나비형 스프레드 매수는 어떻게 하죠

행사가격이 낮은 콜옵션과 행사가격이 높은 콜옵션을 1개씩 매수하고 행사가격이 중간인 콜옵션을 2개 매도하여 구성합니다.

주식가격의 변동성이 작을 것으로 예상할 때 행사가격이 서로 다른 3개의 콜옵션을 이용하여 투자하는 전략으로, 행사가격이 낮은 콜옵션과 행사가격이 높은 콜옵션을 1개씩 매수하고 행사가격이 중간인 콜옵션을 2개 매도하여 구성합니다.

'콜옵션을 이용한 나비형 스프레드 매수'는 자세히 살펴보면 다음과 같은 '수직강세 콜 스프레드'와 '수직약세 콜 스프레드'로 구성되어 있습니다.

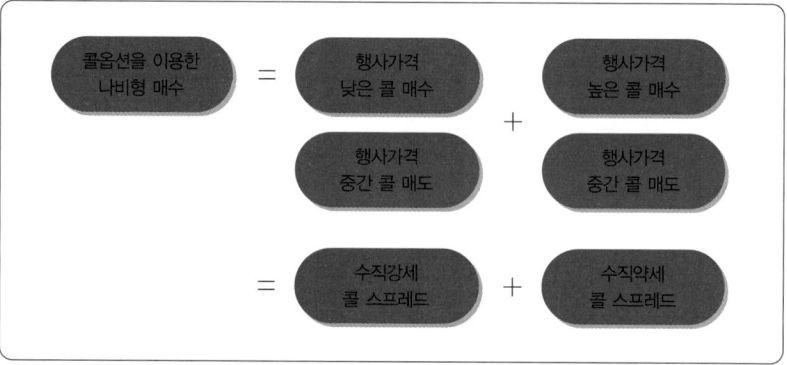

콜을 이용한 나비형 스프레드 매수 사례

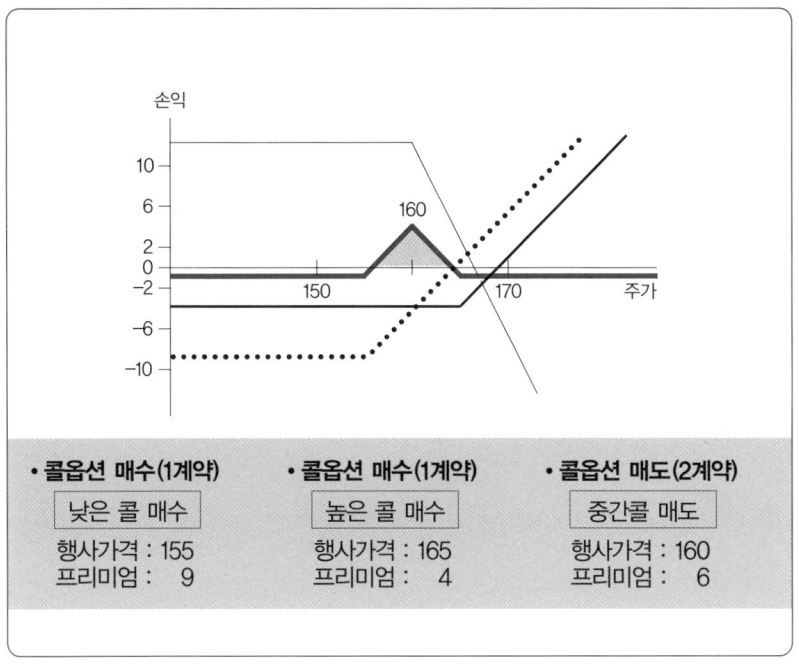

- 최　대　손　실 = 매수 프리미엄 − 매도프리미엄
  = (9+4) − (6×2) = 1
- 최　대　이　익 = (중간 행사가격 − 낮은 행사가격) − 최대손실
  = (160 − 155) − 1 = 4
- 손익분기점(상승 시) = 높은 행사가격 − 최대손실 = 165 − 1 = 164
- 손익분기점(하락 시) = 낮은 행사가격 + 최대손실 = 155 + 1 = 156

|KEY| 스톡옵션

기업에서 임직원에게 자사의 주식을 일정 한도 내에서 액면가 또는 시세보다 훨씬 낮은 가격으로 매수할 수 있는 권리를 부여한 뒤 일정기간이 지나면 임의대로 처분할 수 있는 권한을 부여하는 제도입니다. 흔히 자사주식 매수 선택권이라고 하는데, 불리할 때는 권리를 포기할 수 있으므로 콜옵션과 비슷한 개념으로 이해하면 됩니다.

이 제도는 기업의 경영 상태가 양호해져 주가가 상승하면 스톡옵션을 받은 임직원은 상당한 차익금을 남길 수 있기 때문에 벤처기업이나 기존 기업들이 외부인력 스카우트나 임직원의 근로의욕을 진작시키는 수단으로 활용하기도 합니다.

풋옵션을 이용한 나비형 스프레드 매수는요

행사가격이 낮은 풋옵션과 행사가격이 높은 풋옵션을 1개씩 매수하고 행사가격이 중간인 풋옵션을 2개 매도하여 구성합니다.

주가의 변동성이 작을 것으로 예상할 때 행사가격이 서로 다른 3개의 풋옵션을 이용하여 투자하는 전략으로, 행사가격이 낮은 풋옵션과 행사가격이 높은 풋옵션을 1개씩 매수하고 행사가격이 중간인 풋옵션을 2개 매도하여 구성합니다.

'풋옵션을 이용한 나비형 스프레드 매수'는 자세히 살펴보면 다음과 같은 '수직강세 풋 스프레드'와 '수직약세 풋 스프레드'로 구성되어 있습니다.

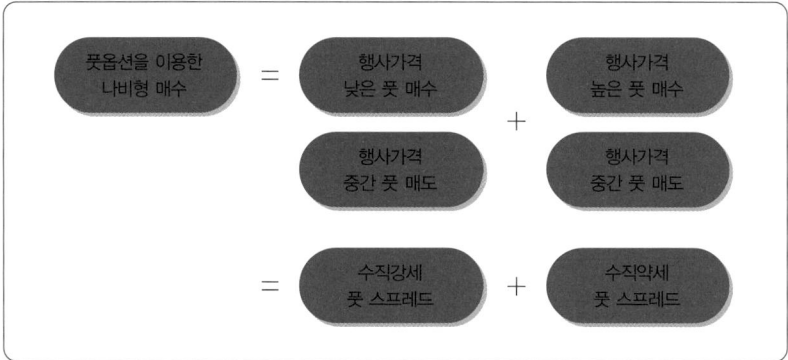

풋을 이용한 나비형 스프레드 매수 사례

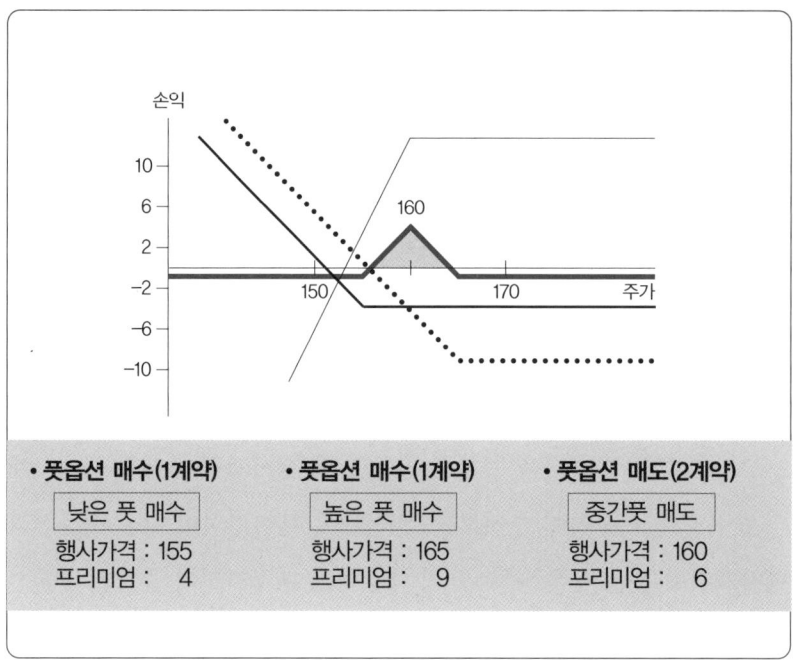

- 최 대 손 실 = 매수 프리미엄-매도프리미엄
  = (9+4)-(6×2)=1
- 최 대 이 익 =(중간 행사가격-낮은 행사가격)-최대손실
  =(160-155)-1=4
- 손익분기점(상승 시) = 높은 행사가격-최대손실=165-1=164
- 손익분기점(하락 시) = 낮은 행사가격+최대손실=155+1=156

> **KEY 기본적 분석과 기술적 분석**
>
> 　　　　기본적 분석은 경제적, 사회적, 정치적인 여러 가지 정보(경기, 이자율, 통화량, 국제수지, 재무제표 등)를 바탕으로 주가를 예측하는 방법입니다. 이러한 정보를 바탕으로 현재의 주가가 본질적인 가치보다 고평가되어 있는가 저평가되어 있는가를 분석합니다. 이 방법은 중장기적으로 상승과 하락의 판단기준은 제시해주지만 단기간이나 장 중의 주가 움직임에 대한 판단기준은 제시하지 못합니다.
> 기술적 분석이란 경제적, 사회적, 정치적인 모든 정보는 이미 주가에 반영되어 있고, 시장은 추세를 가지고 움직이며, 과거는 반복된다는 가정을 전제로 합니다. 따라서 주가와 거래량을 분석하여 그래프를 통해 추세와 패턴을 읽고 향후 주가의 움직임을 예측합니다. 기술적 분석도구로서는 이동평균선, MACD곡선, RSI, 스토캐스틱(Stochastics) 등 많은 도구들이 있으며, 분단위, 일단위, 주단위 등 시간단위의 설정에 따라 다양한 분석이 가능하므로 장기투자자나 데이트레이더 그리고 초단기투자자도 목적에 따라 효과적으로 적용할 수 있습니다.

 콜옵션을 이용한 나비형 스프레드 매도는 어떻게 하는 거죠

행사가격이 낮은 콜옵션과 행사가격이 높은 콜옵션을 1개씩 매도하고 행사가격이 중간인 콜옵션을 2개 매수하여 구성합니다.

주식가격의 변동성이 클 것으로 예상할 때 행사가격이 서로 다른 3개의 콜옵션을 이용하여 투자하는 전략으로, 행사가격이 낮은 콜옵션과 행사가격이 높은 콜옵션을 1개씩 매도하고 행사가격이 중간인 콜옵션을 2개 매수하여 구성합니다.

'콜옵션을 이용한 나비형 스프레드 매도'는 다음과 같은 '수직강세 콜 스프레드'와 '수직약세 콜 스프레드'로 구성되어 있습니다.

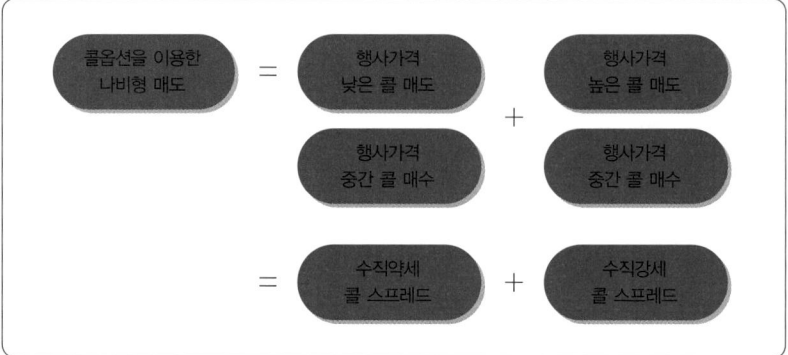

콜을 이용한 나비형 스프레드 매도 사례

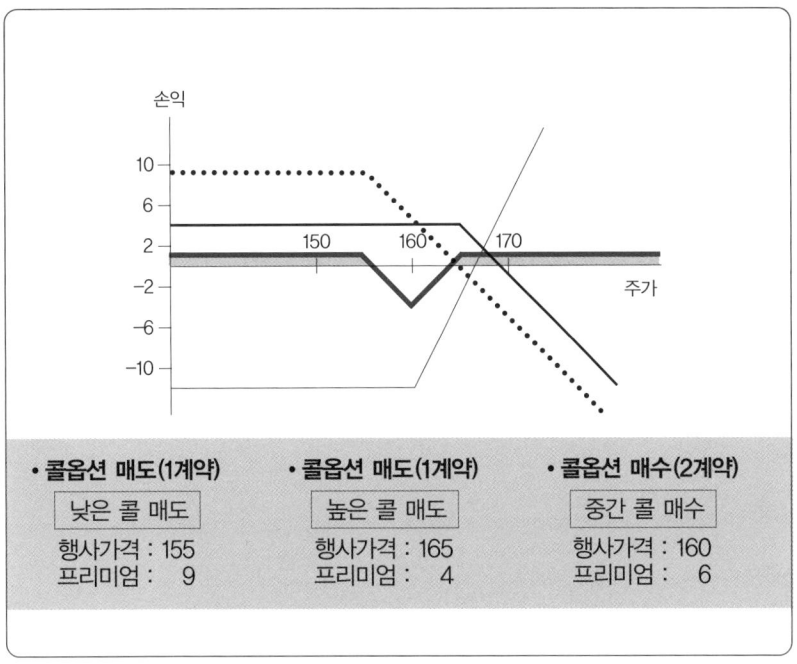

- 최 대 이 익 = 매도 프리미엄 − 매수프리미엄
  = (9+4) − (6 × 2) = 1
- 최 대 손 실 = (중간 행사가격 − 낮은 행사가격) − 최대이익
  = (160 − 155) − 1 = 4
- 손익분기점(상승 시) = 높은 행사가격 − 최대이익 = 165 − 1 = 164
- 손익분기점(하락 시) = 낮은 행사가격 + 최대이익 = 155 + 1 = 156

> **KEY** 추세추종형과 반추세추종형 기술적 분석
>
> **• 추세추종형 기술적 분석** : 추세란 일정 기간 주가가 움직이는 방향을 말합니다. 일단 추세가 만들어지면 시장은 당분간 움직이는 방향으로 계속 움직이려고 하는 성질을 띠게 됩니다. 추세추종형 전략이란 확실한 추세가 나타나면 추세를 따라 진입하고, 추세가 지속되는 동안 포지션을 계속 보유했다가 추세가 끝나는 때 포지션을 청산하는 방법으로 이동평균, MACD 등이 있습니다.
>
> **• 반추세추종형 기술적 분석** : 이 전략은 추세란 언젠가는 반대방향으로 전환될 것이므로 추세전환이 예상되는 시점에서 기존 추세의 반대방향으로 진입하는 방법입니다. 반추세추종형 전략은 과매도 상태에서 매수하고 과매수 상태에서 매도하는 '저점매수 고점매도 전략'으로 주가가 박스권에 있을 경우 단기매매에 이용되는데 RSI, 스토캐스틱 등의 오실레이터형의 지표들을 사용합니다.
>
> **• 기타** : 캔들스틱, Bollinger Bands 등 수많은 지표들이 있습니다.

 # 풋옵션을 이용한 나비형 스프레드 매도전략은요

행사가격이 낮은 풋옵션과 행사가격이 높은 풋옵션을 1개씩 매도하고 행사가격이 중간인 풋옵션을 2개 매수하여 구성합니다.

주가의 변동성이 클 것으로 예상할 때 행사가격이 서로 다른 3개의 풋옵션을 이용하여 투자하는 전략으로, 행사가격이 낮은 풋옵션과 행사가격이 높은 풋옵션을 1개씩 매도하고 행사가격이 중간인 풋옵션을 2개 매수하여 구성합니다.

풋옵션을 이용한 '나비형 스프레드 매도'는 다음과 같은 '수직강세 풋 스프레드'와 '수직약세 풋 스프레드'로 구성되어 있습니다.

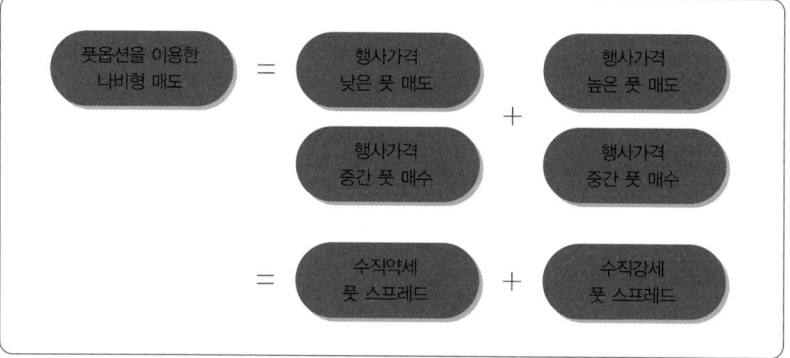

풋을 이용한 나비형 스프레드 매도 사례

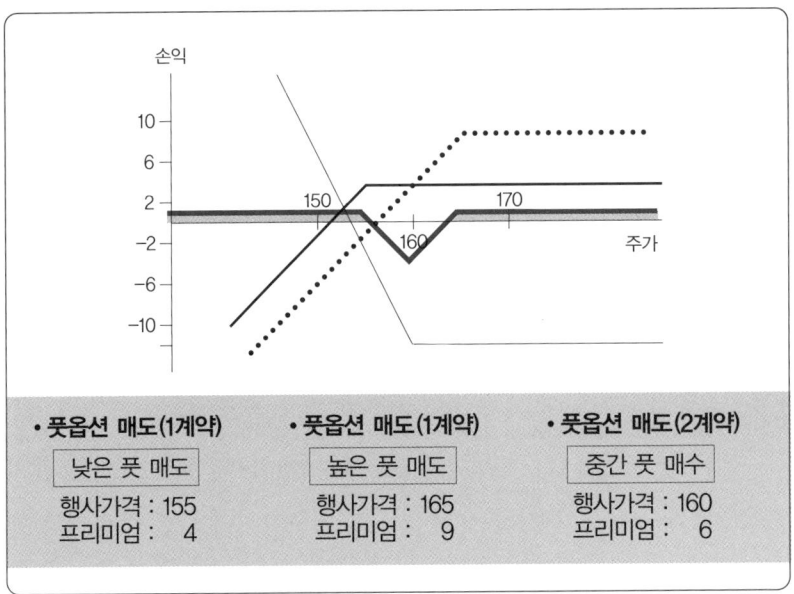

- 최 대 이 익 = 매도 프리미엄 − 매수프리미엄
  = (9+4) − (6+6) = 1
- 최 대 손 실 = (중간 행사가격 − 낮은 행사가격) − 최대이익
  = (160−155) − 1 = 4
- 손익분기점(상승 시) = 높은 행사가격 − 최대이익 = 165 − 1 = 164
- 손익분기점(하락 시) = 낮은 행사가격 + 최대이익 = 155 + 1 = 156

| KEY | **인덱스펀드(index fund)**

주가지수(코스피200)의 변동과 동일한 투자성과의 실현을 목표로 구성된 포트폴리오를 말하며, 증권시장의 장기적 성장 추세를 전제로 하여 주가지표의 움직임에 연동되게 포트폴리오를 구성하여 운용함으로써 시장의 평균수익을 실현하는 것을 목표로 합니다.
인덱스펀드의 장점은 효율적인 분산화 실현, 증권매매에 따르는 비용절감, 저렴한 운용비용, 투자자 스스로에 의한 운용 등이 있으며, 단점으로는 목표 인덱스보다 낮은 투자성과, 구성종목 교체의 곤란성, 비편입 종목에 대한 악영향, 증권업계의 침체 등이 있습니다.

수평스프레드는 어떤 경우에 사용하나요

시간스프레드라고도 하여 만기의 차이를 이용한 투자전략입니다.

앞에서 소개한 수직스프레드는 대상자산 가격의 상승 또는 하락을 이용한 투자전략인데 비해서 수평스프레드(시간스프레드)는 만기의 차이를 이용한 투자전략입니다. 동일한 대상자산의 옵션에 있어서도 결제월이 다르면 가격차이가 발생합니다.

예를 들어서 같은 행사가격이라도 3월만기 옵션과 4월만기 옵션의 프리미엄이 다릅니다. 그런데 이들 프리미엄의 차이는 늘 일정한 차이를 보이는 것이 아니라 때로는 차이가 비정상적으로 커졌다가 비정상적으로 작아지는 경우가 있습니다.

이런 경우에 가격이 다시 정상적인 수준으로 복귀할 것을 예상하여 고평가된 옵션을 매도하고, 저평가된 옵션을 매수하는 전략을 수평스프레드 전략이라고 합니다.

수평스프레드의 구성방법은 잔존기간만 다르고 다른 조건은 동일한 두 종류의 옵션을 이용하여 하나는 매수하고 다른 하나는 매도하는 방법으로 구성합니다.

등가격옵션의 시간가치는 만기일이 가까워질수록 그 가치가 급속히 감소하는 특성이 있는데, 시간가치의 변화가 큰 등가격옵션을 선택하여, 만기일에 가까운 등가격옵션을 매도하고 만기일에서 먼 등가격옵션을 매수하는 전략이 일반적인 방법입니다.

> |KEY| **시스템 장애에 의한 거래 중단**
>
> 선물이나 현물의 거래시스템에 장애가 발생하였을 때는 일정한 조건에 이르면 거래를 중단하게 됩니다. 거래 중단 후에 다시 거래를 개시할 때는 10분간 호가를 접수하여 동시호가 방식으로 거래를 체결한 뒤에 정상거래를 실시합니다.
>
> - **현물 시스템 장애에 의한 중단** : 주식시장의 시스템에 장애가 10분 이상 발생하여 코스피200 지수의 구성 종목 중 100종목 이상에 대하여 매매거래를 할 수 없는 경우 현물과 선물·옵션거래는 모두 중단됩니다.
> - **선물 시스템 장애에 의한 중단** : 거래소의 선물·옵션 시스템에 장애가 10분 이상 발생하여 정상적으로 매매거래를 할 수 없는 경우 현물과 선물·옵션거래는 중단되는데, 이때 현물거래는 중단되지 않습니다.

수평스프레드 전략의 기본 원리를 알고 싶어요

근월물의 만기시점이 되면서 근월물과 원월물 사이의 스프레드가 커지는 원리를 이용하면 수익을 낼 수 있습니다.

옵션의 프리미엄은 주가가 변하지 않아도 잔존기간이 다가올수록 감소합니다. 그 중에서도 특히 등가격옵션의 프리미엄은 만기일이 다가오면 급격하게 감소하는 특징을 가지고 있습니다.

아래 그래프는 '잔존기간이 60일 남은 등가격옵션'과 '잔존기간이 30일 남은 등가격옵션'이 시간의 경과에 따라 프리미엄이 감소하는 것을 나타낸 그래프입니다.

근월물의 만기를 한 달 앞둔 시점에 근월물 등가격옵션의 프리미엄이 3.4이고 원월물 등가격옵션의 프리미엄이 4.9라고 가정하겠습니다. 이때의 스프레드는 1.5(4.9-3.4)가 됩니다. 시간의 경과 외에 다른 변화가 없다면 한 달 후 근월물 등가격옵션의 프리미엄은 만기일이 다가오면서 급격히 하락하여 3.4이던 프리미엄이 제로(0)에 근접하게 됩니다. 그리고 원월물 옵션의 프리미엄은 4.9에서 3.4(만기일이 한 달 남은 수준)로 줄어들게 될 것입니다. 따라서 이 기간 동안에 스프레드는 1.5(4.9-3.4)에서 3.4(3.4-0)로 증가하게 됩니다.

이와 같이 주가가 횡보할 때는 '고평가된 근월물의 등가격옵션'을 매도하고 '저평가된 원월물의 등가격옵션'을 매수해두었다가 근월물의 만기시점에 스프레드가 증가하는 원리를 이용하면 수익을 올릴 수 있게 됩니다. 이것이 '수평스프레드 매수전략'의 기본 원리입니다.

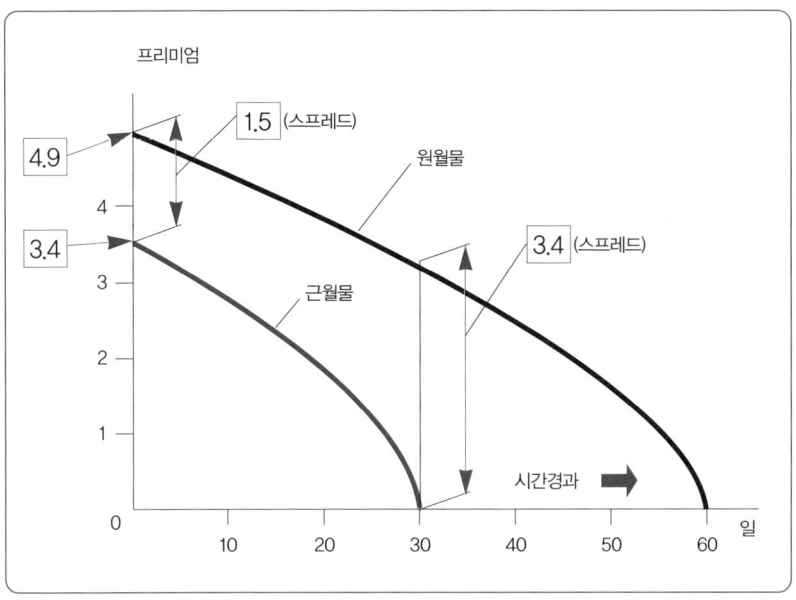

수평스프레드의 손익구조도 궁금해요

수평스프레드 매수는 주가횡보시에 유리하며, 수평스프레드 매도는 주가가 크게 오르거나 크게 내릴 때 유리합니다.

근월물의 만기 10일 전에 수평스프레드 매수포지션을 구성하여 만기일까지 보유했을 때의 사례를 통하여 수평스프레드의 손익구조를 알아보겠습니다.

그림 ①과 그림 ②에서 가는 선은 원월물의 프리미엄을, 굵은 선은 근월물의 프리미엄을 나타냅니다. 그리고 점으로 표시된 부분이 근월물과 원월물의 스프레드(두 옵션의 프리미엄 차이)입니다.

주가가 횡보하는 동안에, 등가격 부근에서 근월물과 원월물 간의 스프레드가 만기 10일 전에는 0.8포인트였던 것이 만기일이 되었을 때는 1.5포인트로 커져서 스프레드가 0.7포인트(1.5-0.8=0.7) 증대되었습니다. 이 값이 수평스프레드 전략을 사용하여 얻을 수 있는 수익입니다.

만기 10일 전 프리미엄 (그림 ①)

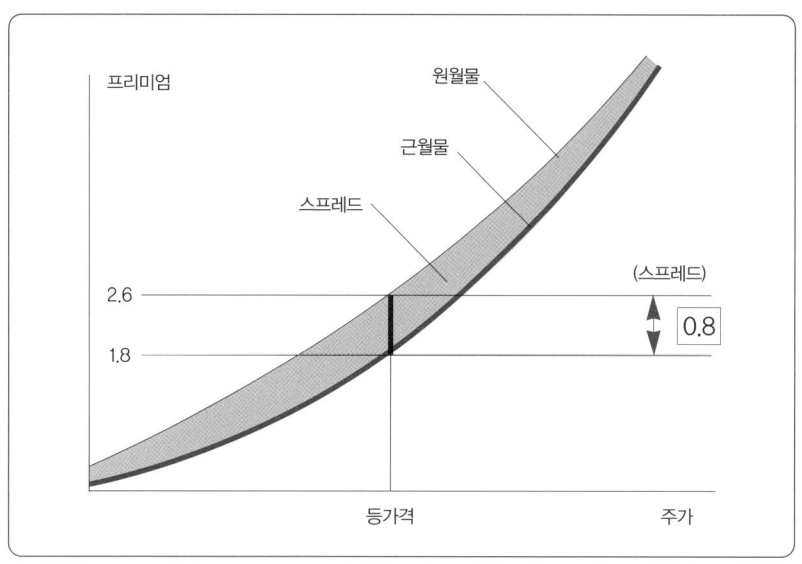

만기일의 프리미엄 (그림 ②)

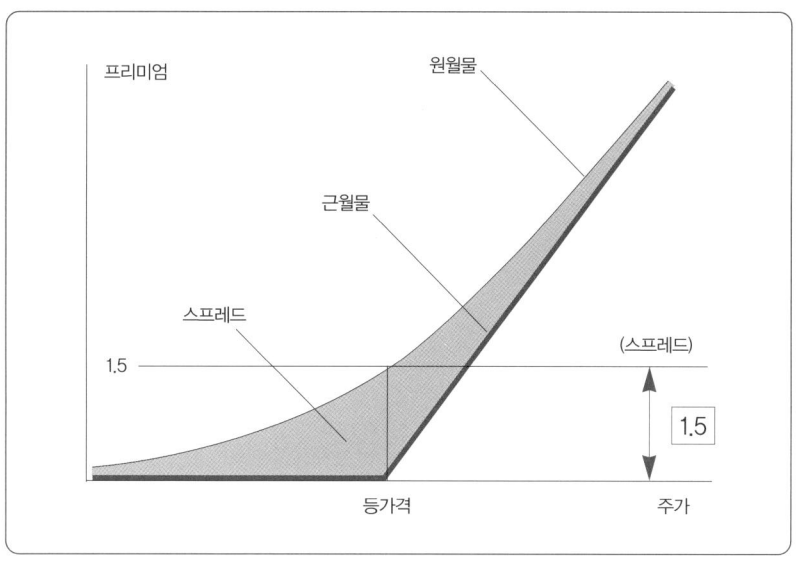

수평스프레드 매수 손익그래프(그림 ③)

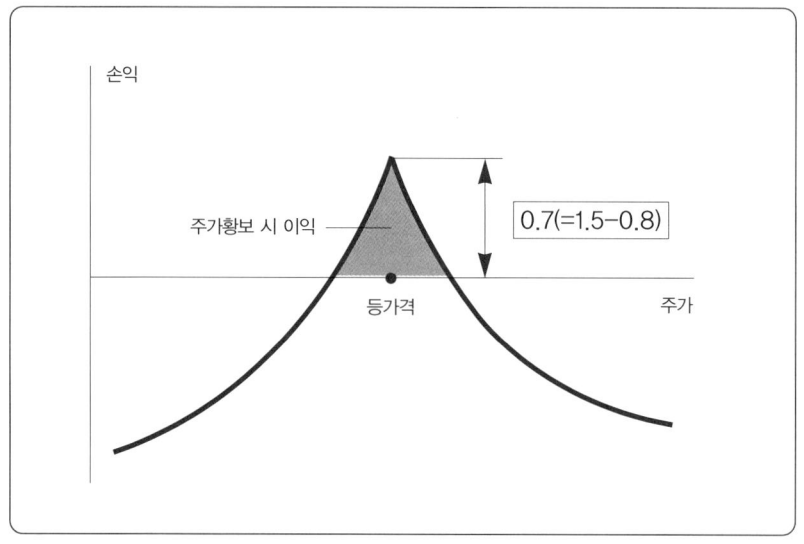

그림 ① : 근월물의 만기를 10일 앞둔 시점에 근월물과 원월물의 가격차이가 가까워졌을 때, '고평가된 근월물 등가격옵션'을 1.8 포인트에 매도하고 '저평가된 원월물 등가격옵션'을 2.6포인트에 매수했습니다. 이때 스프레드는 0.8포인트입니다.

그림 ② : 만기일이 되었을 때 등가격 부근의 원월물의 프리미엄은 1.5포인트로 줄어들고 근월물의 프리미엄은 제로(0)가 되었습니다. 이때 등가격에서의 스프레드는 1.5포인트입니다.

그림 ③ : 만기일에 반대매매를 하면 시간스프레드의 손익은 그림 ③과 같은 모양이 됩니다. 이것은 그림 ②의 주가별 스프레드에서 계약 당시의 스프레드인 0.8을 뺀 값을 나타낸 것입니다.

이때 수평스프레드 매수의 손익을 보면, 주가가 전혀 변하지 않았을 때 0.7포인트(1.5−0.8)의 최대이익이 발생합니다. 그리고 주가가 일정범위 안에서 횡보할 때 수익이 발생합니다. 만약 주가가 일정범위를 벗어나면 스프레드는 계약 당시의 스프레드(0.8)보다도 줄어들어 손실이 발생합니다.

> **|KEY| 서킷브레이커(폭등락에 의한 거래 중단)**
>
> 서킷브레이커(Circuit Breaker)는 장 중에 현물가격이 폭락하거나 선물가격이 급등락할 때 일시적으로 거래를 중단시켜 가격의 급등락에 따른 영향을 최소화하기 위하여 발동합니다.
>
> - **현물에 의한 서킷브레이커** : 주식시장의 폭락으로 종합주가지수가 전일 종가 대비 10% 이상 하락한 상태로 1분간 지속되면 발동됩니다. 현물시장과 선물·옵션시장 모두 20분간 모든 종목의 거래가 중단되며, 취소주문은 가능합니다. 이후 10분 동안 매매가 중단된 상태에서 동시호가 접수한 뒤에 단일가격에 의한 매매체결장식으로 매매가 재개됩니다.
> - **선물에 의한 서킷브레이커** : 선물시장에서 전일의 거래량이 가장 많은 종목(통상 최근월물)의 가격이 기준가 대비 5% 이상 상승하면서 동시에 선물이론가격 대비 괴리율이 +3% 이상인 상태가 1분 이상 지속되는 경우와 최근월물의 선물시장가격이 기준가 대비 5% 이상 하락하면서 동시에 선물이론가격 대비 괴리율이 −3% 이하인 상태가 1분 이상 지속되면 발동됩니다.
>
> 선물시장과 옵션시장은 5분간 매매가 중단되며, 이후 10분간 매매가 중단된 상태에서 동시호가 접수를 거쳐 매매가 재개됩니다. 선물 서킷브레이커가 발동한 경우에도 현물거래는 정상적으로 이루어집니다. 현물과 선물의 서킷브레이커는 모두 하루 한 번만 발동될 수 있지만, 선물 서킷브레이커가 발동된 이후라도 현물의 서킷브레이커가 발동되면 선물·옵션의 거래는 자동으로 중단됩니다. 그러나 현물에 의한 서킷브레이커가 발동한 후에는 선물에 의한 서킷브레이커는 발동되지 않습니다. 서킷브레이커는 동시호가 후 5분이 경과한 후(오전 9시 5분)부터 적용되며 장이 끝나기 40분 전(14시 20분) 이후부터는 발동되지 않습니다.

수평스프레드 매수방법을 알려주세요

수평스프레드 매수는 주가의 변동성이 작아서 주가가 안정될수록 이익이 커지며, 옵션의 내재변동성이 증가할수록 이익이 커집니다.

- 수평스프레드 매수=긴 옵션 매수+만기가 짧은 옵션 매도

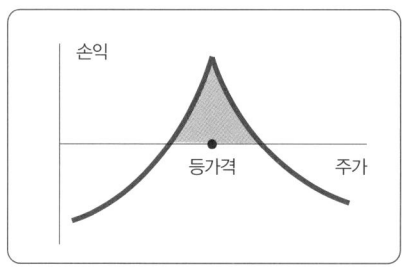

수평스프레드 매수(Long Time Spread)는 만기가 긴 옵션을 매수하고 만기가 짧은 옵션을 매도하여 구성합니다. 주가의 변동성이 작아서 주가가 일정한 범위 안에서 횡보할 때 이익이 나며 주가가 일정범위를 벗어날 때 손실이 발생합니다.

일반적으로 장기월물이 단기월물보다 옵션가격이 비쌉니다. 따라서 수평스프레드 매수포지션을 구성할 때는 만기가 긴 비싼 옵션을 사고, 만기가 짧은 싼 옵션을 팔기 때문에 포지션을 구성할 때 현금 지출이 따릅니다.

수평스프레드 전략에서는 만기일까지 포지션을 보유하는 경우에도 주가의 움직임만큼이나 변동성의 움직임에도 유의해야 합니다.

　앞에서 소개한 수직스프레드와 나비형 스프레드는 포지션을 구성할 때 만기가 같은 옵션을 사용하므로 만기일까지 보유했을 때의 손익은 변동성의 영향을 받지 않습니다. 만기일에는 사용한 옵션의 시간가치가 모두 사라지기 때문입니다. 그러나 수평스프레드는 만기가 짧은 옵션이 만기일이 되어 시간가치가 제로(0)가 되어도 만기가 긴 옵션은 시간가치가 남아 있게 되므로 변동성의 영향을 받게 됩니다.

　내재변동성이 증가할수록 장기월물의 가치가 단기월물보다 더 많이 증가하기 때문에, 만기가 긴 옵션을 매수한 수평스프레드는 내재변동성이 증가할수록 이익이 증가하게 되며 내재변동성이 감소할수록 불리해집니다. 따라서 수평스프레드 매수포지션을 취한 투자자는 대상자산의 가격의 움직임이 예상한 범위 내에서 머물러 있다 하더라도 내재변동성이 예상과 달리 크게 줄어들 경우에는 오히려 손실이 발생할 수도 있습니다.

　수평스프레드와 변동성의 관계를 정리하면 다음과 같습니다. 그래프에서 볼 수 있듯이 수평스프레드 매수는 주가의 변동성이 작아서 대상자산의 가격이 안정될수록 이익이 커지며, 옵션의 내재변동성이 증가할수록 이익이 커집니다.

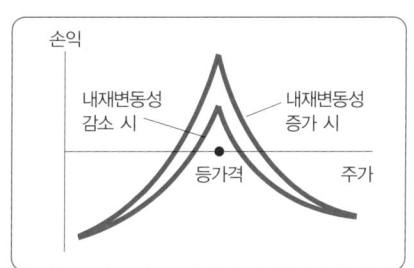

　이것은 자칫 모순적인 내용 같기도 하지만 조금 다르게 표현하면, 수평스프레드 매수포지션을 구성한 후 포지션을 정리하는 시

점이 될 때까지 주가의 변화는 거의 없으면서도, 그 시점이 되었을 때 주가가 급변할 것으로 관측되어 옵션 매수세력이 몰려 옵션의 가격이 오르면 이익이 커집니다.

> |KEY| **사이드카(프로그램 매매 지연)**
>
> 사이드카(Side Car)는 장 중에 선물가격이 비정상적으로 오르거나 내리는 경우에 대량의 프로그램 매수나 프로그램 매도로 인하여 주가가 급격히 변동하여 현물시장이 교란되는 것을 방지하기 위하여 일시적으로 프로그램매매의 체결을 중단시키는 제도입니다.
> 사이드카는 전일의 거래량이 가장 많았던 선물종목의 가격이 기준가 대비 5% 이상 변동한 가격으로 1분 이상 지속될 경우 발동되며, 주식시장의 프로그램 매매호가는 5분간 지연되어 매매체결 됩니다. 발동 후 5분이 지나면 사이드카는 자동해제 되고 주문 순서에 따라 다시 프로그램 매매가 체결됩니다. 사이드카는 프로그램 주문의 체결만 5분간 중단될 뿐 현물과 선물의 거래가 중단되는 것은 아닙니다. 사이드카는 1일 1회에 한하여 발동하며 주식시장 거래 종료 40분 전 (14시 20분) 이후부터는 발동되지 않습니다.

수평스프레드 매도는 어떻게 하는 거죠

수평스프레드 매도는 주가의 변동성이 커서 주가가 크게 오르거나 크게 내릴 때 이익이 나며, 내재변동성은 감소할수록 이익이 커집니다.

- 수평스프레드 매도=만기가 긴 옵션 매도+만기가 짧은 옵션 매수

수평스프레드 매도(Short Time Spread)는 만기가 긴 옵션을 매도하고 만기가 짧은 옵션을 매수하여 구성합니다. 주가의 변동성이 커서 주가가 크게 오르거나

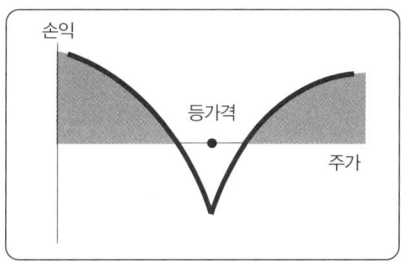

크게 내릴 때 이익이 나며 일정한 범위 안에서 횡보할 때 손실이 발생합니다.

일반적으로 장기월물이 단기월물보다 옵션가격이 비싸므로 비싼 옵션을 팔고, 싼 옵션을 사는 수평스프레드 매도는 포지션을 구성할 때 현금 유입이 발생합니다.

수평스프레드 매도의 경우 내재변동성이 감소하면 유리해집니다.

그 이유는 내재변동성이 감소할수록 장기월물의 가치가 단기월물보다 더 많이 감소하기 때문인데, 수평스프레드 매도전략에서는 대상자산의 가격은 예상한 만큼 크게 움직였다 하더라도 내재변동성이 크게 증가할 경우에는 오히려 손실이 발생할 수도 있습니다.

수평스프레드 매도는 주가변동성이 커서 대상자산의 가격이 급변할수록 이익이 커지며, 내재변동성은 감소할수록 이익이 커집니다. 즉, 수평스프레드 매도포지션을 구성한 후 포지션을 정리하는 시점이 될 때까지 주가의 변화는 커지며, 그 시점이 되었을 때 주가가 안정될 것으로 보여 옵션 매수세력이 줄어들면 옵션 가격이 내리게 되어 이익은 커집니다.

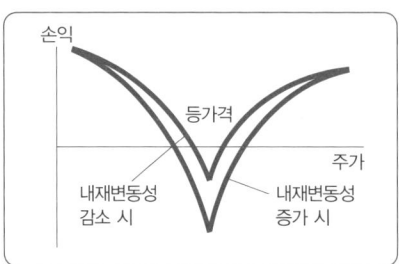

07

주가 횡보 시에도 이익을 내는 옵션 콤비네이션전략

선물 옵션 투자자가 가장 알고 싶은 101가지

콤비네이션 전략은 어떤 경우에 사용하나요

콤비네이션 전략은 주가가 급변할 때 수익이 나는 전략과 주가가 횡보할 때 수익이 나는 전략이 있습니다.

콤비네이션(combination)전략은 앞에서 소개한 나비형 스프레드 전략과 함께 변동성을 이용한 대표적인 전략입니다. 변동성을 이용한 투자방식은 현물과 선물에는 없고 옵션에만 있는 독특한 투자전략으로서, 주가의 오르내림을 예측하여 투자하는 방식이 아니라, 옵션기준물의 가격이 '횡보할 것인가 아니면 크게 움직일 것인

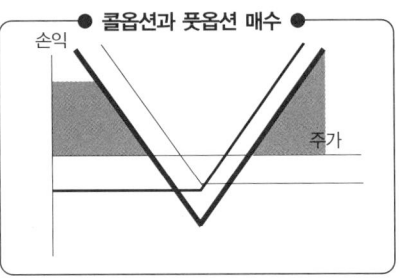

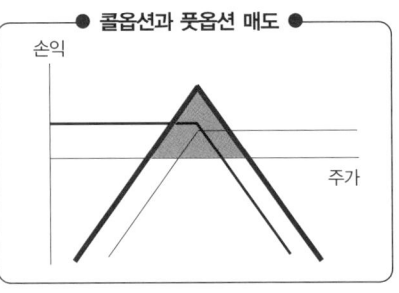

가'(상승·하락의 어느 쪽이든 상관없이)에 대한 예측을 기준으로 투자하는 방식입니다. 콤비네이션은 동일한 옵션기준물에 대하여 풋옵션과 콜옵션을 동시에 매수하거나 혹은 동시에 매도하여 구성합니다.

주가가 오를지 내릴지는 모르겠지만 급변이 예상될 때는 콜옵션과 풋옵션을 동시에 매수하면 됩니다. 이렇게 하면 주가가 크게 오르거나 크게 내리면서 이익이 발생합니다.

반대로 주가가 당분간 횡보할 것으로 판단되면 콜옵션과 풋옵션을 동시에 매도하면 됩니다. 이렇게 하면 주가가 횡보할 경우에 이익이 납니다.

콤비네이션의 종류로는 크게 구분하여 등가격옵션으로 구성하는 스트래들과 외가격옵션으로 구성하는 스트랭글, 그리고 내가격옵션으로 구성하는 거트가 있습니다. 그리고 스트래들의 변형으로서 콜옵션과 풋옵션의 계약 수량을 서로 다르게 적용하는 스트랩과 스트립이 있습니다.

콤비네이션 전략에서 매수포지션은 콜옵션과 풋옵션을 매수하여 구성하므로 만기가 다가올수록 옵션의 프리미엄이 줄어들게 됩니다. 따라서 가격이 큰 폭으로 움직일 것이 확실해 보일 때만 이용하는 것이

좋습니다. 또 예상대로 주가가 크게 움직여 목표 이익에 도달하면 재빨리 포지션을 청산하여 이익을 실현하는 것이 좋습니다. 주가가 계속해서 원하는 방향으로 움직여주지 않으면 시간가치의 감소로 이익이 감소할 수 있기 때문입니다.

콤비네이션 전략에서 매도포지션은 주가가 횡보하면 시간가치가 감소하므로 이익을 얻게 되는데 예상과 달리 시장이 큰 폭으로 움직이게 되면 큰 손실을 입을 수 있습니다. 따라서 지수의 등락폭이 커지면 신속하게 손절매하거나 선물로 헤지하여 손실을 제한해야 하며, 변동성이 큰 장에서는 삼가는 것이 좋습니다.

대표적인 콤비네이션 전략

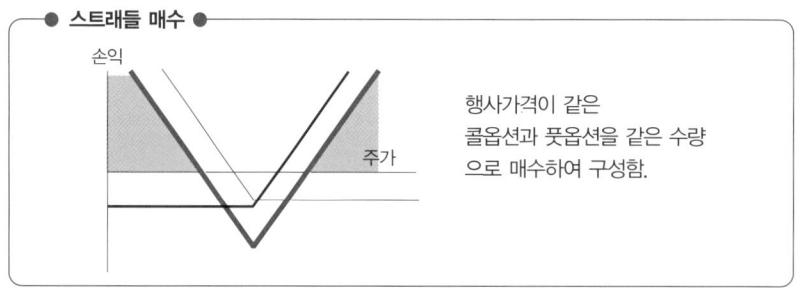

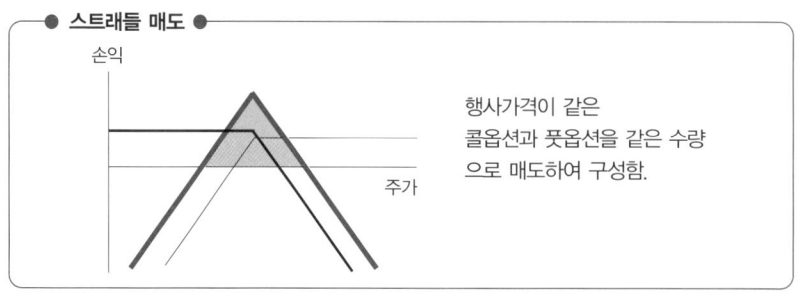

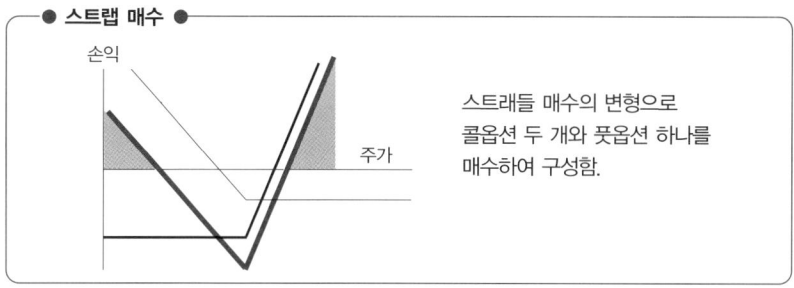

스트래들 매수의 변형으로 콜옵션 두 개와 풋옵션 하나를 매수하여 구성함.

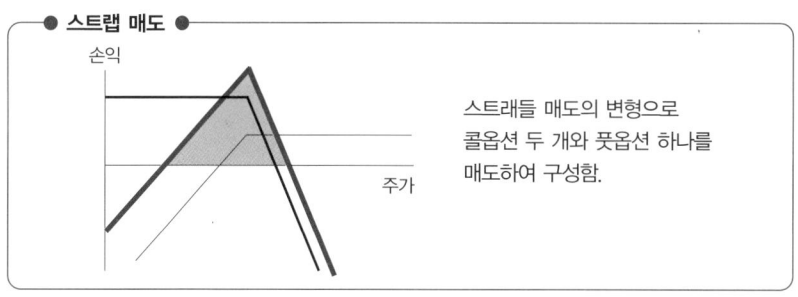

스트래들 매도의 변형으로 콜옵션 두 개와 풋옵션 하나를 매도하여 구성함.

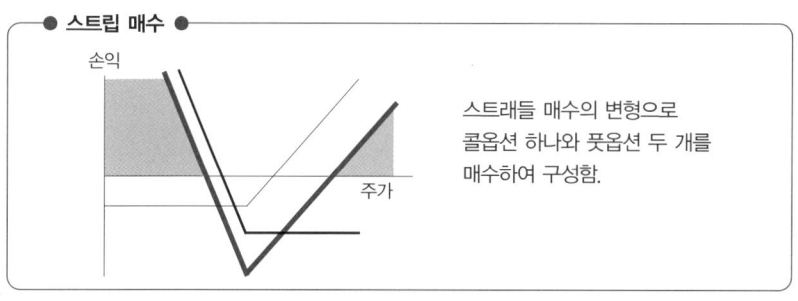

스트래들 매수의 변형으로 콜옵션 하나와 풋옵션 두 개를 매수하여 구성함.

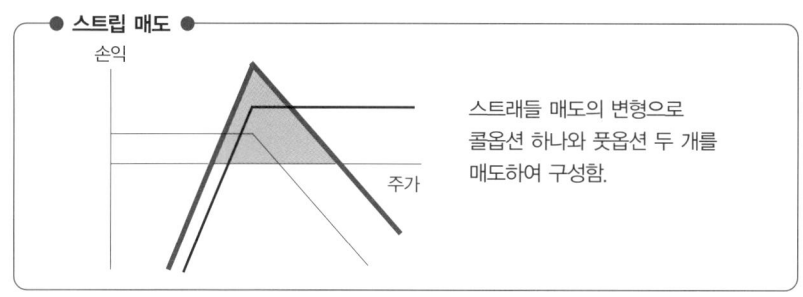

스트래들 매도의 변형으로 콜옵션 하나와 풋옵션 두 개를 매도하여 구성함.

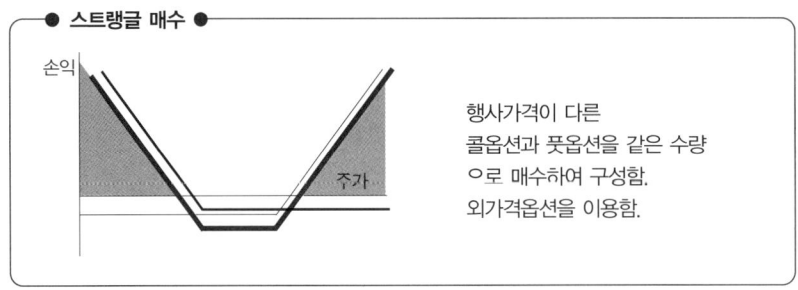

행사가격이 다른
콜옵션과 풋옵션을 같은 수량
으로 매수하여 구성함.
외가격옵션을 이용함.

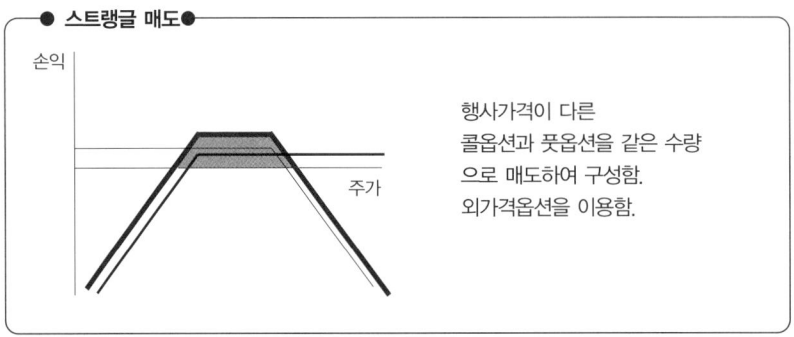

행사가격이 다른
콜옵션과 풋옵션을 같은 수량
으로 매도하여 구성함.
외가격옵션을 이용함.

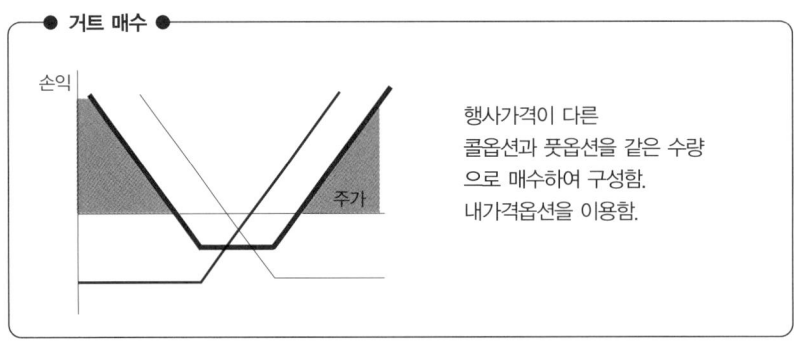

행사가격이 다른
콜옵션과 풋옵션을 같은 수량
으로 매수하여 구성함.
내가격옵션을 이용함.

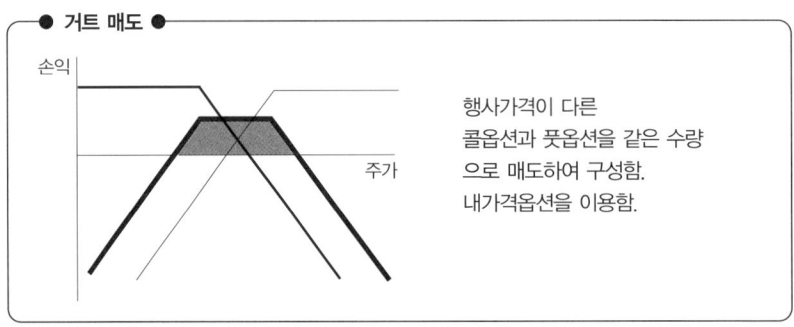

행사가격이 다른
콜옵션과 풋옵션을 같은 수량
으로 매도하여 구성함.
내가격옵션을 이용함.

스트래들 매수전략의 목표는 뭐죠

주가가 오를지 내릴지 모르겠지만 크게 움직일 것으로 예상될 때 사용하며, 주가가 크게 오르거나 크게 내리면 이익이 납니다.

    스트래들 매수는 옵션기준물의 가격변동성이 클 것으로 예상할 때 유리한 전략으로서, 옵션기준물의 가격이 오를지 내릴지는 모르겠지만 크게 움직일 것으로 예상할 때 사용합니다. 옵션기준물의 가격이 횡보할 때 손실이 발생하며, 큰 폭으로 오르거나 내릴 때 이익이 발생합니다.

    스트래들 매수의 구성방법으로는 만기일과 행사가격이 동일한 콜옵션과 풋옵션을 동시에 매수하는 방법으로 구성하는데, 이때 매수하는 두 옵션의 수량은 동일합니다.

    행사가격은 일반적으로 등가격옵션을 이용합니다. 그러나 가격의 변동성이 크되 상승할 가능성이 좀더 크다고 판단될 때는 낮은 행사가격의 옵션을 선택하여 상승시의 이익을 크게 합니다.

    또 가격의 변동성이 크되 하락의 가능성이 좀더 크다고 판단될 때는 높은 행사가격의 옵션을 선택하여 하락 시의 이익을 더 크게 하는 전략도 가능합니다.

- 스트래들 매수 = 매수 + 풋옵션 매수

스트래들 매수 사례

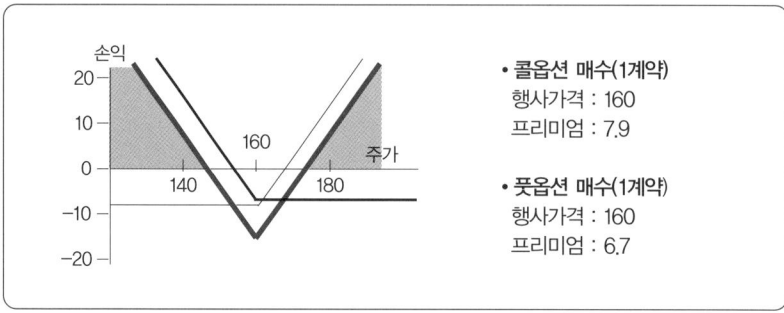

　스트래들 매수는 두 종류의 옵션을 매수하여 구성하므로, 스트래들 매수포지션을 구성할 때 두 종류의 옵션의 프리미엄을 합한 값(14.6)만큼의 초기 비용이 필요합니다. 그리고 주가가 횡보하여 만기일에 기초자산의 가격이 옵션의 행사가격과 같아질 때 최대 손실이 발생합니다. 이때 최대손실 금액은 포지션을 구성할 때 지불한 프리미엄의 합계값(14.7)이 됩니다.

　손익분기점은 옵션의 행사가격 상하 2곳에 있는데, 주가가 '행사가격−지불한 프리미엄 총액'과 '행사가격+지불한 프리미엄 총액'이 되는 지점이 손익분기점이 됩니다. 만기일까지 보유했을 때 주가가 174.6 이상이 되거나 145.4 이하가 되면 투자자는 지불한 프리미엄을 회수하고 이익을 낼 수 있습니다.

- **초기 현금 지출**　=콜옵션 프리미엄+풋옵션 프리미엄
  =7.9+6.7=14.6포인트
- **최대손실**　　　=초기 현금 지출=14.6포인트
- **손익분기점(상승 시)** =행사가격+최대손실=160+14.6=174.6포인트
- **손익분기점(하락 시)** =행사가격−최대손실=160−14.6=145.4포인트
- **손실구간** : 주가가 145.4에서 174.6 사이의 값을 가질 때
- **이익구간** : 주가가 145.4 이하이거나 주가가 174.6 이상 일 때

이 책에 소개된 콤비네이션 전략 사례에는 옵션 프리미엄으로 다음 값을 적용했습니다.

행사가격	프리미엄	
	콜옵션	풋옵션
170	3.95	12.70
160	7.90	6.70
150	14.00	8.26

(코스피200은 160포인트, 이자율은 연 9%, 변동성은 40%, 잔존기간은 30일 기준)

스트래들 매도전략은 주가가 횡보하면 수익이 난다죠

스트래들 매도는 주가가 현재 수준에서 횡보할 때 이익이 발생하며, 큰 폭으로 오르거나 내리면 손실이 발생합니다.

    스트래들 매도는 옵션기준물의 가격변동성이 작을 것으로 예상할 때 유리한 전략으로서, 옵션기준물의 가격이 크게 움직이지 않고 횡보할 것으로 예상할 때 사용합니다. 즉, 스트래들 매도는 옵션기준물의 가격이 현재 수준에서 횡보할 때 이익이 발생하며, 큰 폭으로 오르거나 내리면 손실이 발생합니다.

    스트래들 매도의 구성방법으로는 만기일과 행사가격이 동일한 콜옵션과 풋옵션을 동시에 매도하는 방법으로 구성하는데, 이때 매도하는 두 옵션의 수량은 동일합니다.

    행사가격은 일반적으로 등가격옵션을 이용합니다. 그러나 가격의 변동성이 작지만 다소 상승할 가능성이 있다고 판단될 때는 약간 높은 행사가격의 옵션을 선택하고, 가격변동성이 적지만 다소 하락할 가능성이 있다고 판단될 때는 낮은 행사가격의 옵션을 선택하는 전략도 가능합니다.

• 스트래들 매도=콜옵션 매도+풋옵션 매도

스트래들 매도 사례

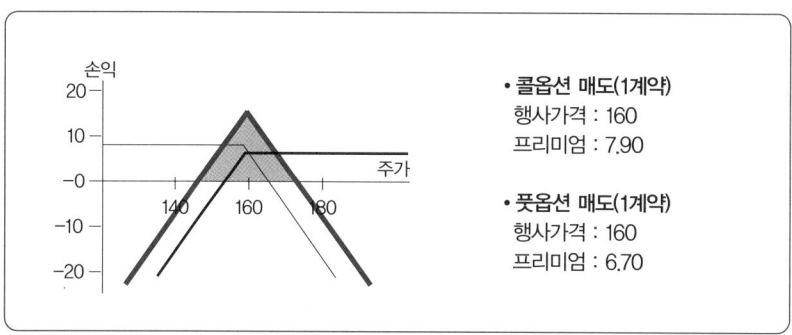

스트래들 매도는 두 종류의 옵션을 매도하여 구성하므로, 스트래들 매도포지션을 구성할 때 두 종류의 옵션의 프리미엄을 합한 값(14.6)만큼의 현금 유입이 발생합니다. 그리고 주가가 횡보하여 만기일에 기초자산의 가격이 옵션의 행사가격과 같아질 때 최대수익이 발생합니다. 이때 최대수익 금액은 포지션을 구성할 때 받은 프리미엄의 합계값(14.6)이 됩니다.

손익분기점은 옵션의 행사가격 상하 2곳에 있는데, 주가가 '행사가격-받은 프리미엄 총액'과 '행사가격+받은 프리미엄 총액'이 되는 지점이 손익분기점이 됩니다. 만기일까지 보유했을 때 주가가 145.4이상 174.6 이하의 범위에서 결정되면 투자자는 이익을 낼 수 있습니다.

- **초기 현금 유입**　　=콜옵션 프리미엄+풋옵션 프리미엄
　　　　　　　　　　=7.90+6.70=14.6포인트
- **최대이익**　　　　 =초기 현금 유입=14.6포인트
- **손익분기점(상승 시)** =행사가격+최대수익=160+14.6=174.6포인트
- **손익분기점(하락 시)** =행사가격−최대수익=160−14.6=145.4포인트
- **손실구간** : 주가가 145.4 이하이거나 주가가 174.6 이상 일 때
- **이익구간** : 주가가 145.4에서 174.6 사이의 값을 가질 때

| KEY | 스트래들 매도 후 주가가 크게 움직이면

　　스트래들 매도 후에 주가가 한쪽 방향으로 크게 움직이는 경우, 불리한 옵션을 환매해야 합니다. 즉, 큰 폭의 하락을 하는 경우에는 매도한 풋옵션을 정리해야 합니다. 물론 이때에는 큰 손해를 보게 되겠지요. 여기서 델타중립을 유지하기 위해 콜옵션을 추가로 매도하는 것은 별로 의미가 없습니다. 왜냐하면 이미 콜옵션은 깊은 외가격 상태가 되어버렸기 때문에 델타중립을 유지하려면 매우 많은 수량의 콜옵션을 매도해야 합니다. 이 경우에는 매우 낮은 가격에 콜옵션을 매도하게 되는 상황이 되므로, 만약에 상황이 반전되어 상승하게 된다면 또다시 큰 손실을 입게 됩니다.

스트랩 매수전략의 유리한 점은 뭔가요

주가의 급등이나 급락이 예상될 때 유용한 전략이지만 하락보다 상승할 확률이 높다고 판단될 때 사용합니다.

스트랩 매수는 스트래들 매수와 마찬가지로 옵션기준물의 가격변동성이 클 것으로 예상할 때 유리한 전략입니다. 스트래들 매수와 다른 점은 포지션을 구성할 때 만기일과 행사가격이 동일한 콜옵션을 두 개 매수하고, 동시에 풋옵션을 한 개 매수하는 방법으로 구성합니다. 이것은 하락보다는 상승할 확률이 더 높다고 판단될 때 사용하는 방법으로서, 옵션기준물의 가격이 상승할 때 얻는 이익이 하락할 때 얻는 이익보다 큽니다.

- 스트랩 매수=콜옵션 2계약 매수+풋옵션 1계약 매수

스트랩 매수 사례

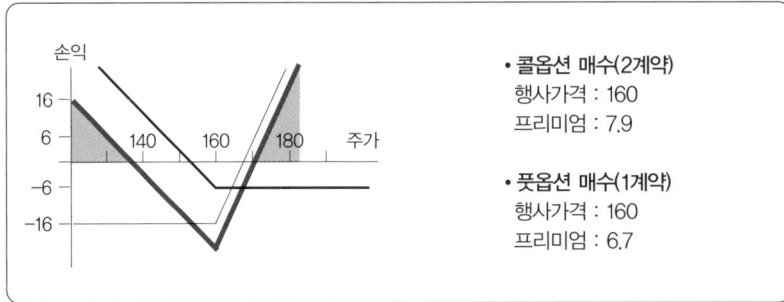

스트랩 매수 시의 최대손실은 만기일에 기초자산의 가격이 행사가격과 같아질 때 최대손실이 발생하는데, 최대손실 금액은 포지션을 구성할 때 소요된 프리미엄의 합계값(22.5)이 됩니다. 이 포지션을 만기일까지 보유했을 때 주가가 171.25 이상이 되거나 137.50 이하가 되면 투자자는 이익이 발생합니다.

- **초기 현금 지출** = 콜옵션 프리미엄 + 풋옵션 프리미엄
  = (7.90 × 2) + 6.7 = 22.5포인트
- **최대손실** = 초기 현금 지출 = 22.5포인트
- **손익분기점(상승 시)** = 행사가격 + (최대손실 / 콜옵션 계약수)
  = 160 + (22.5 / 2) = 171.25포인트
- **손익분기점(하락 시)** = 행사가격 - (최대손실 / 풋옵션 계약수)
  = 160 - (22.5 / 1) = 137.5포인트

스트랩 매도는 어떻게 하는 거죠

주가의 횡보가 예상될 때 유용한 전략이지만 주가가 변하더라도 상승할 확률은 없어 보일 때 사용합니다.

　스트랩 매도는 스트래들 매도와 마찬가지로 옵션기준물의 가격변동성이 작을 것으로 예상할 때 유리한 전략입니다. 스트래들 매도와 다른 점으로는 포지션을 구성할 때 만기일과 행사가격이 동일한 콜옵션을 두 개 매도하고, 동시에 풋옵션을 한 개 매도하는 방법으로 구성합니다. 이것은 상승보다는 하락할 확률이 더 높다고 판단될 때 사용하는 방법으로서, 옵션기준물의 가격이 하락할 때의 손실이 상승할 때의 손실보다 작습니다.

- 스트랩 매도 = 콜옵션 2계약 매도 + 풋옵션 1계약 매도

스트랩 매도 사례

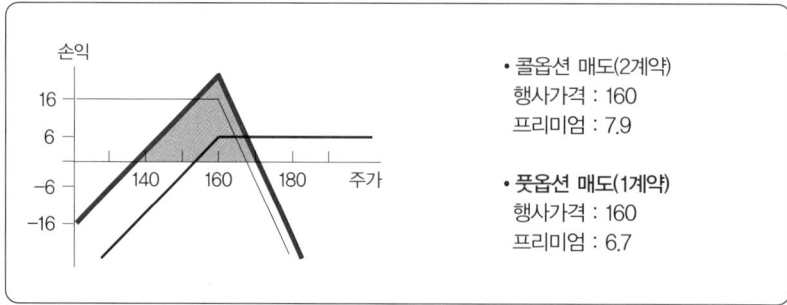

스트랩 매도 시의 최대이익은 만기일에 기초자산의 가격이 행사가격과 같아질 때 최대이익이 발생하는데, 최대이익 금액은 포지션을 구성할 때 받은 프리미엄의 합계값(22.5)이 됩니다. 이 포지션을 만기일까지 보유했을 때 주가가 137.50 이상 171.25 이하의 범위에 들면 투자자는 이익이 발생합니다.

- **초기 현금 유입**　=콜옵션 프리미엄+풋옵션 프리미엄
　　　　　　　　　=(7.90×2)+6.70=22.5포인트
- **최대이익**　　　　=초기 현금 유입=22.5포인트
- **손익분기점(상승 시)** =행사가격+(최대수익/콜옵션 계약수)
　　　　　　　　　=160+(22.5/2)=171.25포인트
- **손익분기점(하락 시)** =행사가격-(최대수익/풋옵션 계약수)
　　　　　　　　　=160-(22.5/1)=137.50포인트

스트립 매수의 유리한 점은 뭐죠

주가의 급등이나 급락이 예상될 때 유용한 전략이지만 주가하락 시 얻는 이익이 주가상승 시 얻는 이익보다 큽니다.

　스트립 매수는 스트래들 매수와 마찬가지로 옵션기준물의 가격변동성이 클 것으로 예상할 때 유리한 전략입니다. 스트래들 매수와 다른 점으로는 포지션을 구성할 때 만기일과 행사가격이 동일한 콜옵션을 한 개 매수하고, 동시에 풋옵션을 두 개 매수하는 방법으로 구성합니다. 이것은 상승보다는 하락할 확률이 더 높다고 판단될 때 사용하는 방법으로서, 옵션기준물의 가격이 하락할 때 얻는 이익이 상승할 때 얻는 이익보다 큽니다.

- 스트립 매수 = 콜옵션 1계약 매수 + 풋옵션 2계약 매수

스트립 매수 사례

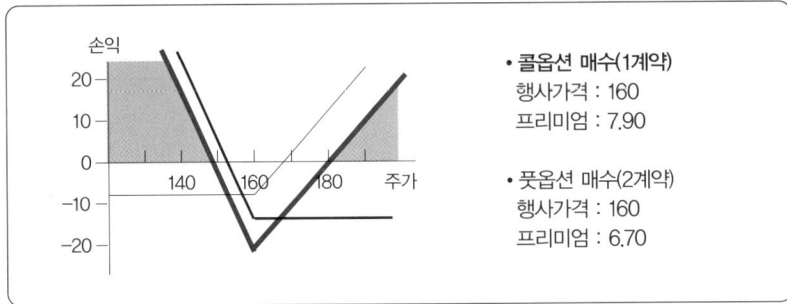

스트립 매수 시의 최대손실은 기초자산의 가격이 행사가격과 같아질 때 최대손실이 발생하는데, 최대손실 금액은 스트립 매수를 구성할 때 소요된 프리미엄의 합계값(21.30)이 됩니다. 이 포지션을 만기일까지 보유했을 때 주가가 181.30 이상이 되거나 149.35 이하가 되면 투자자는 이익이 발생합니다.

- **초기 현금 지출** = 콜옵션 프리미엄 + 풋옵션 프리미엄
  = 7.9 + (6.7 × 2) = 21.30포인트
- **최대손실** = 초기 현금 지출 = 21.30포인트
- **손익분기점(상승 시)** = 행사가격 + (최대손실 / 콜옵션 계약수)
  = 160 + (21.30 / 1) = 181.30포인트
- **손익분기점(하락 시)** = 행사가격 − (최대손실 / 풋옵션 계약수)
  = 160 − (21.30 / 2) = 149.35포인트

스트립 매도전략의 포인트는 뭔가요

주가의 횡보가 예상될 때 유용한 전략이지만 주가가 변하더라도 주가상승 시의 손실이 주가하락 시의 손실보다 적습니다.

스트래들 매도와 마찬가지로 옵션기준물의 가격변동성이 작을 것으로 예상할 때 유리한 전략입니다. 스트래들 매도와 다른 점으로는 포지션을 구성할 때 만기일과 행사가격이 동일한 콜옵션을 한 개 매도하고, 동시에 풋옵션을 두 개 매도하는 방법으로 구성합니다. 이것은 하락보다는 상승할 확률이 더 높다고 판단될 때 사용하는 방법으로서, 옵션기준물의 가격이 상승할 때의 손실이 하락할 때의 손실보다 적습니다.

- 스트립 매도＝콜옵션 1계약 매도＋풋옵션 2계약 매도

스트립 매도 사례

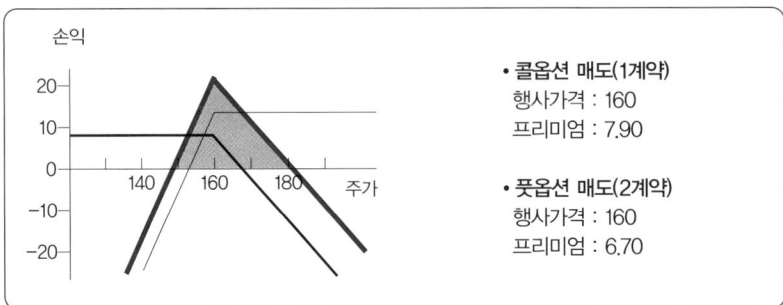

스트립 매도 시의 최대수익은 기초자산의 가격이 행사가격과 같아질 때 최대수익이 발생하는데, 최대수익 금액은 스트립을 구성할 때 받은 프리미엄의 합계값이 됩니다. 이 포지션을 만기일까지 보유했을 때 주가가 149.35 이상 181.30 이하의 범위에 들면 투자자는 이익이 발생합니다.

- **초기 현금 유입** = 콜옵션 프리미엄 + 풋옵션 프리미엄
  = 7.90 + (6.70 × 2) = 21.30포인트
- **최대수익** = 초기 현금 유입 = 21.30포인트
- **손익분기점(상승 시)** = 행사가격 + (최대수익 / 콜옵션 계약수)
  = 160 + (21.30 / 1) = 181.30포인트
- **손익분기점(하락 시)** = 행사가격 - (최대수익 / 풋옵션 계약수)
  = 160 - (21.30 / 2) = 149.35포인트

스트랭글 매수전략은 어떻게 하는 거죠

주가의 급등이나 급락이 예상될 때, 외가격 콜옵션과 외가격 풋옵션을 동시에 같은 수량 매수하여 구성합니다.

　스트랭글 매수는 스트래들 매수와 마찬가지로 옵션기준물의 가격변동성이 클 것으로 예상할 때 유리한 전략입니다. 스트래들 매수와 다른 점은 스트래들 매수는 행사가격이 같은 등가격의 옵션을 이용하지만 스트랭글 매수는 만기일은 같지만 행사가격은 다른 외가격 콜옵션과 외가격 풋옵션을 동시에 같은 수량을 매수하여 구성합니다.

　스트랭글 매수는 다음과 같은 특징을 가지고 있습니다. 우선 외가격 옵션은 프리미엄이 싸서 구성비용이 적게 소요되므로 최대손실의 크기가 작고 기초자산가격의 급등락 시 수익률이 높은 장점이 있습니다. 그러나 손실구간이 넓고 이익구간은 좁습니다. 이익을 내기 위해서는 스트랭글 매수보다는 큰 폭의 가격변동이 있어야 하므로 지수가 큰 폭으로 변동하지 않는 경우 투자원금을 모두 잃어버릴 수 있습니다.

- 스트랭글 매수＝콜옵션 매수(외가격)＋풋옵션 매수(외가격)

스트랭글 매수 사례

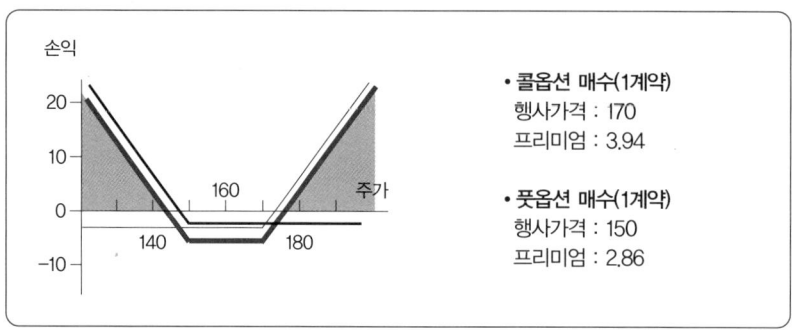

스트랭글 매수는 구성을 할 때 두 종류의 옵션을 매수해야 하므로 두 종류의 옵션의 프리미엄을 합한 값(6.80)만큼의 초기비용이 필요합니다.

스트랭글 매수 시의 최대손실은 만기일의 주가가 풋옵션의 행사가격(150)과 콜옵션의 행사가격(170) 사이에서 종료될 때 발생하는데, 최대손실 금액은 스트랭글 매수를 구성할 때 소요된 프리미엄의 합계값(6.80)으로 제한됩니다.

손익분기점은 상하 2곳에 있으며, 주가가 '콜 행사가격+지불한 프리미엄 합계'와 '풋 행사가격-지불한 프리미엄 합계'가 되는 지점이 손익분기점이 됩니다. 만기일까지 보유했을 때 주가가 143.20 이하가 되거나 176.80 이상이 되면 투자자는 지불한 프리미엄을 회수하고 이익을 낼 수 있습니다.

- **초기 현금 지출**   =콜옵션 프리미엄+풋옵션 프리미엄
                    =3.94+2.86=6.80포인트
- **최대손실**   =초기 현금 지출=6.80포인트
- **손익분기점(상승 시)** =콜 행사가격+최대손실
                    =170+6.80=176.80포인트
- **손익분기점(하락 시)** =풋 행사가격－최대손실
                    =150－6.80=143.20포인트
- **이익구간** : 주가가 143.20 이하이거나 176.80 이상일 때
- **손실구간** : 주가가 143.20에서 176.80 사이의 값을 가질 때

|KEY| 콤비네이션 전략

　　　콤비네이션 전략에는 주가가 급변할 때 수익이 나는 전략과 주가가 횡보할 때 수익이 나는 전략 두 종류가 있습니다.

- 매수전략은 주가의 급변이 예상될 때 사용하며 포지션 설정 시 초기비용이 필요합니다.
- 매도전략은 주가의 횡보가 예상될 때 사용하며 포지션 설정 시 초기수익이 발생합니다.

스트랭글 매도전략도 궁금해요

주가가 변하지 않고 횡보할 것으로 예상될 때, 외가격 콜옵션과 외가격 풋옵션을 동시에 같은 수량 매도하여 구성합니다.

    스트랭글 매도는 스트랭글 매도와 마찬가지로 옵션기준물의 가격변동성이 작을 것으로 예상힐 때 유리한 전략입니다. 스트래들 매노와 다른 점은 스트래들 매도는 행사가격이 같은 등가격의 옵션을 이용하지만 스트랭글 매도는 만기일은 같지만 행사가격은 다른 외가격 콜옵션과 외가격 풋옵션을 동시에 같은 수량 매도하여 구성합니다.

    스트랭글 매도는 다음과 같은 특징을 가지고 있습니다. 우선 외가격 옵션은 프리미엄이 싸서 프리미엄 수익이 적으므로 최대이익의 크기가 작습니다. 하지만 이익을 낼 수 있는 범위가 넓어지는 장점이 있습니다. 따라서 스트랭글 매도는 스트래들 매도에 비해 저위험, 저수익의 보수적 전략이라고 할 수 있습니다. 그러나 외가격옵션을 이용하는 만큼 주가가 큰 폭으로 변할 때는 작은 프리미엄 수익에 비해서 상대적으로 큰 손실을 입을 수도 있습니다.

- 스트랭글 매도=콜옵션 매도(외가격)+풋옵션 매도(외가격)

스트랭글 매도 사례

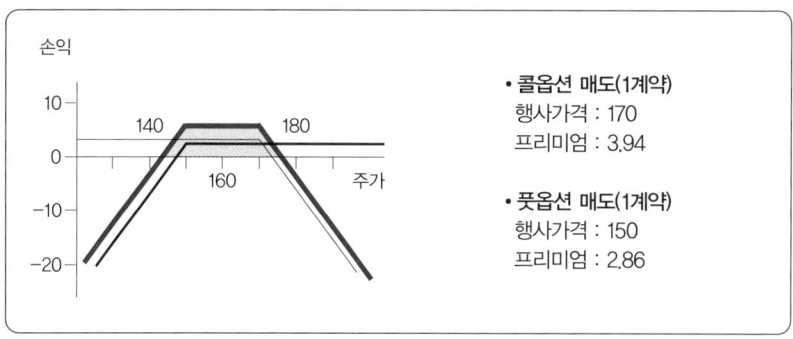

스트랭글 매도는 구성할 때 두 종류의 옵션을 매도하므로, 두 종류의 옵션의 프리미엄을 합한 값(6.80)만큼의 초기수익이 발생합니다.

스트랭글 매도 시의 최대수익은 만기일의 주가가 풋옵션의 행사가격(150)과 콜옵션의 행사가격(170) 사이에서 종료될 때 발생하는데, 최대수익 금액은 스트랭글 매도를 구성할 때 받은 프리미엄의 합계값(6.80)으로 제한됩니다.

손익분기점은 상하 2곳에 있으며, 주가가 '콜 행사가격+받은 프리미엄합계'와 '풋 행사가격-받은 프리미엄합계'가 되는 지점이 손익분기점이 됩니다. 만기일까지 보유했을 때 주가가 143.20이상 176.80이하의 범위에서 결정되면 투자자는 이익을 낼 수 있습니다.

- **초기 현금 유입** =콜옵션 프리미엄 + 풋옵션 프리미엄
  =3.94+2.86=6.80포인트
- **최대이익** =초기 현금 유입=6.80포인트
- **손익분기점(상승 시)** =콜 행사가격+최대수익
  =170+6.80=176.80포인트
- **손익분기점(하락 시)** =풋 행사가격−최대수익
  =150−6.80=143.20포인트
- **이익구간** : 주가가 143.20에서 176.80 사이의 값을 가질 때
- **손실구간** : 주가가 143.20 이하이거나 176.80 이상일 때

|KEY| 기관들이 즐기는 스트랭글 매도전략

 기관들은 변동성 매도전략으로 스트랭글 매도전략을 주로 이용합니다. 만기일에 권리행사를 할 수 없을 것으로 예상되는 외가격 콜·풋옵션을 매도함으로써 프리미엄 수익을 챙기려는 의도입니다. 이때 두 행사가격의 거리가 멀수록, 수량이 적을수록 감마값은 작아져 시장의 변화에 대해 자주 헤지를 해주지 않아도 됩니다.
 반면에 두 행사가격의 거리가 가까울수록, 매도수량이 많을수록 감마값은 커져서 수시로 헤지를 해주어야 하므로 헤지비용이 많이 듭니다. 2001년 9월 12일 미국 무역센터 테러로 주가가 폭락하였을 때 스트랭글 매도전략을 구사했던 기관들이 큰 손실을 입은 바 있습니다.

거트 매수방법을 가르쳐 주세요

주가의 급등이나 급락이 예상될 때, 내가격 콜옵션과 내가격 풋옵션을 매수하여 구성합니다.

거트 매수는 옵션기준물의 가격변동성이 클 것으로 예상할 때 유리한 전략입니다. 스트래들 매수와 다른 점은 스트래들 매수는 행사가격이 같은 등가격의 옵션을 이용하지만 거트 매수는 만기일은 같지만 행사가격은 다른 내가격 콜옵션과 내가격 풋옵션을 동시에 같은 수량을 매수하여 구성합니다.

- 거트 매수=콜옵션 매수(내가격)+풋옵션 매수(내가격)

거트 매수 사례

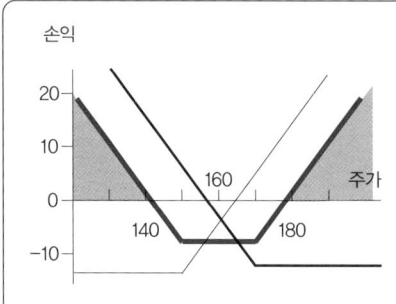

- **콜옵션 매수(1계약)**
  행사가격 : 150
  프리미엄 : 14.00

- **풋옵션 매수(1계약)**
  행사가격 : 170
  프리미엄 : 12.70

거트 매수는 구성을 할 때 두 종류의 옵션을 매수해야 하므로 두 종류의 옵션의 프리미엄을 합한 값(26.70)만큼의 초기비용이 필요합니다. 그러나 두 옵션 중 하나는 행사가격이 있으므로 최대손실은 초기비용에서 행사가격의 차이만큼 뺀 값(6.70)으로 나타납니다. 거트 매수 시의 최대손실은 콜옵션의 행사가격(150)과 풋옵션의 행사가격(170)의 사이의 구간에서 발생합니다.

- **초기 현금 지출** = 콜옵션 프리미엄 + 풋옵션 프리미엄
  = 14.00 + 12.70 = 26.70포인트
- **최대손실** = 초기 현금 지출 − 행사가격의 차
  = 26.70 − (170 − 150) = 6.70포인트
- **손익분기점(상승 시)** = 풋 행사가격 + 최대손실
  = 170 + 6.70 = 176.70포인트
- **손익분기점(하락 시)** = 콜 행사가격 − 최대손실
  = 150 − 6.70 = 143.30포인트
- **이익구간** : 주가가 176.70 이상이거나 143.30 이하일 때

거트 매도로 어떤 효과를 볼 수 있나요

주가가 변하지 않고 횡보할 것으로 예상될 때, 내가격 콜옵션과 내가격 풋옵션을 매도하여 구성합니다.

거트 매도는 옵션기준물의 가격변동성이 작을 것으로 예상할 때 유리한 전략입니다. 스트래들 매수와 다른 점은 스트래들 매수는 행사가격이 같은 등가격옵션을 이용하지만 거트 매도는 만기일은 같지만 행사가격이 다른 내가격 콜옵션과 내가격 풋옵션을 동시에 같은 수량을 매도하여 구성합니다.

- 거트 매도＝콜옵션 매도(내가격)＋풋옵션 매도(내가격)

거트 매도 사례

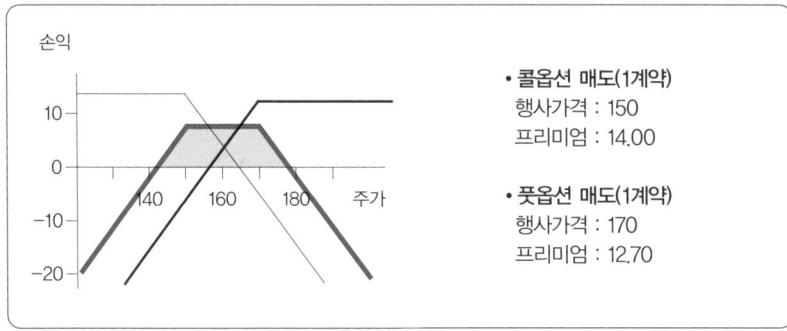

- 콜옵션 매도(1계약)
  행사가격 : 150
  프리미엄 : 14.00

- 풋옵션 매도(1계약)
  행사가격 : 170
  프리미엄 : 12.70

거트 매도는 구성을 할 때 두 종류의 옵션을 매도해야 하므로 두 종류의 옵션의 프리미엄을 합한 값(26.70)만큼의 초기수익이 발생합니다. 그러나 두 옵션 중 하나는 행사가격이 있으므로 최대이익은 초기수익에서 행사가격의 차이만큼 뺀 값(6.70)으로 나타납니다. 거트 매도 시의 최대수익은 콜옵션의 행사가격(150)과 풋옵션의 행사가격(170)의 사이의 구간에서 발생합니다.

- 초기 현금 유입 = 콜옵션 프리미엄 + 풋옵션 프리미엄
  = 14.00 + 12.70 = 26.70포인트
- 최대이익 = 초기 현금 유입 − 행사가격의 차
  = 26.70 − (170 − 150) = 6.70포인트
- 손익분기점(상승 시) = 풋 행사가격 + 최대수익
  = 170 + 6.70 = 176.70포인트
- 손익분기점(하락 시) = 콜 행사가격 − 최대수익
  = 50 − 6.70 = 143.30포인트
- 이익구간 : 주가가 143.30에서 176.70 사이의 값을 가질 때

스트랩과 스트립의 응용전략도 알고 싶어요

콜옵션과 풋옵션의 계약수가 1 : 2이나 2 : 1이 아닌 임의의 값으로 구성되었을 때의 손익구조를 알아보겠습니다.

    앞에서 소개한 스트랩과 스트립의 매수·매도 전략은 콜옵션과 풋옵션의 계약수의 구성비를 1 : 2 또는 2 : 1로 했을 경우입니다. 그런데 이 구성비가 임의의 값으로 구성되었을 때의 '손익그래프'와 '손익의 계산'은 어떻게 되는지 예를 들어보겠습니다. 콜옵션을 10계약 매수하고 풋옵션을 7계약 매수한 경우입니다.

    최대손실은 만기일에 기초자산의 가격이 행사가격과 같아질 때 최대손실이 발생하는데, 최대손실 금액은 포지션을 구성할 때 소요된 프리미엄의 합계값(125.90)이 됩니다. 이 포지션을 만기일까지 보유했을 때 주가가 172. 59 이상이 되거나 142. 014 이하가 되면 투자자는 이익을 봅니다.

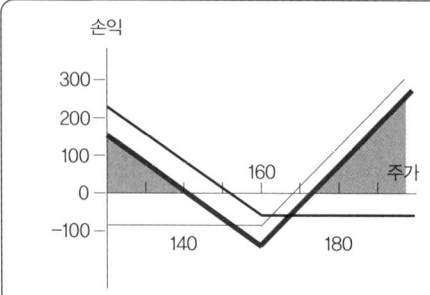

- 초기 현금 지출 = 콜옵션 프리미엄 + 풋옵션 프리미엄
  = (7.90 × 10) + (6.70 × 7) = 125.90포인트
- 최대손실 = 초기 현금 지출 = 125.90포인트
- 손익분기점(상승 시) = 행사가격 + (최대손실 / 콜옵션 계약수)
  = 160 + (125.90 / 10) = 172.59포인트
- 손익분기점(하락 시) = 행사가격 − (최대손실 / 풋옵션 계약수)
  = 160 − (125.9 / 7) = 142.014포인트

|KEY| 선물·옵션의 투자는 규칙과 이론을 익힌 뒤에

시장의 흐름은 아무리 애를 써서 예측을 한다 해도 적중할 수도 있고 빗나갈 수도 있지만, 이론적인 지식은 한 번만 제대로 익혀두면 언제나 유용하게 사용할 수 있습니다. 따라서 선물·옵션에서 손실을 입은 투자자나 시장참여를 준비하고 있는 투자자들은 이론과 규칙을 충분히 숙지한 뒤 시작하기를 권합니다.

스트래들, 스트랭글, 거트의 차이점은 뭔가요

스트래들은 등가격 옵션을 이용하고 스트랭글은 외가격옵션을 이용하며 거트는 내가격옵션을 이용합니다.

앞서 예를 들어 소개한 스트래들, 스트랭글, 거트 세 가지에 대한 손익과 그래프를 비교하면 뒤쪽의 그림과 같습니다.

스트래들은 최대 손실금액이 가장 큰 반면에 이익을 낼 수 있는 구간은 가장 넓습니다.

그리고 거트는 스트랭글보다 최대손실도 작고 이익을 낼 수 있는 구간도 넓은 장점이 있는 반면에 초기 구성비용이 많이 소요되는 단점이 있습니다.

레버리지 효과면에서는 같은 이익 금액을 낸다고 볼 때 초기 구성비용이 가장 적은 스트랭글이 레버리지 효과는 가장 높습니다.

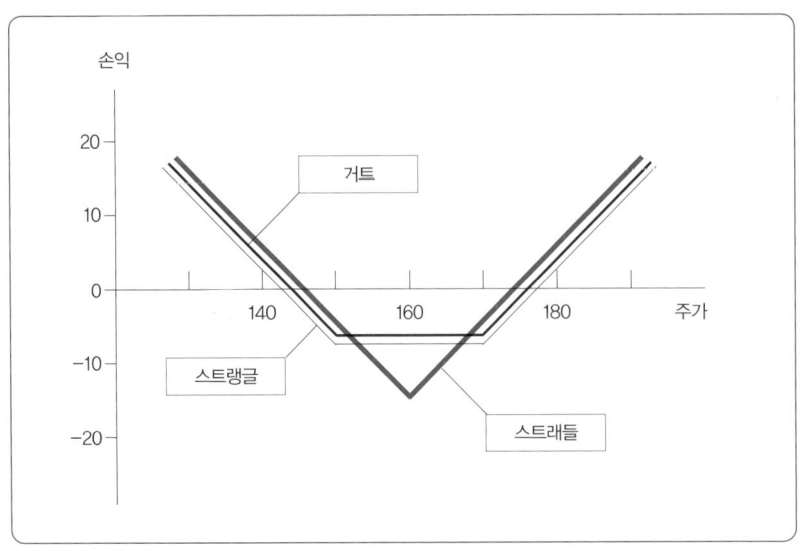

	손익분기점(낮은 쪽)	손익분기점(높은 쪽)	최대 손실	초기 구성비용
스트래들 매수	145.40	174.60	14.60	14.6
스트랭글 매수	143.20	176.80	6.80	6.80
커트 매수	143.30	176.70	6.70	26.70

08 반드시 수익이 나는 옵션 차익거래전략

선물 옵션 투자자가 가장 알고 싶은 101가지

옵션을 이용한 차익거래는 어떤 장점이 있죠

옵션을 이용한 차익거래는 현물 바스켓을 구성할 필요가 없으므로 트래킹 에러가 없으며 보다 적은 자금으로 할 수 있습니다.

선물보다 옵션을 이용하면 더욱 다양한 차익거래가 가능합니다. 콜옵션과 풋옵션은 행사가격에 따라 여러 종목이 거래되고 있는데, 이들 많은 옵션 종목들이 언제나 적정한 가격차이를 유지하기란 어려우며, 시장 상황에 따라 순간적으로 가격 불균형이 생기는 경우가 자주 발생합니다.

옵션을 이용한 차익거래는 옵션과 옵션의 가격차이나 옵션과 선물 간의 가격차이가 정상적인 수준을 벗어난 순간을 포착하여 그 가격차이를 취하는 방식입니다.

이 방법은 선물을 이용한 차익거래와는 달리 '현물 바스켓'을 구성할 필요가 없으므로 트래킹 에러가 없고, 보다 적은 자금으로도 적용할 수 있는 특징이 있습니다. 따라서 개인투자자들 입장에서 볼 때 선물을 이용한 차익거래에 비해서 쉽게 적용할 수 있습니다.

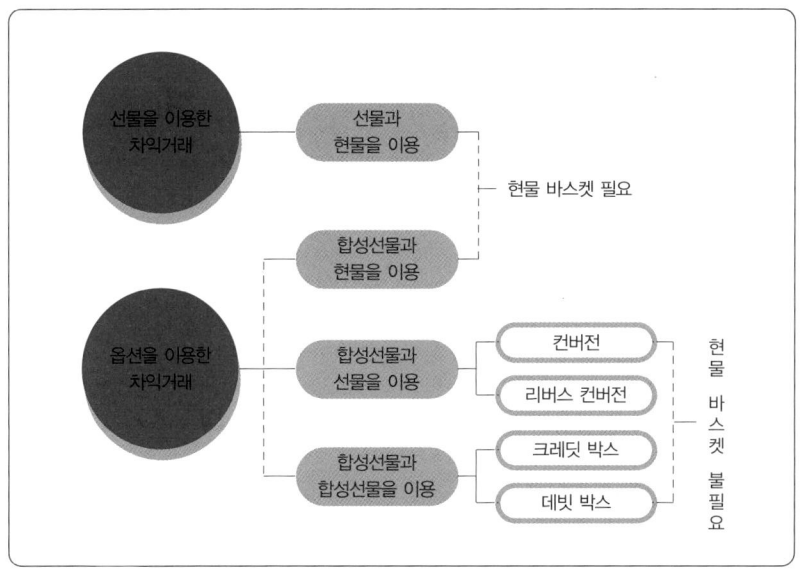

옵션을 이용한 대표적인 차익거래 방법으로는 컨버전, 리버스 컨버전, 크레딧 박스, 데빗 박스가 있습니다. 그리고 이들 차익거래전략은 옵션으로 만든 '합성선물'을 이용하여 구성합니다.

'합성선물'이란 옵션을 이용하여 만든 선물인데, 행사가격이 같은 콜옵션과 풋옵션을 조합하여 선물과 동일한 효과를 낼 수 있도록 한 것입니다.

이를테면 3월 만기인 옵션으로 만든 합성선물의 가격은 3월 만기인 선물의 가격과 이론적으로 같은 가격이어야 합니다. 그러나 실제의 시장 상황에서는 선물과 옵션의 가격이 불균형을 이루는 경우가 자주 발생합니다. 이때 옵션의 시세에 따라 고평가된 옵션을 매도하고 저평가된 옵션을 매수하는 방법을 사용하면 선물시장에서 선물포지션을 설정하는 것보다도 더욱 유리한 가격조건으로 합성선물 포지션을 구성할 수 있게 됩니다.

이 방법을 응용하면 합성선물과 선물 간의 차액을 취하거나, 합성선물과 합성선물 간의 차액을 취할 수 있는데, 이것이 옵션을 이용한 차익거래 전략의 기본 원리입니다.

옵션을 이용한 차익거래에서 성공하기 위한 필요조건으로는 시장의 방향을 예측하지 못해도 됩니다. 현재 시세를 보면서 콜옵션과 풋옵션의 가격차이, 행사가격별 옵션의 가격차이, 옵션과 선물과의 가격차이 등을 비교해서 어느 것이 싸고 어느 것이 비싼지 발견해낼 수 있으면 됩니다.

적은 수익에 만족할 줄 알고 부지런하기만 하면 언제나 안정된 수익을 올릴 수 있습니다. 그러나 이 같은 가격 불균형이 발생하더라도 불균형 상태가 오래 지속되지 않기 때문에 기회를 포착하고 신속하게 매매를 하는 것이 중요합니다.

컨버전이나 크레딧 박스 등 옵션을 이용한 차익거래 포지션은 구성만 효율적으로 하면 구성시점에 이미 확실한 이익이 보장이 됩니다. 즉 제대로 구성한 차익거래 포지션은 만기시점까지 보유만 해도 주가의 흐름이 어떻게 움직이든 반드시 이익이 납니다.

그러나 만기 이전에 포지션을 해제하는 경우에는 자칫 확보된 이익이 사라질 수도 있으므로 주의해야 합니다. 왜냐하면 컨버전이나 크레딧 박스 등은 구성하는 요소가 3개 이상이므로 포지션을 해제하는 동안에도 시세의 변동이 지속되기 때문에 원하는 가격에서 해제하지 못하는 수도 있기 때문입니다. 아울러 차익거래는 수익률이 낮으므로 거래비용을 감안하여 수익을 꼼꼼하게 따지는 것이 필요합니다.

시세의 예측이 빗나가서 매번 손실을 보는 투자자나, 외가격옵션에 장기투자하여 매번 프리미엄만 날려버리는 투자자들은 한번쯤 차익거래에 관심을 가져보는 것도 좋을 듯합니다. 실제 거래가 아닌 모의거래라도 좋습니다. 차익거래를 하는 동안에 콜옵션과 풋옵션 그리고 내가격옵션과 외가격옵션 간의 상관관계를 더 잘 이해할 수 있게 될 것입니다.

옵션을 이용한 차익거래전략을 구사하기 위해서는 우선 합성선물과 합성옵션에 대한 이해가 필요하므로 합성선물과 합성옵션에 대한 내용부터 알아보기로 하겠습니다.

● 합성선물, 합성옵션 및 차익거래의 종류 ●

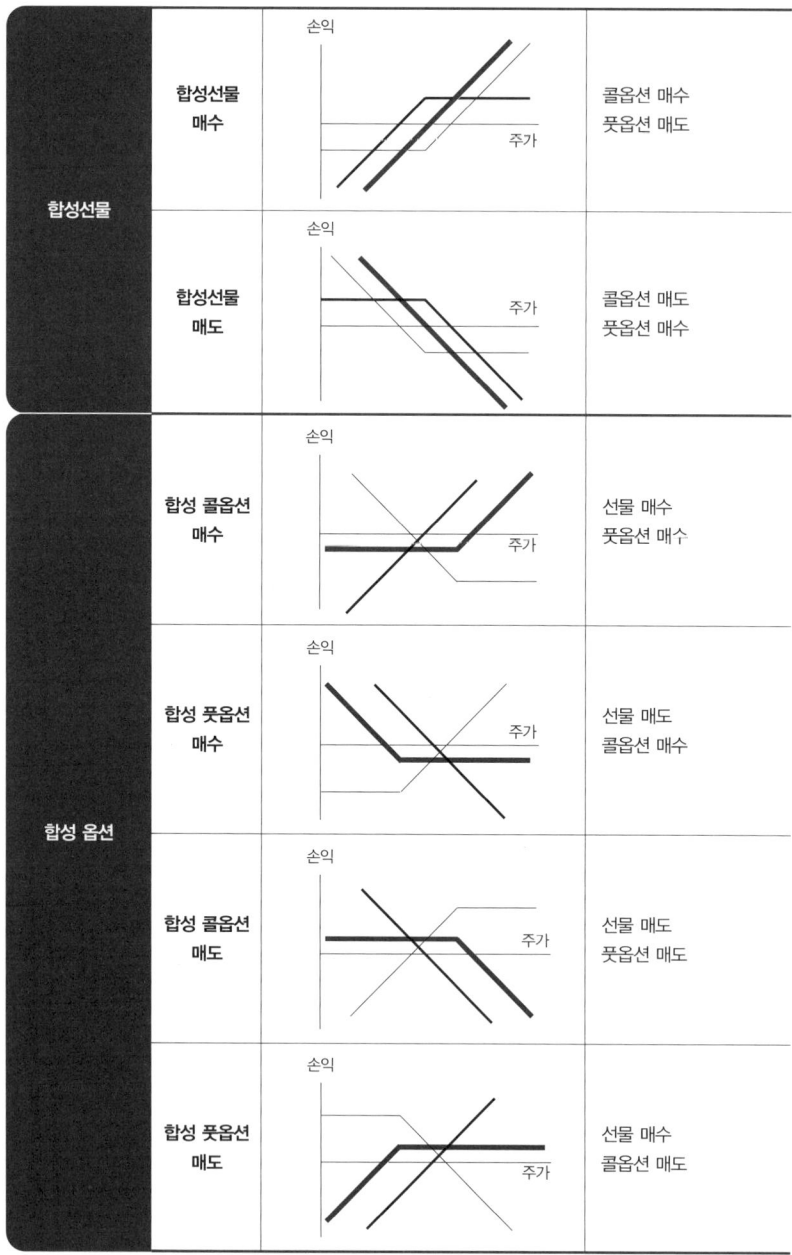

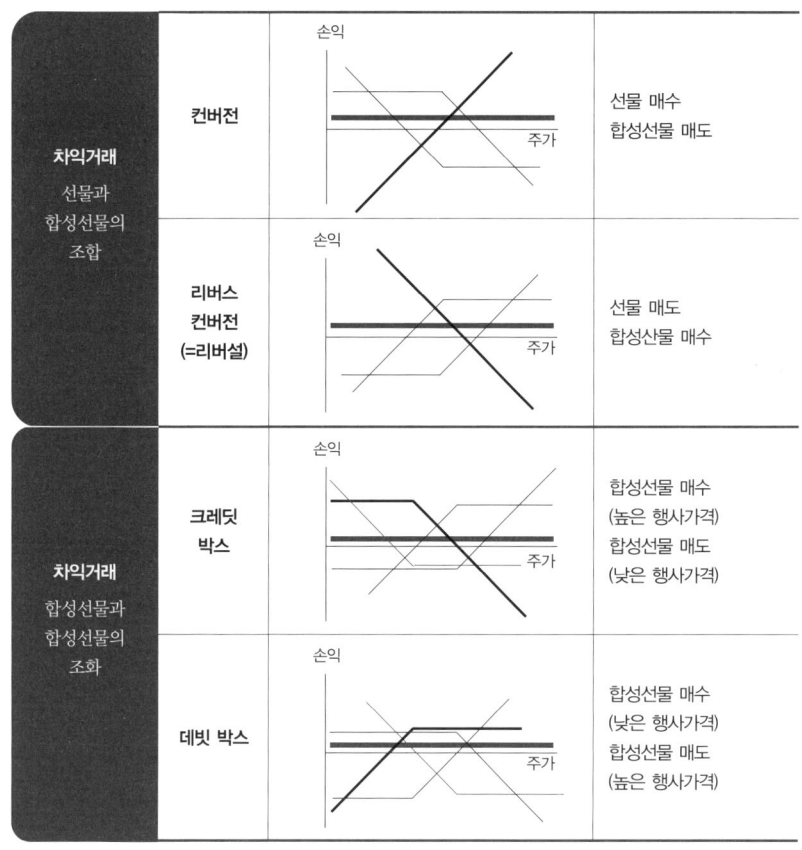

| KEY | 합성선물과 합성옵션의 용도 |

    선물·옵션 시장에서 가격이 불균형을 이루는 시점을 포착하면, 합성선물과 합성옵션을 이용함으로써 선물이나 옵션을 직접 이용하는 것보다 더 유리한 가격으로 선물·옵션 포지션을 구성할 수 있는 경우가 많습니다. 이 원리를 이용하면 컨버전이나 리버스 컨버전, 데빗 박스 같은 무위험 차익거래가 가능합니다.

합성선물(옵션으로 선물 만들기) 어떻게 만드는 거죠

옵션으로 합성선물을 만들면 단순히 선물을 매수·매도하는 것보다 더욱 유리한 가격으로 합성선물 포지션을 취할 수 있습니다.

만기일과 행사가격이 동일한 콜옵션과 풋옵션을 같은 수량으로 결합하면 선물포지션을 얻을 수 있습니다. 이렇게 옵션을 이용하여 만든 선물을 합성선물이라고 합니다.

이때 합성선물 1계약을 구성하기 위해서는 콜옵션과 풋옵션을 각각 5계약 구성해야 선물 1계약의 효과를 갖게 됩니다. 코스피200 선물 1계약은 1포인트당 50만 원이지만 코스피200 옵션 1계약은 1포인트당 10만 원이기 때문입니다.

합성선물 매수포지션을 만들기 위해서는 행사가격이 같은 콜옵션을 매수하고 풋옵션을 매도하면 되고, 합성선물 매도포지션을 만들기 위해서는 행사가격이 같은 콜옵션을 매도하고 풋옵션을 매수하면 됩니다.

이때 고평가된 옵션을 매도하고 저평가된 옵션을 매수하면 단순히 선물을 매수, 매도하는 것보다도 더욱 유리한 가격으로 합성선물 포지션을 취할 수 있습니다.

옵션을 이용하여 합성선물을 구성했을 때 합성선물의 가격은 합성선물의 종류에 관계없이 언제나 '행사가격+콜옵션가격-풋옵션가격'으로 결정됩니다.

- 합성선물의 가격＝옵션의 행사가격＋콜옵션가격－풋옵션가격

다음 쪽에 소개된 합성선물 매수와 매도의 그림을 보면 합성선물 매수나 매도 어느 경우라도 이 계산식이 성립하게 되는 이유를 직관적으로 이해할 수 있을 것입니다.

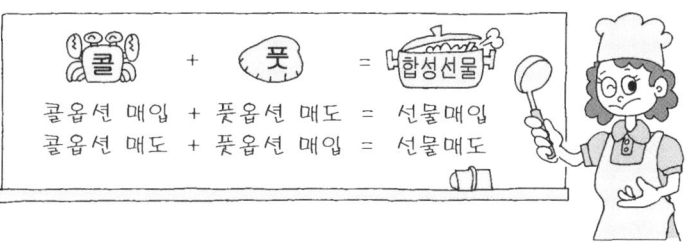

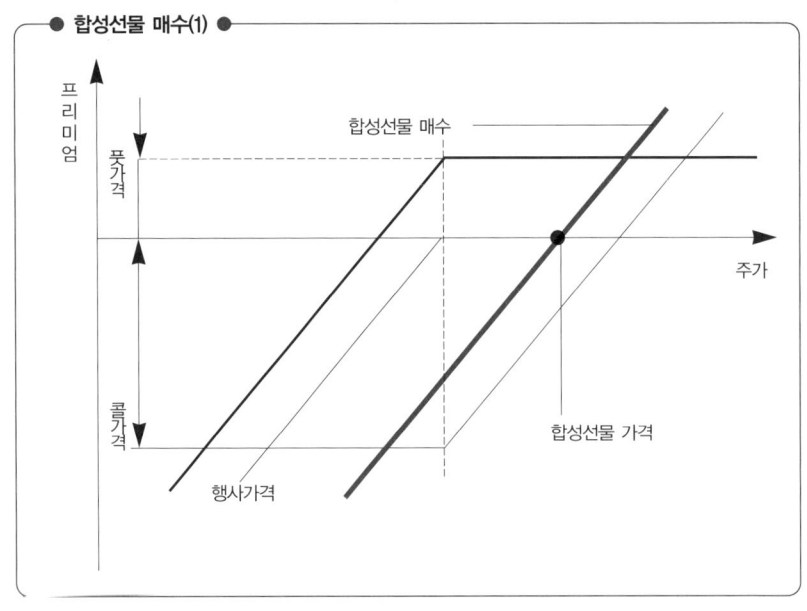

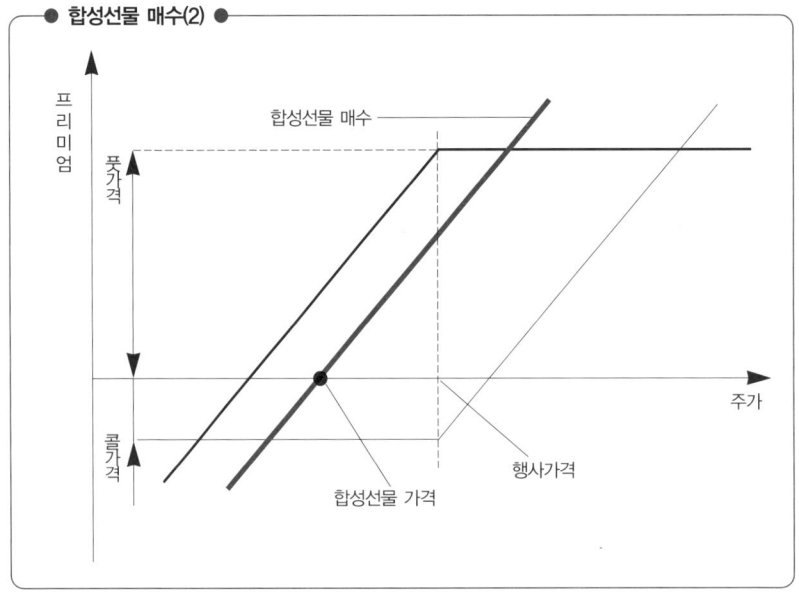

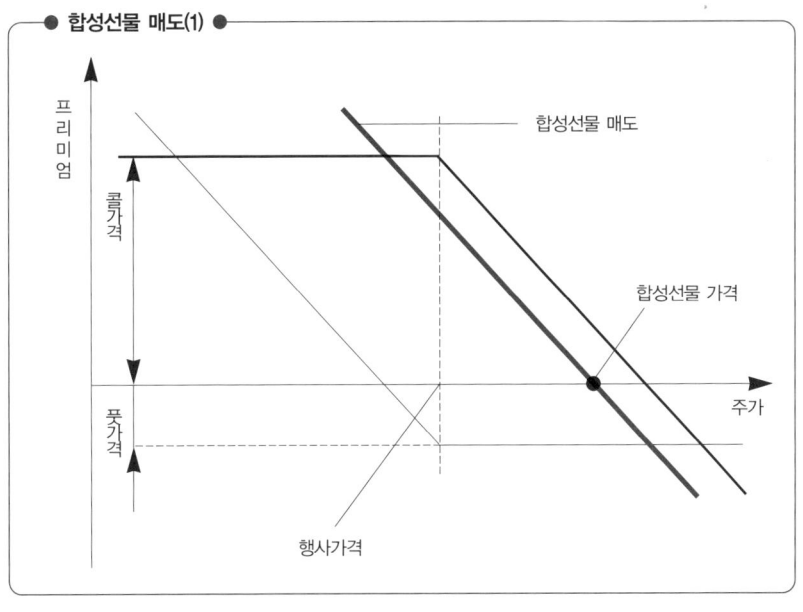

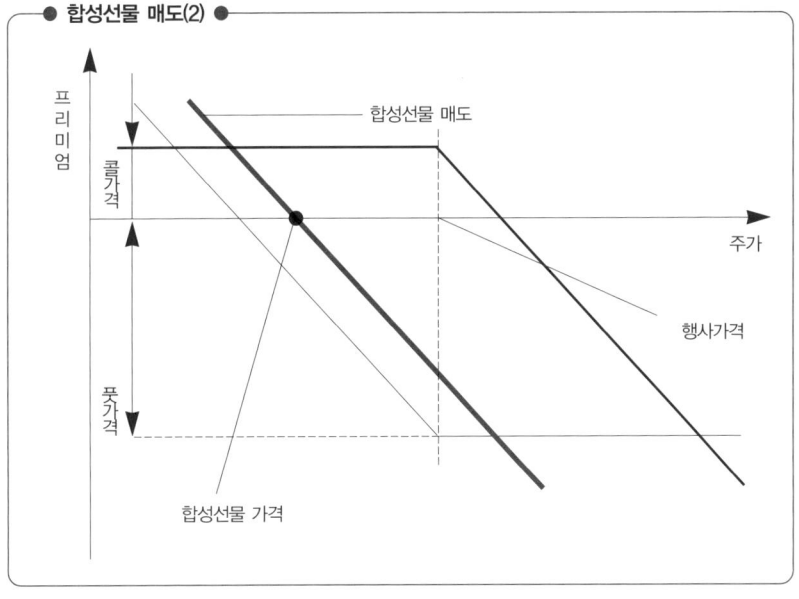

|합성선물 매수 사례|

아래와 같이 행사가격 140짜리인 콜옵션을 프리미엄 7.0을 주고 5계약 매수하고, 행사가격 140짜리인 풋옵션을 프리미엄 6.0을 받고 5계약 매도하면 선물을 141포인트에 1계약 매수한 것과 동일한 효과가 발생합니다.

- 합성선물 매수(1계약)=콜 매수(5계약)+풋 매도(5계약)

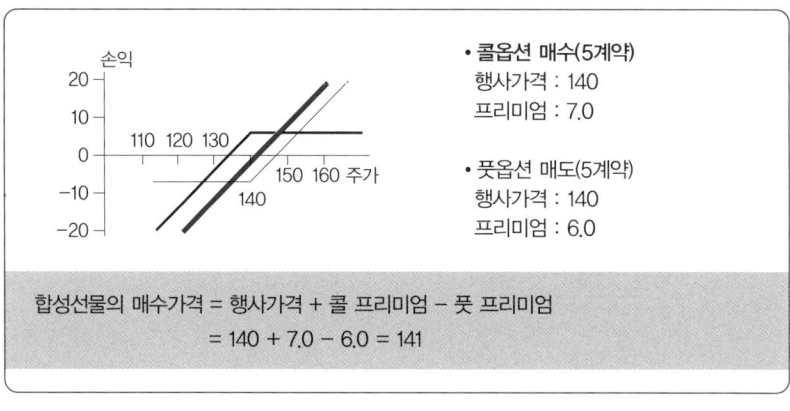

|합성선물 매도 사례|

다음과 같이 행사가격 140짜리인 콜옵션을 프리미엄 7.0을 받고 5계약 매도하고, 행사가격 140짜리인 풋옵션을 프리미엄 6.0을 받고 5계약 매수하면 선물을 141포인트에 1계약 매도한 것과 동일한 효과가 발생합니다.

- 합성선물 매도(1계약) = 콜 매도(5계약) + 풋 매수(5계약)

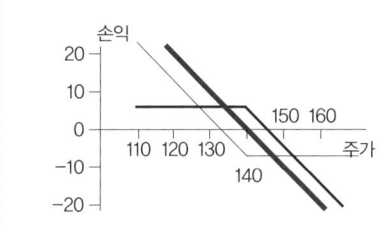

- **콜옵션 매수(5계약)**
  행사가격 : 140
  프리미엄 : 7.0

- **풋옵션 매도(5계약)**
  행사가격 : 140
  프리미엄 : 6.0

합성선물의 매도가격 = 행사가격 + 콜 프리미엄 − 풋 프리미엄
= 140 + 7.0 − 6.0 = 141

|KEY| 합성선물의 가격

합성선물의 행사가격은 합성선물을 만들기 위해 사용한 옵션의 행사가격에 콜옵션 프리미엄을 더하고 풋옵션 프리미엄을 뺀 값이 됩니다. 따라서 콜옵션이 고평가되었을 때 합성선물 매도, 풋옵션이 고평가되었을 때 합성선물 매수가 단순히 선물포지션을 취하는 것보다 유리합니다.

합성옵션(선물로 옵션 만들기) 어떻게 만드는 거죠

합성옵션을 구성하면 단순히 콜옵션이나 풋옵션을 매매하는 것보다도 더욱 유리한 가격으로 옵션포지션을 취할 수 있습니다.

옵션과 선물을 결합하면 콜옵션을 풋옵션으로, 풋옵션을 콜옵션으로 전환할 수 있습니다. 이렇게 옵션과 선물을 결합하여 만든 옵션을 합성옵션이라고 합니다.

이 방법을 이용하여 저평가된 옵션이나 선물을 매수하고 고평가된 선물이나 옵션을 매도하여 합성옵션을 구성하면, 단순히 콜옵션이나 풋옵션을 매매하는 것보다도 더욱 유리한 가격으로 옵션포지션을 취할 수 있습니다.

합성옵션을 응용하면 선물이나 옵션포지션을 설정한 후에 시장이 예상한 방향과 달리 움직일 경우에도 보유하고 있는 포지션의 위험을 해지하는 방법으로 사용할 수도 있습니다. 또 옵션의 경우는 기초자산의 가격이 급변할 경우에 유동성 위험에 빠질 염려가 많은데 합성선물을 응용하면 선물의 풍부한 유동성을 이용하여 원하는 옵션포지션을 만들 수도 있고, 원하지 않는 옵션포지션에서 빠져나올 수도 있습니다.

선물과 풋옵션을 가지고 콜옵션을 합성하면, 합성할 때 사용한 풋옵션의 행사가격이 합성한 콜옵션의 행사가격이 됩니다. 마찬가지로 선물과 콜옵션을 가지고 풋옵션을 합성하면, 합성할 때 사용한 콜옵션의 행사가격이 합성한 풋옵션의 행사가격이 됩니다. 따라서 내가격옵션을 이용하면 외가격옵션이 합성되고, 외가격옵션을 이용하면 내가격옵션이 합성됩니다.

- 합성옵션의 행사가격=합성옵션을 만들 때 사용한 옵션의 행사가격

옵션을 사거나 팔 때는 해당 옵션의 행사가격에 따라 적절한 프리미엄을 수수하게 되는데, 합성한 옵션의 최대손익이 어떻게 되는지 즉, 얼마의 프리미엄을 수수하고 거래한 것과 동일한 효과가 있는지는 다음의 계산식을 이용하면 비교적 간단하게 구할 수 있습니다.

합성 콜옵션 매수의 최대손실={프리미엄+(선물매수가-풋 행사가)}×5
합성 콜옵션 매도의 최대이익={프리미엄+(선물매도가-풋 행사가)}×5
합성 풋옵션 매수의 최대손실={프리미엄+(콜 행사가-선물매도가)}×5
합성 풋옵션 매도의 최대이익={프리미엄+(콜 행사가-선물매수가)}×5
* 선물 1계약과 옵션 5계약으로 합성했을 때 기준

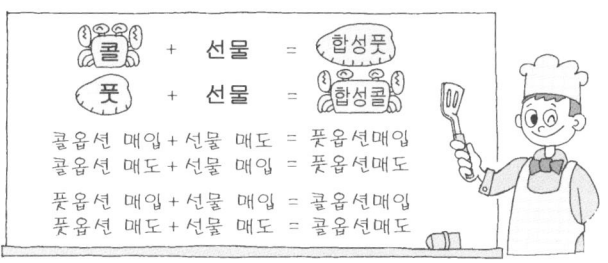

합성옵션의 구성 사례는 다음과 같습니다.

|합 성 콜 옵 션 매 수|

- 합성 콜옵션 매수=선물 매수+풋옵션 매수

내가격 콜옵션 매수 합성

선물 1계약을 160포인트에서 매수함과 동시에 행사가격 150짜리 외가격 풋옵션을 프리미엄 3.0포인트에 5계약 매수하면, 행사가격 150짜리 내가격 콜옵션을 프리미엄 13.0포인트에 5계약 매수한 것과 동일한 효과가 나타납니다.

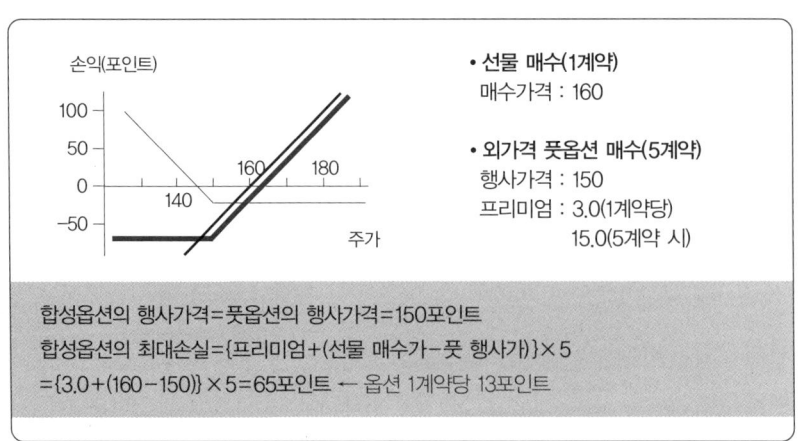

합성옵션의 행사가격=풋옵션의 행사가격=150포인트
합성옵션의 최대손실={프리미엄+(선물 매수가-풋 행사가)}×5
={3.0+(160-150)}×5=65포인트 ← 옵션 1계약당 13포인트

외가격 콜옵션 매수 합성

선물 1계약을 160포인트에서 매수함과 동시에 행사가격 170짜리 내가격 풋옵션을 프리미엄 13포인트에 5계약 매수하면, 행사가격 170짜리 외가격 콜옵션을 프리미엄 3포인트에 5계약 매수한 것과 동일한 효과가 납니다.

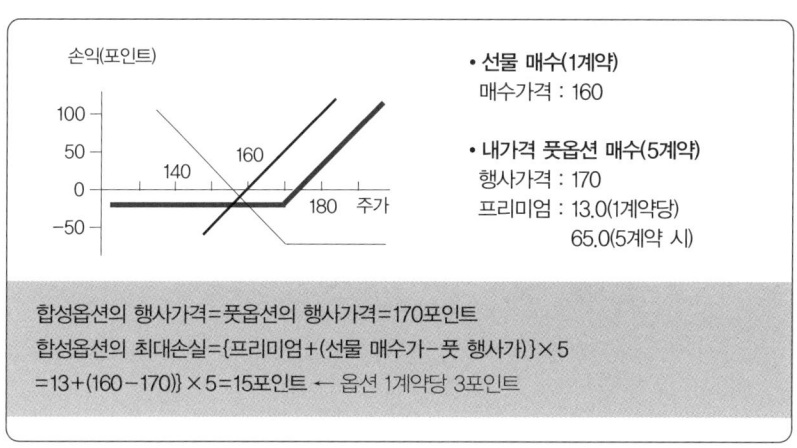

| 합성옵션의 행사가격=풋옵션의 행사가격=170포인트
| 합성옵션의 최대손실={프리미엄+(선물 매수가−풋 행사가)}×5
| =13+(160−170)}×5=15포인트 ← 옵션 1계약당 3포인트

| 합 성 콜 옵 션 매 도 |

- 합성 콜옵션 매도=선물 매도+풋 매도

내가격 콜옵션 매도 합성

선물 1계약을 160포인트에서 매도함과 동시에 행사가격 150짜리 외가격 풋옵션을 프리미엄 3포인트에 5계약 매도하면, 행사가격 150짜리 내가격 콜옵션을 프리미엄 13포인트에 5계약 매도한 것과 동일한 효과가 납니다.

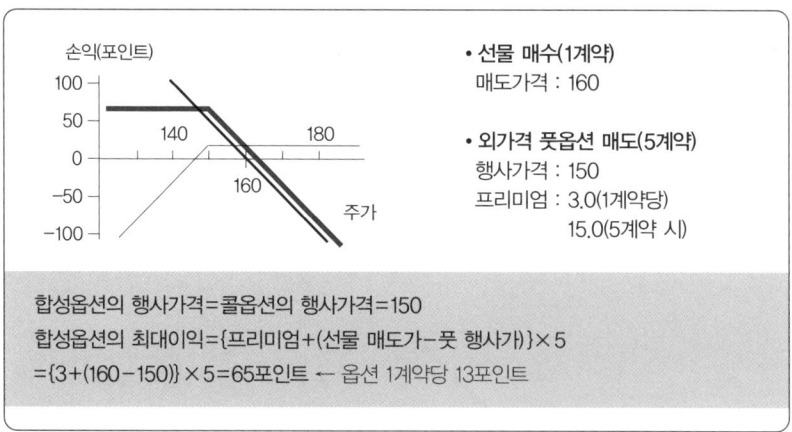

외가격 콜옵션 매도 합성

선물 1계약을 160포인트에서 매도함과 동시에 행사가격 170짜리 내가격 풋옵션을 프리미엄 13포인트에 5계약 매도하면, 행사가격 170짜리 외가격 콜옵션을 프리미엄 3포인트에 5계약 매도한 것과 동일한 효과가 납니다.

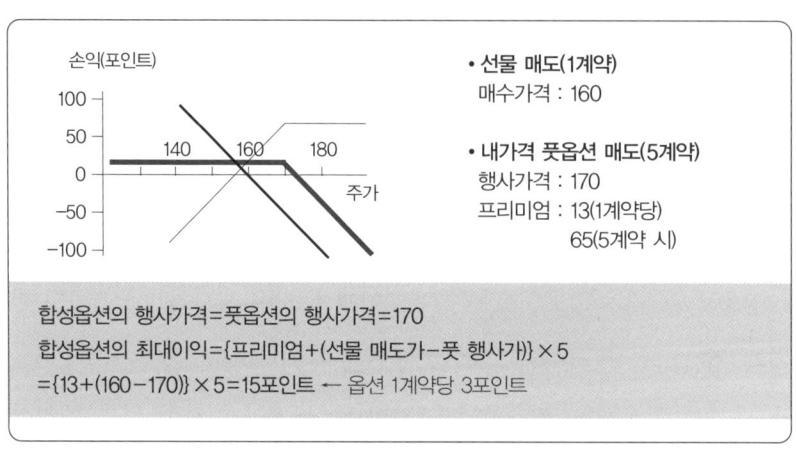

|합성 풋옵션 매수|

- 합성 풋옵션 매수=선물 매도+콜 매수

내가격 풋옵션 매수 합성

선물 1계약을 160포인트에서 매도함과 동시에 행사가격 170짜리 외가격 콜옵션을 프리미엄 4포인트에 5계약 매수하면, 행사가격 170짜리 내가격 풋옵션을 프리미엄 14포인트에 5계약 매수한 것과 동일한 효과가 납니다.

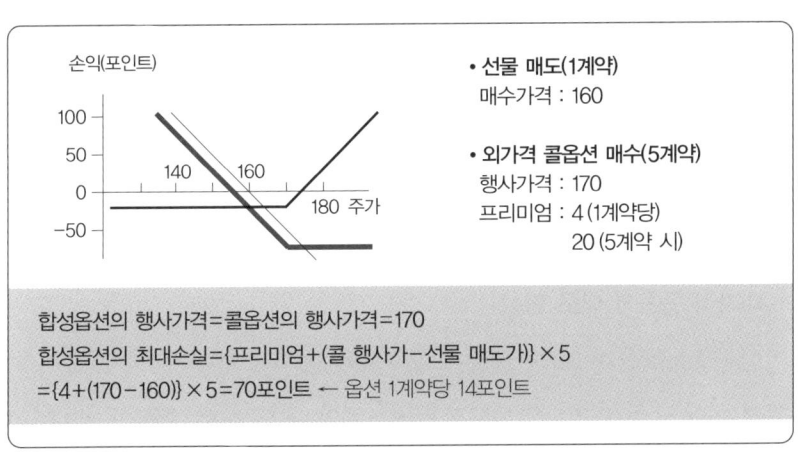

외가격 풋옵션 매수 합성

선물 1계약을 160포인트에서 매도함과 동시에 행사가격 150짜리 내가격 콜옵션을 프리미엄 14포인트에 5계약 매수하면, 행사가격 150짜리 외가격 풋옵션을 프리미엄 4포인트에 5계약 매수한 것과 동일한 효과가 납니다.

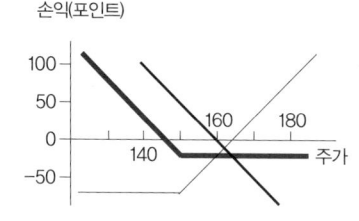

- 선물 매도(1계약)
  매수가격 : 160

- 내가격 콜옵션 매수(5계약)
  행사가격 : 150
  프리미엄 : 14(1계약당)
            70(5계약 시)

합성옵션의 행사가격=콜옵션의 행사가격=150
합성옵션의 최대손실={프리미엄+(콜 행사가−선물 매도가)}×5
={14+(150−160)}×5=20포인트 ← 옵션 1계약당 4포인트

| 합 성 풋 옵 션 매 도 |

- 합성 풋옵션 매도=선물 매수+콜 매도

내가격 풋옵션 매도 합성

선물 1계약을 160포인트에서 매수함과 동시에 행사가격 170짜리 외가격 콜옵션을 프리미엄 4포인트에 5계약 매도하면, 행사가격 170짜리 내가격 풋옵션을 프리미엄 14포인트에 5계약 매도한 것과 동일한 효과가 납니다.

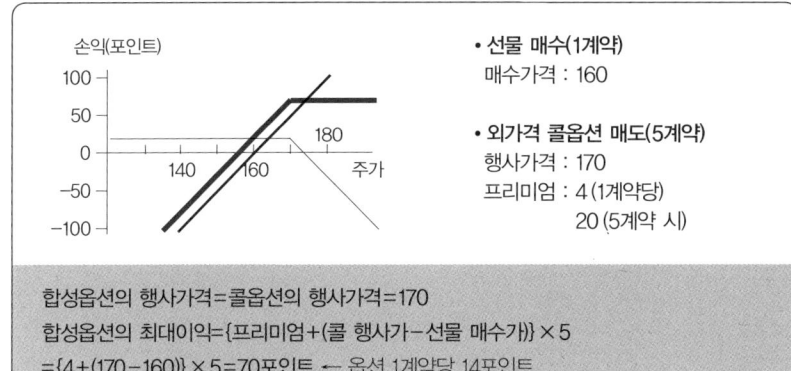

외가격 풋옵션 매도 합성

선물 1계약을 160포인트에서 매수함과 동시에 행사가격 150짜리 내가격 콜옵션을 프리미엄 14포인트에 5계약 매도하면, 행사가격 150짜리 외가격 풋옵션을 프리미엄 4포인트에 5계약 매도한 것과 동일한 효과가 납니다.

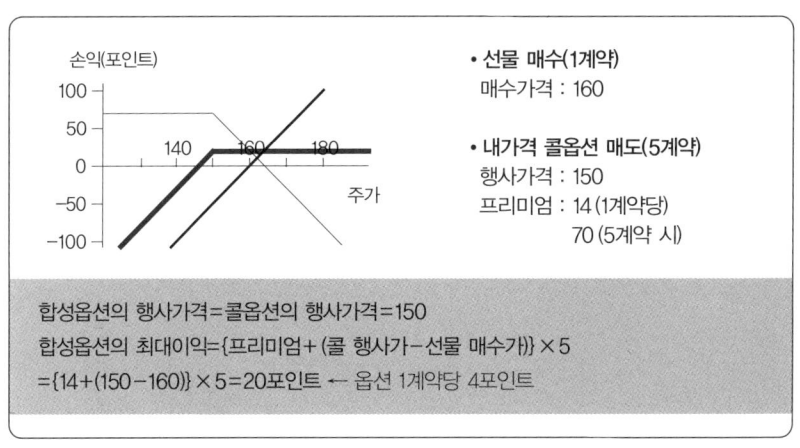

| KEY | 옵션 리스크 관리

옵션을 매수한 뒤 곧바로 손실이 발생하는 경우에는 투자자 자신이 감당할 수 있는 범위 내에서 손절매(loss cut)하는 자세가 절대 필요합니다. 옵션매수 대금이 한정된 리스크라고 해서 자신의 투자판단이 잘못됐음에도 만기까지 기다리는 투자자세는 바람직하지 않습니다. 외가격 옵션을 매수하여 대박의 요행을 바라다가 결국 휴지조각으로 날려버린 경험이 있는 투자자들이 유념할 사항입니다.

 컨버전과 리버스 컨버전의 차이점은 뭔가요

컨버전과 리버스 컨버전은 선물과 옵션 간의 일시적인 가격차이를 이용한 무위험 차익거래 전략입니다.

합성선물과 합성옵션의 개념을 가지고 옵션을 이용한 차익거래를 할 수 있습니다. 먼저 컨버전과 리버스 컨버전은 선물과 옵션 간의 일시적인 가격차이를 이용하여 무위험이익을 얻고자 하는 차익거래 방법으로서, 기본적인 구성방법은 '선물'과 '옵션으로 만든 합성선물'과의 조합으로 이루어집니다.

다음의 컨버전과 리버스 컨버전의 그래프를 보면 합성 포지션의 수평선을 나타내고 있습니다. 이는 주가가 오르거나 내리거나 상관없이 만기일에 일정한 수익이 보장되는 것을 의미합니다.

| 선물 매수 (저평가된) | + | 합성선물 매도 (고평가된) | = | 컨버전 |
| 선물 매도 (고평가된) | + | 합성선물 매수 (저평가된) | = | 리버스 컨버전 (=리버설) |

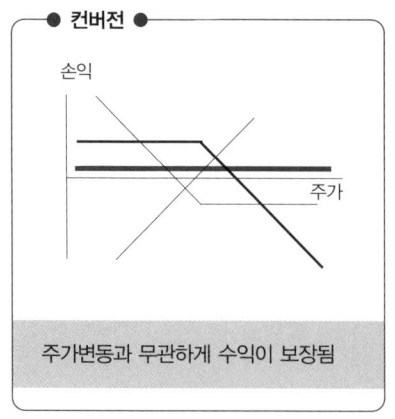

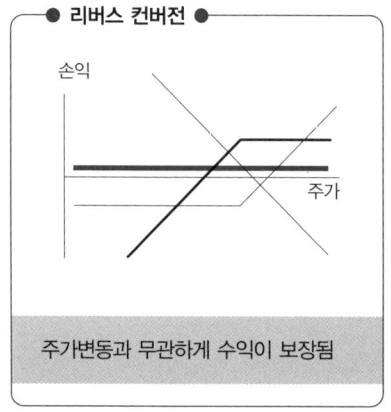

컨버전은 선물가격이 저평가되어 있거나 고평가된 합성선물 포지션을 구성할 수 있을 때, 선물을 매수하고 합성선물을 매도하여 구성합니다. 컨버전에서 고평가된 합성선물을 구성하기 위해서는 고평가된 콜옵션을 매도하고 저평가된 풋옵션을 매수하면 됩니다.

리버스 컨버전은 선물가격이 고평가되어 있거나 저평가된 합성선물포지션을 구성할 수 있을 때, 선물을 매도하고 합성선물을 매수하여 구성합니다. 리버스 컨버전에서 저평가된 합성선물을 구성하기 위해서는 저평가된 콜옵션을 매수하고 고평가된 풋옵션을 매도하면 됩니다.

컨버전이나 리버스 컨버전을 성공적으로 구성하면 구성한 시점에서 확실하게 이익이 확보됩니다. 성공적으로 구성한 후 만기일까지 보유하기만 하면 만기일의 주가지수에 무관하게 언제나 이익이 납니다.

| 컨 버 전 |

다음의 그래프는 고평가된 콜옵션 5계약을 매도하고 저평가된 풋옵션을 5계약 매수하여 고평가된 합성선물 매도포지션을 구성함과 동시에 저평가된 선물 1계약을 매수하여 컨버전을 구성한 그래프입니다.

```
컨버전  =  저평가된 선물 매수  +  고평가된 합성선물 매도

        =  저평가된 선물 매수  +  고평가된 콜 매도

                                  저평가된 풋 매수
```

그래프에서 굵은 수평선으로 나타나 있는 것이 컨버전 그래프인데, 손익그래프는 15포인트인 수평선을 나타내고 있습니다. 이것은 주가가 오르든 내리든 상관없이 만기일이 되면 15포인트의 일정한 수익을 올릴 수 있음을 의미하는데, 옵션 1포인트당 10만 원을 고려하면 만기일에 150만 원의 이익이 보장됩니다.

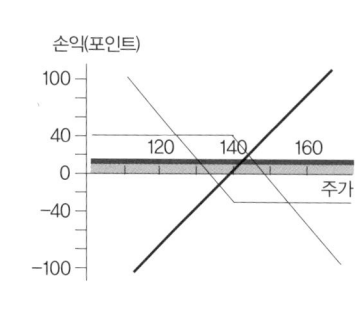

컨버전의 손익은 다음과 같습니다.

- 이익=(옵션행사가+콜 프리미엄-풋 프리미엄-선물매수가) × 옵션계약수
  = (140+8-6-139)×5계약 =15포인트
  = 15포인트×10만 원 =150만 원 이익

|리버스 컨버전(리버설)|

아래 그래프는 저평가된 콜옵션 5계약을 매수하고 고평가된 풋옵션을 5계약 매도하여 저평가된 합성선물 매수포지션을 구성함과 동시에 고평가된 선물 1계약을 매도하여 컨버전을 구성한 그래프입니다.

그래프상에서 굵은 수평선으로 나타나 있는 것이 리버스 컨버전 그래프인데, 손익그래프는 10포인트의 수평선을 나타내고 있습니다.

이것은 주가가 오르든 내리든 상관없이 만기일이 되면 10포인트의 일정한 수익을 올릴 수 있음을 의미하는데, 옵션 1포인트당 10만 원을 고려하면 만기일에 100만 원의 이익이 보장됩니다.

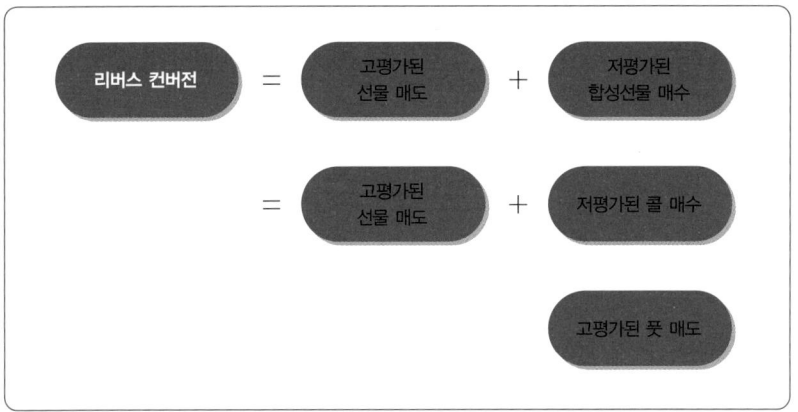

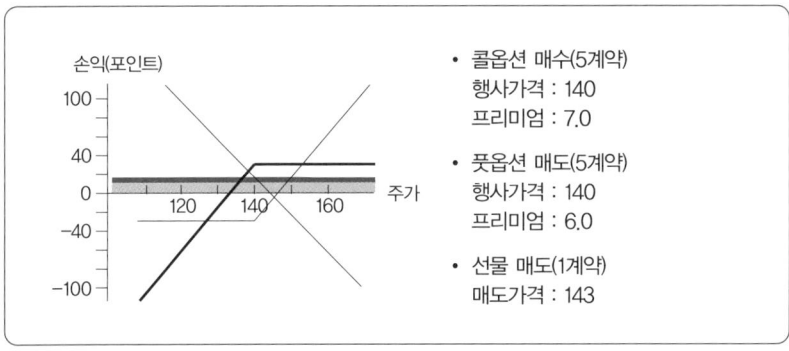

리버스 컨버전의 손익은 다음과 같습니다.

- 이익=(선물 매도가+풋 프리미엄-콜 프리미엄-옵션행사가)×옵션계약수
  =(143+6-7-140)×5계약=10포인트
  =10포인트×10만 원=100만 원 이익

| KEY | **반드시 수익이 나는 옵션 차익거래**

　　컨버전이나 리버스 컨버전, 크레딧 박스, 데빗 박스의 그래프를 보면 합성 포지션의 그래프가 수평선을 하고 있습니다. 이 수평선의 의미는 차익거래 포지션을 성공적으로 구성하기만 하면, 주가가 오르거나 내리거나 상관없이 만기일이 되면 수익을 취할 수 있음을 뜻합니다.

크레딧 박스와 데빗 박스도 수익이 보장되나요

크레딧 박스는 프리미엄이 싼 옵션을 매수하고 비싼 옵션을 매도하여 구성합니다.

크레딧 박스와 데빗 박스는 선물은 이용하지 않고 옵션만으로 구성하는데, 이는 옵션 간의 일시적인 가격차이를 이용하여 무위험이익을 얻고자 하는 차익거래이기 때문입니다.

기본적인 구성 방법은 행사가격이 다른 두 종류의 합성선물을 하나는 매수하고 하나는 매도하는 조합으로 이루어집니다.

크레딧 박스는 높은 행사가격의 옵션으로 합성선물 매수포지션을 구성하고 낮은 행사가격의 옵션으로 합성선물 매도포지션을 구성합니다.

| 합성선물 매수 (행사가격이 높은 것) | + | 합성선물 매도 (행사가격이 낮은 것) | = | 크레딧 박스 |
| 합성선물 매수 (행사가격이 낮은 것) | + | 합성선물 매도 (행사가격이 높은 것) | = | 데빗 박스 |

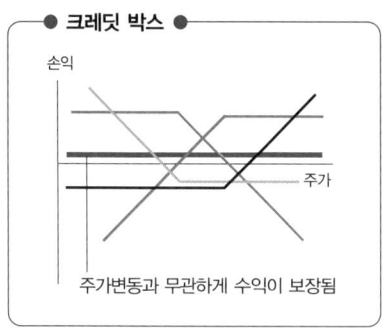

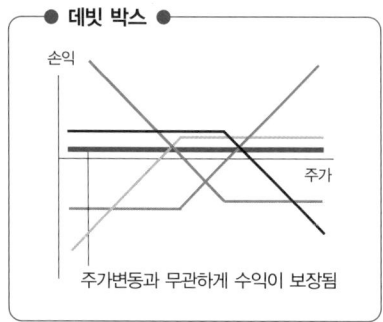

데빗 박스는 낮은 행사가격의 옵션으로 합성선물 매수포지션을 구성하고 높은 행사가격의 옵션으로 합성선물 매도포지션을 구성합니다.

합성선물을 구성할 때, 저평가된 합성선물 매수 포지션을 구성하기 위해서는 저평가된 콜옵션을 매수하고 고평가된 풋옵션을 매도하면 되며, 고평가된 합성선물 매도포지션을 구성하기 위해서는 고평가된 콜옵션을 매도하고 저평가된 풋옵션을 매수하면 됩니다.

크레딧 박스나 데빗 박스도 성공적으로 구성하면 구성한 시점에 확실하게 이익이 확보됩니다. 성공적으로 구성한 후 만기일까지 보유하기만 하면 만기일의 주가지수에 무관하게 언제나 이익이 납니다.

| 크 레 딧 박 스 |

다음 그래프에서 굵은 수평선으로 나타나 있는 것이 크레딧 박스의 손익그래프입니다. 수평선의 값은 2.0포인트를 가리키고 있는데, 이것은 주가가 오르든 내리든 등락에 상관없이 만기일이 되면 2.0포인트의 일정한 수익을 올릴 수 있음을 의미합니다. 포지션을 구성할 때 옵션을 1계약씩 사용했다면 만기일에 20만 원(2포인트×10만 원×1계약)의 이익이 보장됩니다.

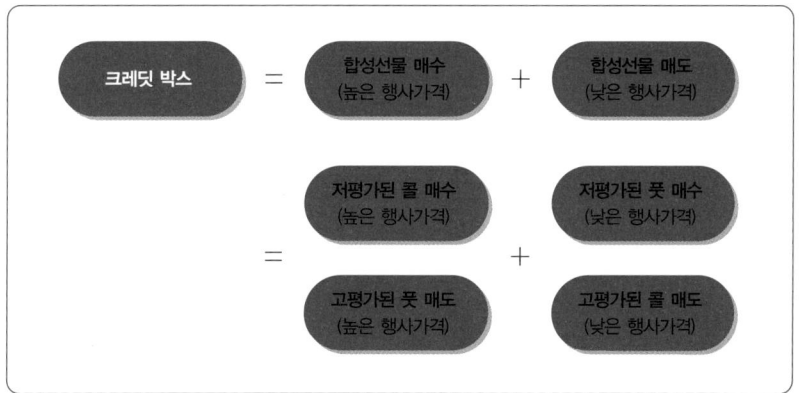

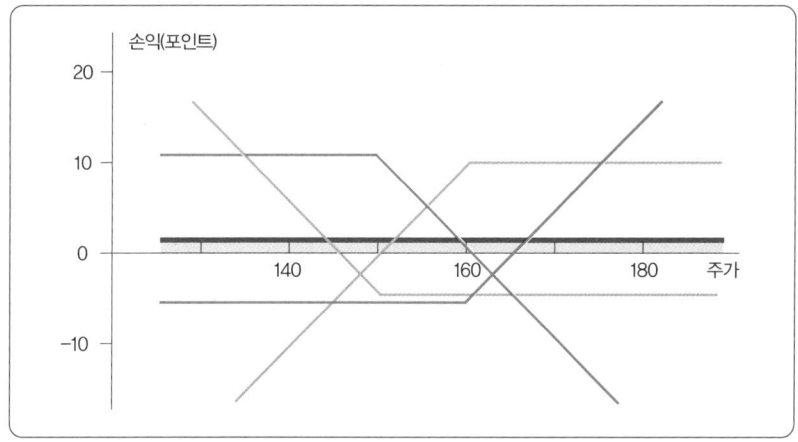

합성선물 매수	+	합성선물 매도
· 콜옵션 매수 　행사가격 : 160 　프리미엄 : 5.00 · 풋옵션 매도 　행사가격 : 160 　프리미엄 : 10.00		· 풋옵션 매수 　행사가격 : 150 　프리미엄 : 4.00 · 콜옵션 매도 　행사가격 : 150 　프리미엄 : 11.00

크레딧 박스는 프리미엄이 싼 옵션을 매수하고 비싼 옵션을 매도하여 구성하기 때문에 포지션 설정 초기에 현금 유입이 발생합니다. 그러나 만기가 되면 두 개의 합성선물 간의 행사가격의 차이만큼의 손실이 발생합니다. 따라서 크레딧 박스의 손익은 '프리미엄 수입'에서 '합성옵션이 행사가격의 차이'를 뺀 값으로 나타납니다.

크레딧 박스의 손익은 다음과 같습니다.

- 이익=(매도 프리미엄 합계−매수 프리미엄 합계)−(높은 행사가−낮은 행사가)
　　　=(10+11−5−4)−(160−150)=2.0포인트

|데 빗 박 스|

다음 그래프에서 굵은 수평선으로 나타나 있는 것이 데빗 박스의 손익그래프입니다. 수평선의 값은 1.0포인트를 가리키고 있는데, 이것은 주가가 오르든 내리든 등락에 상관없이 만기일이 되면 1.0포인트의 일정한 수익을 올릴 수 있음을 의미합니다. 포지션을 구성할 때 옵션을 1계약씩 사용했다면 만기일에 10만 원(1.0포인트×10만 원×1계약)의 이익이 보장됩니다.

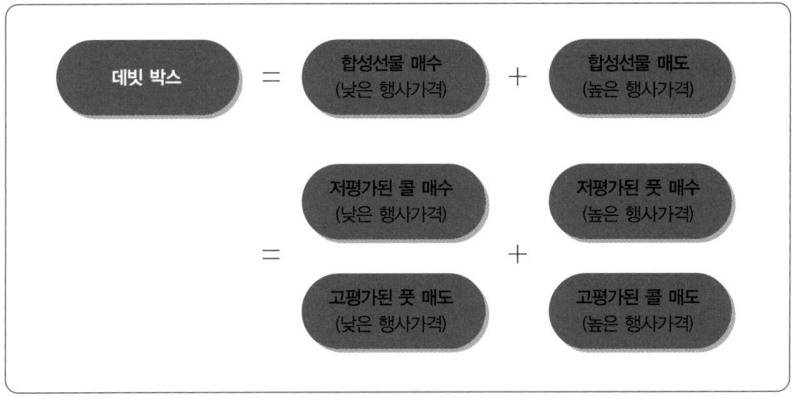

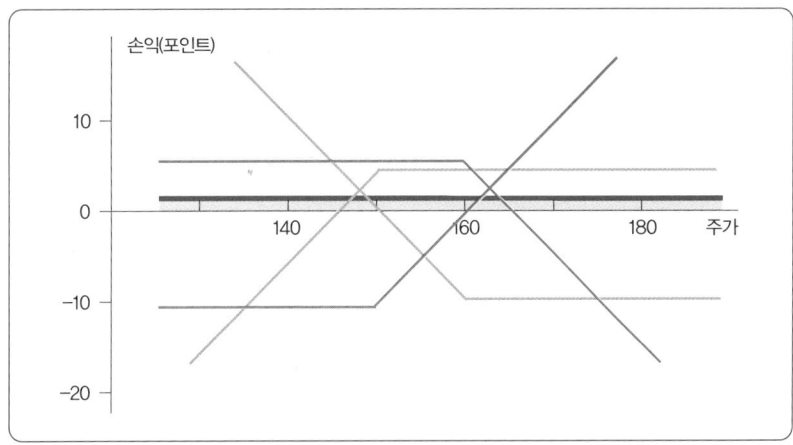

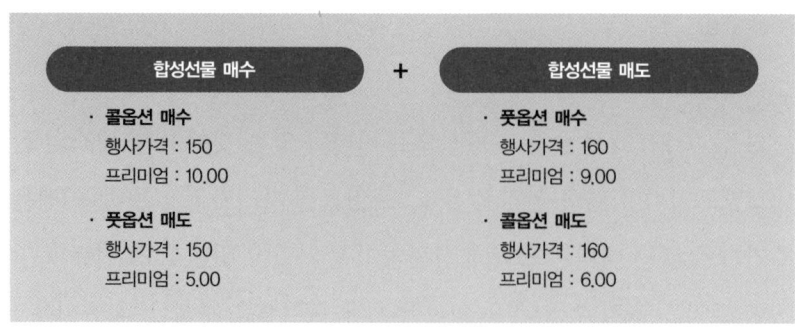

데빗 박스는 프리미엄이 싼 옵션을 매도하고 비싼 옵션을 매수하여 구성하기 때문에 포지션 설정 초기에 현금 지출이 발생합니다. 그러나 만기가 되면 두 개의 합성선물 간의 행사가격의 차이만큼의 수익이 발생합니다. 따라서 데빗 박스의 손익은 '프리미엄 수입'에 '합성옵션의 행사가격의 차이'를 더한 값으로 나타납니다.

데빗 박스의 손익은 다음과 같습니다.

- 이익=(매도 프리미엄 합계−매수 프리미엄 합계)+(높은 행사가−낮은 행사가)
  =(5+6)−(10+9)+10=2포인트

최고의 옵션전략이란 어떤 것인가요

어떤 옷을 입을까를 생각하기 전에 계절을 먼저 고려하듯이 어떤 전략을 사용할지 생각하기 전에 장세를 먼저 살피는 것이 중요합니다.

앞에서 살펴본 바와 같이 옵션을 이용하면 주변 상황에 대응하여 카멜레온처럼 변화무쌍한 전략을 구사할 수 있습니다. 이 책에 소개한 이론과 전략을 마스터하면 시장의 흐름을 따라가며 보다 안전하고 편안한 마음으로 매매에 임할 수 있습니다.

그러나 아무리 멋있어 보이는 선물·옵션의 조합이라도 장세의 예측이 맞아야 수익이 납니다.

옵션투자에서 초보자들이 저지르는 오류 중에 하나로서 장세의 변화를 예측하기보다 선물·옵션의 조합 구성에만 몰두하여 거래비용의 부담을 키우거나, 애써 얻은 미청산 이익을 시간가치 소멸과 함께 날려버리거나, 손절매 기회를 놓치는 경우가 아주 많습니다.

옷을 입을 때 콤비를 입을지 정장을 입을지 캐주얼을 입을지를 생각하기 전에 지금이 겨울인지 여름인지 계절을 먼저 고려해야 하는 것과 마찬가지로, 어떤 전략을 구성할까를 생각하기 전에 지금이 상승장인지 하락장인지 변동성은 어떠한지 그리고 만기일까지는 얼마나 남았

는지 등을 먼저 살피고 그에 맞는 전략을 사용하는 것이 당연한 순서입니다.

그리고 이러한 내용을 충분히 고려하여 조합을 구성했더라도 시장상황이 변하는 경우에는 포지션을 정리하거나, 선물이나 다른 옵션을 이용하여 포지션을 시장흐름에 맞게 변경하는 신속한 대응전략이 필요합니다.

> **|KEY| 선물·옵션 거래규칙에 대한 변경정보를 알려면**
>
> 선물시장 업무규정과 시행세칙은 주변상황에 따라 수시로 개정이 되며, 개정내용은 증권선물거래소(http://www.krx.co.kr) 홈페이지를 방문하면 확인할 수 있습니다.

옵션가격은 주가에 따라 얼마나 오르내릴까?

옵션의 이론가격은 주가의 등락과 잔존일수의 감소 그리고 변동성에 따라 도대체 어느 정도 오르고 내릴까요?

주가가 오르내릴 때 어떤 옵션은 수십 배의 가격변동이 발생하는가 하면 어떤 옵션은 꼼짝하지 않기도 합니다.

때문에 대부분의 옵션투자자들은 주가변동이나 잔존일수에 따라 옵션의 가격이 얼마나 오르내리는지 도무지 종잡을 수가 없다고 합니다.

현물주식의 경우와 마찬가지로 옵션의 시장가격 역시 수요와 공급 원칙에 따라 결정되며, 이론가격과는 괴리를 보이기도 합니다.

지금까지 공부한 이론을 바탕으로 이 절에서 소개하는 콜옵션과 풋옵션의 이론가격 그래프를 보면서 '주가의 등락'과 '잔존일수의 감소' 그리고 '변동성의 변화'가 옵션의 가격에 어느 정도의 영향을 미치는지 개념정리를 하시기 바랍니다.

옵션의 가격은 내재가치에 시간가치를 더한 값입니다.

콜옵션이나 풋옵션 모두 옵션의 실질적인 가치는 내재가치이지만, 옵션투자에서 옵션은 내재가치로 거래되는 것이 아니라 앞으로 내재가치가 더 커질 것이라는 기대만큼 더 비싸게 거래가 됩니다.

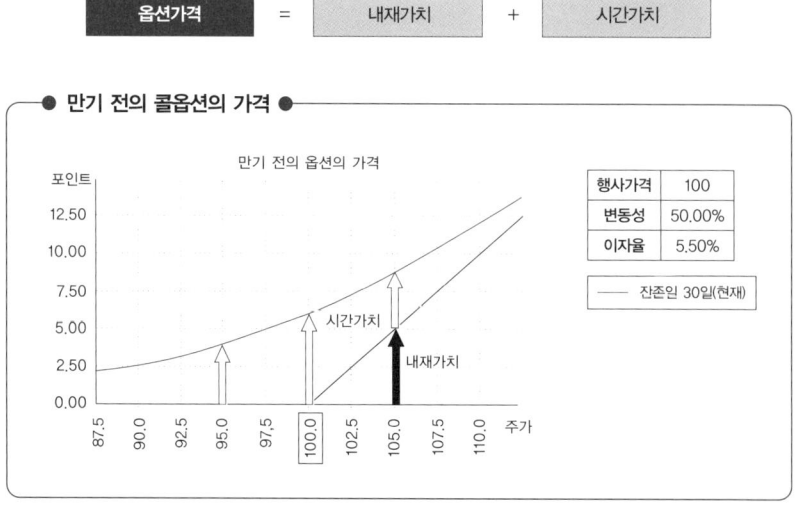

● 만기 전의 콜옵션의 가격 ●

이 기대값을 옵션의 시간가치라고 하는데, 따라서 내재가치와 시간가치의 합이 옵션의 가격이 됩니다.

시간가치는 등가격옵션에서 가장 큽니다.

이 시간가치는 주식거래나 선물거래에는 없고 옵션거래에만 있는 개념인데, 내재가치는 주가와 행사가격의 영향을 받지만, 시간가치는 변동성과 잔존기간과 이자율의 영향을 받습니다.

시간가치는 옵션을 제대로 이해하기 위한 핵심이론인 동시에 실제 옵션 투자에서도 "옵션투자는 시간가치를 사고파는 것이다"라고 할 만큼 시간가치는 중요합니다.

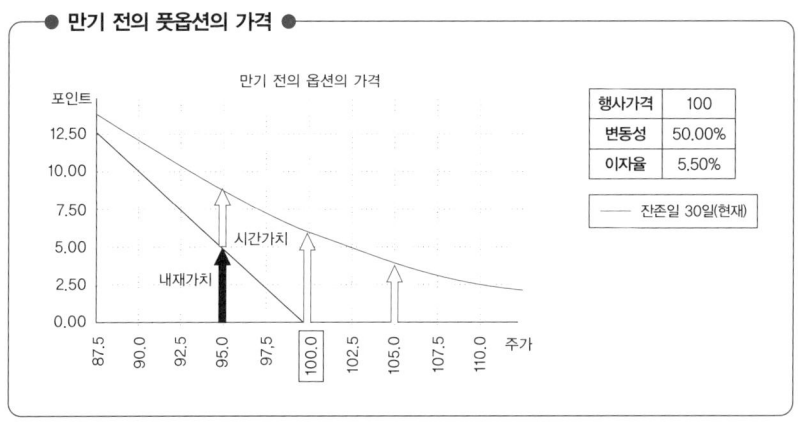

콜옵션이나 풋옵션 모두 시간가치는 등가격옵션에서 가장 큽니다.

옵션의 시간가치는 시간이 지날수록 감소합니다.

옵션은 주가가 횡보를 하더라도 잔존기간이 줄어들면 콜옵션과 풋옵션은 모두 가격이 떨어집니다. 옵션의 시간가치는 시간이 지날수록 점점 감소하기 때문이지요.

다음 그래프는 행사가격이 100짜리인 콜옵션이, 주가와 변동성 등 다른 조건이 동일한 경우에, 만기일이 다가올수록 옵션의 가치가 하락하는 모양을 나타내고 있습니다.

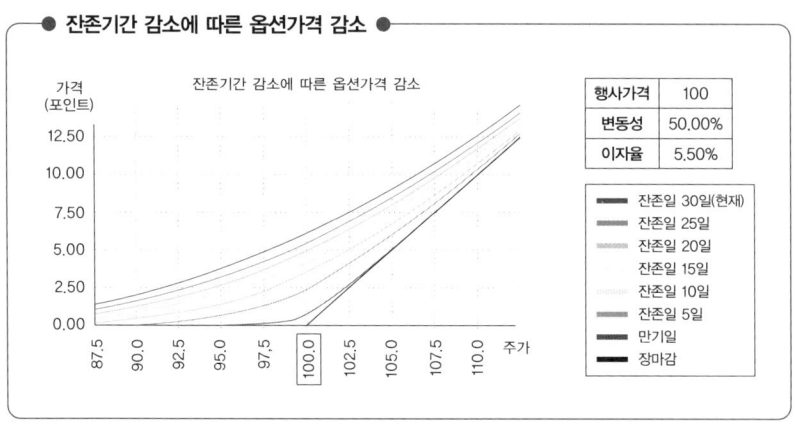

맨 위의 그래프가 잔존기간이 30일 남았을 때의 주가별 옵션의 가치를 나타낸 그래프이고, 맨 아래 직선 그래프가 옵션 만기일 장 마감후의 옵션의 가치를 나타낸 그래프입니다.

옵션은 만기일이 되면 시간가치는 사라지고 내재가치만 남습니다.

수직으로 그은 화살표는, 행사가격 100짜리 옵션이 주가 95에서 횡보할 때와 주가 100에서 횡보할 때 그리고 주가 105에서 횡보할 때, 만기일까지 각각 한 달 동안에 시간가치가 감소하는 모양을 보여주고 있습니다.

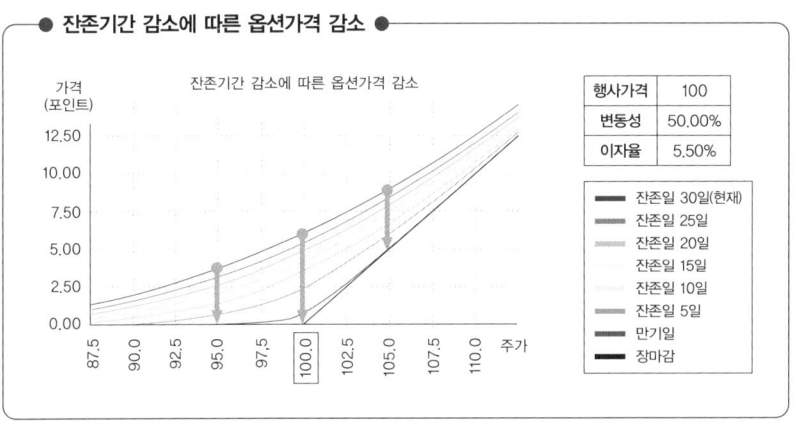

시간가치의 하락은 등가격옵션에서 가장 큰데, 행사가격 100짜리 콜옵션은 만기일에 주가가 100포인트 이하로 떨어지면 옵션의 가치는 제로가 되고 주가가 100포인트보다 오르면 내재가치만 남습니다.

잔존기간 감소에 따른 행사가격 100짜리 콜옵션의 이론가치

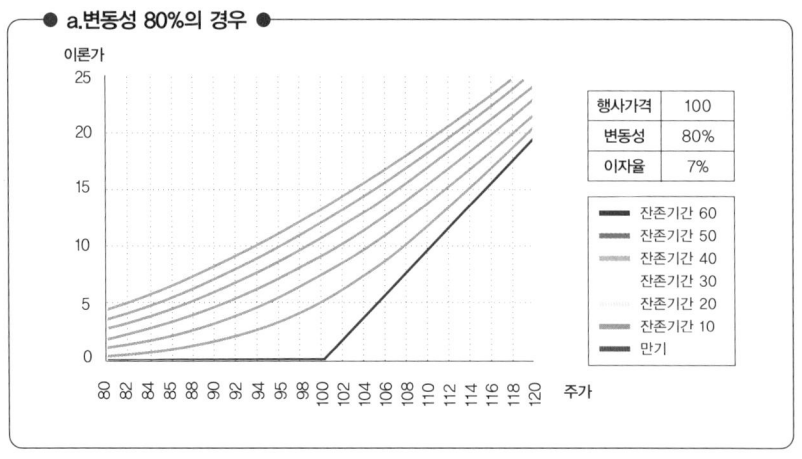

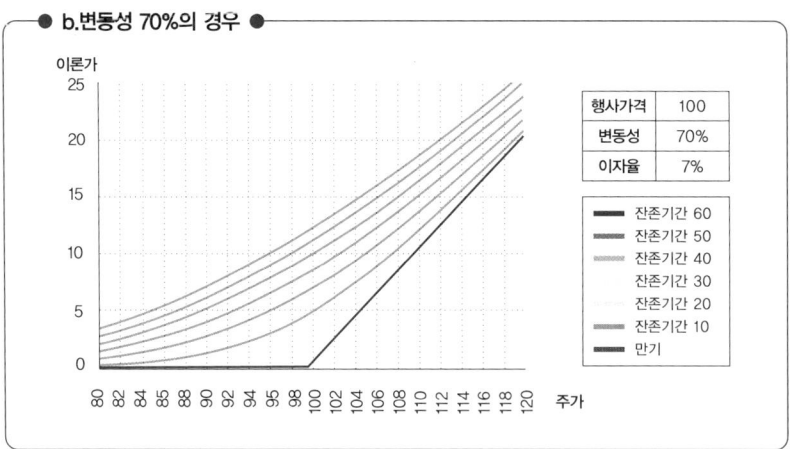

4개의 그래프에 보이는 곡선은 잔존기간이 60일, 50일, 40일, 30일, 20일, 10일 남았을 때의 콜옵션의 이론가치를 나타내고 있습니다. 잔존기간이 줄어들수록 옵션의 가치가 얼마나 하락하는지 확인해보기 바랍니다.

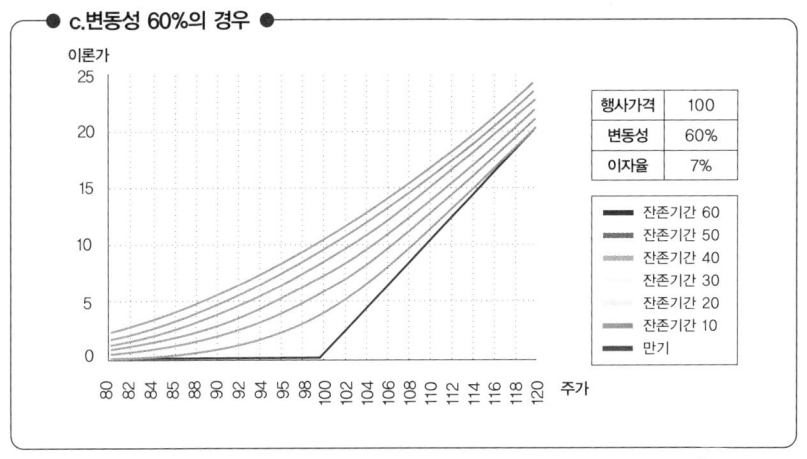

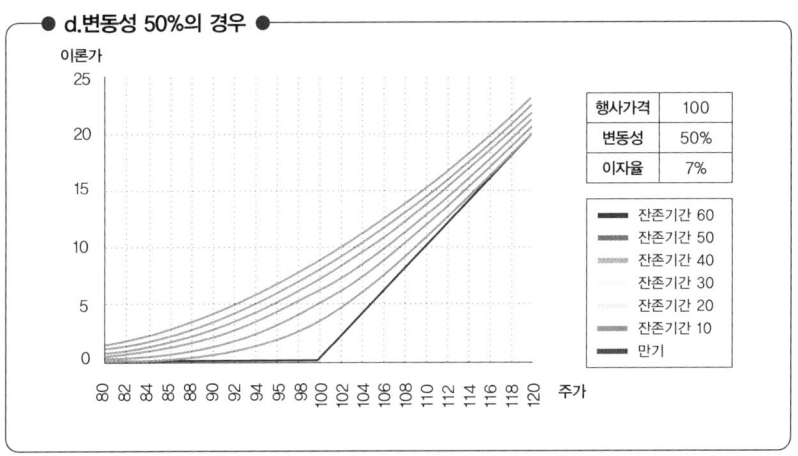

    4개의 그래프는 각각 변동성이 80%, 70%, 60%, 50% 인 경우의 콜옵션의 이론가치를 비교하고 있습니다. 변동성에 따라 옵션의 이론가치가 어느 정도 차이가 나는지 살펴보기 바랍니다.

잔존기간 감소에 따른 행사가격 100짜리 풋옵션의 이론가치

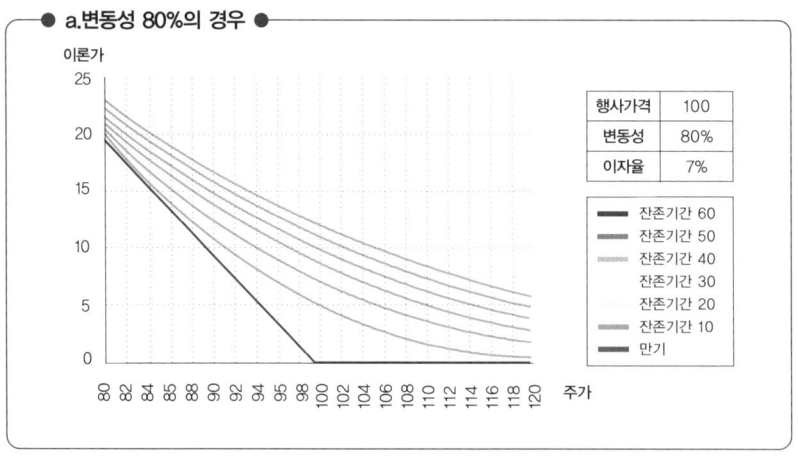

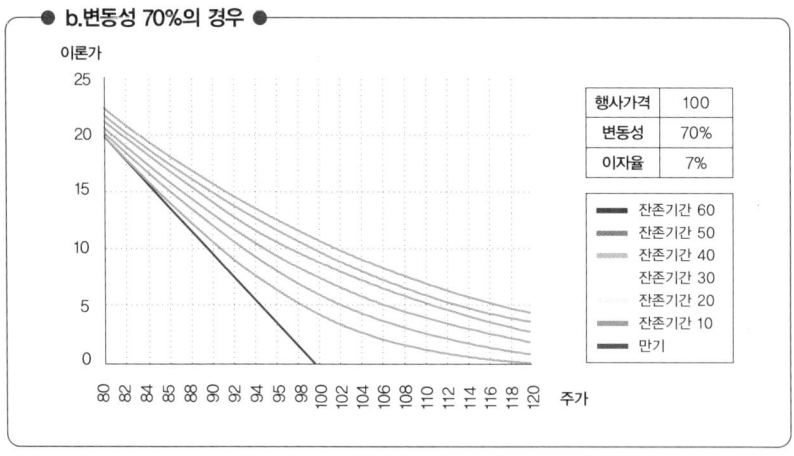

4개의 그래프에 보이는 곡선은 잔존기간이 60일, 50일, 40일, 30일, 20일, 10일 남았을 때의 풋옵션의 이론가치를 나타내고 있습니다. 잔존기간이 줄어들수록 옵션의 가치가 얼마나 하락하는지 확인해보기 바랍니다.

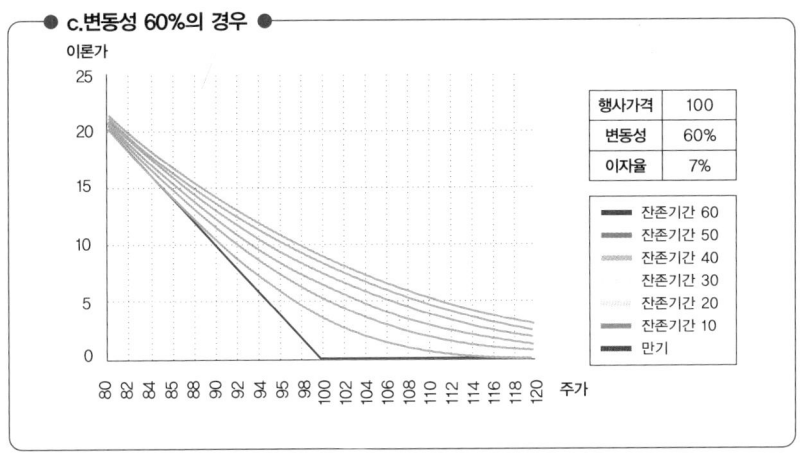

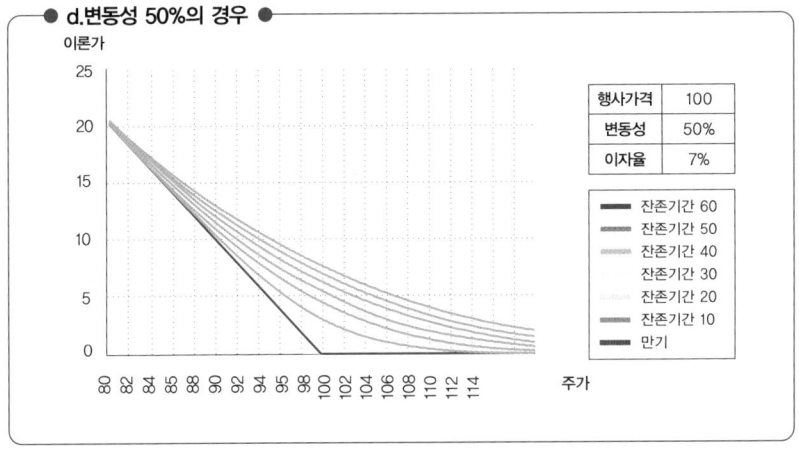

　4개의 그래프는 각각 변동성이 80%, 70%, 60%, 50% 인 경우의 풋옵션의 이론가치를 비교하고 있습니다. 변동성에 따라 옵션의 이론가치가 어느 정도 차이가 나는지 살펴보기 바랍니다.

변동성 변화에 따른 행사가격 100짜리 콜옵션의 이론가치

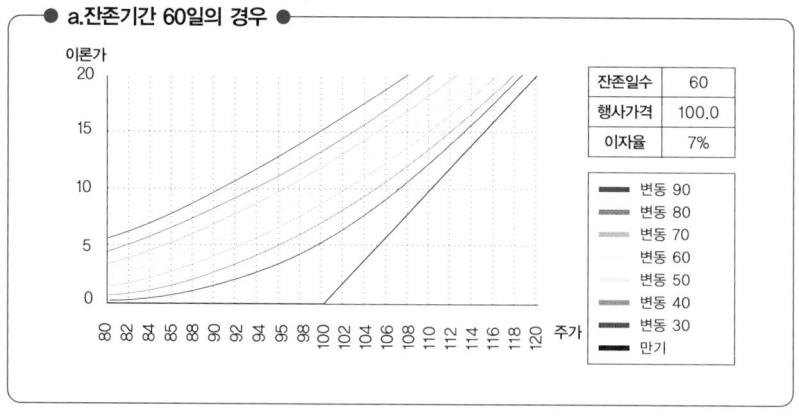

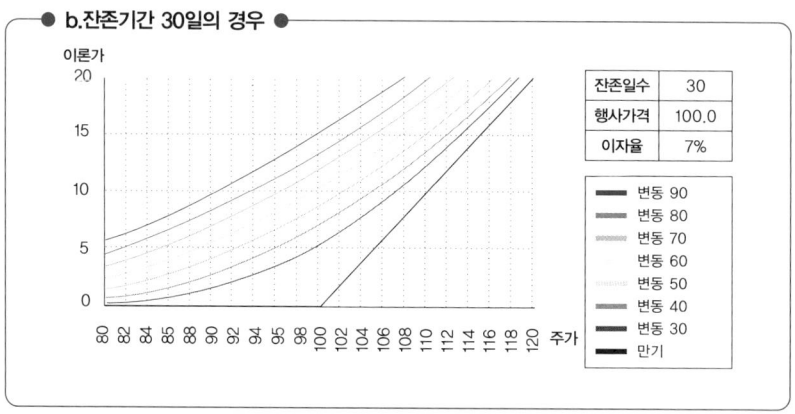

4개의 그래프에 보이는 곡선은 변동성이 90%, 80%, 70%, 60%, 50%, 40%, 30% 때의 콜옵션의 이론가치를 나타내고 있습니다. 각각의 그래프 마다 변동성에 따라 옵션의 이론가치가 어느 정도 차이가 나는지 확인해보기 바랍니다.

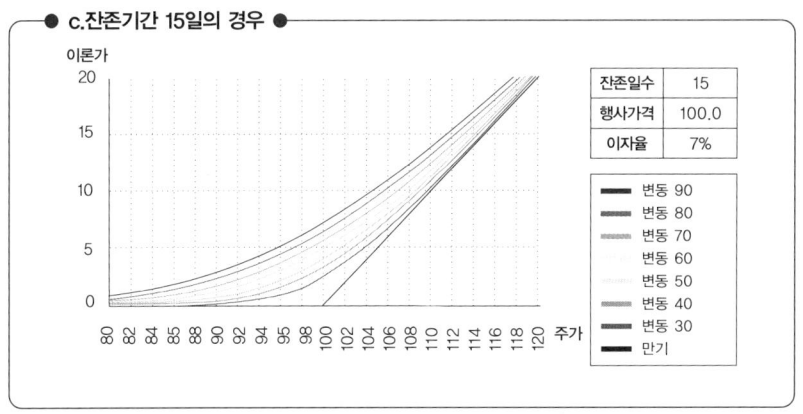

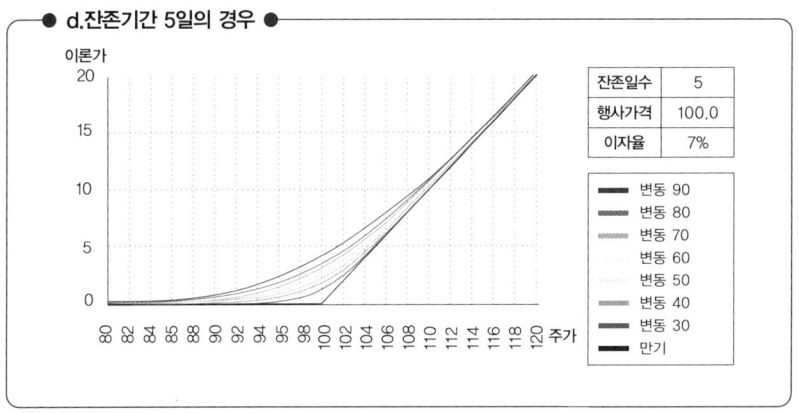

4개의 그래프는 각각 잔존기간이 60일, 30일, 15일, 5일인 경우의 콜옵션의 이론가치를 비교하고 있습니다. 만기일이 다가올수록 옵션의 가치가 얼마나 하락하는지 살펴보기 바랍니다.

변동성 변화에 따른 행사가격 100짜리 풋옵션의 이론가치

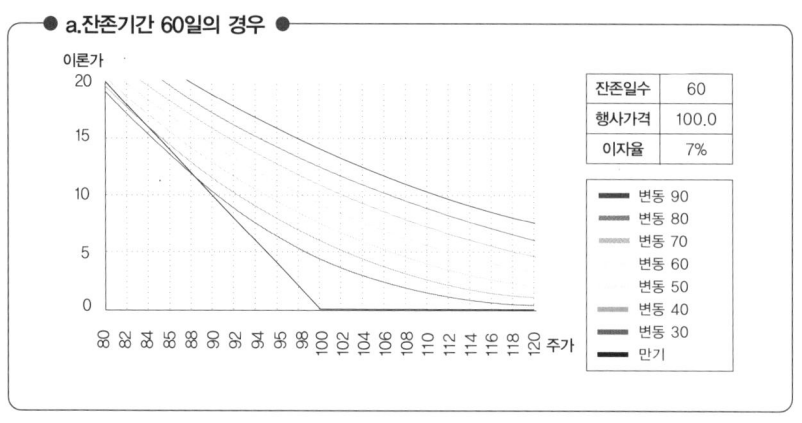

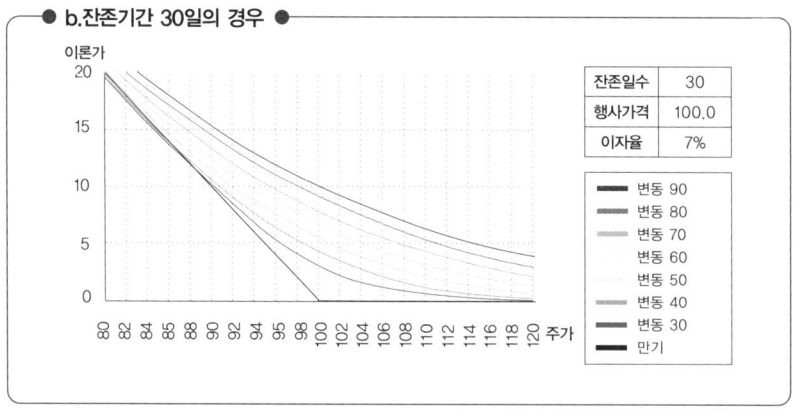

4개의 그래프에 보이는 곡선은 변동성이 90%, 80%, 70%, 60%, 50%, 40%, 30% 때의 풋옵션의 이론가치를 나타내고 있습니다. 각각의 그래프 마다 변동성에 따라 옵션의 이론가치가 어느 정도 차이가 나는지 확인해보기 바랍니다.

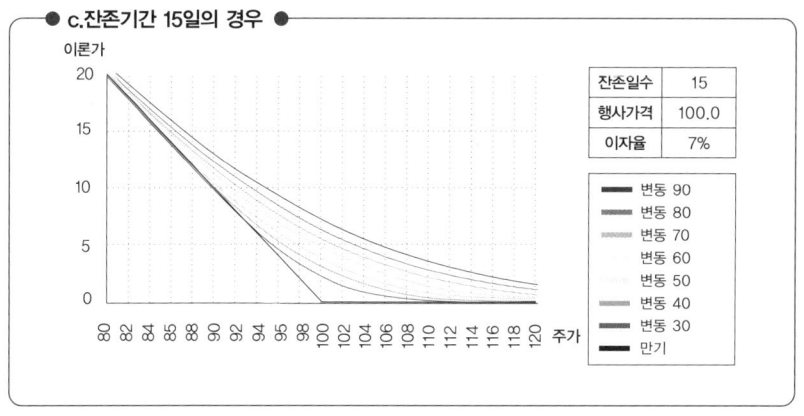

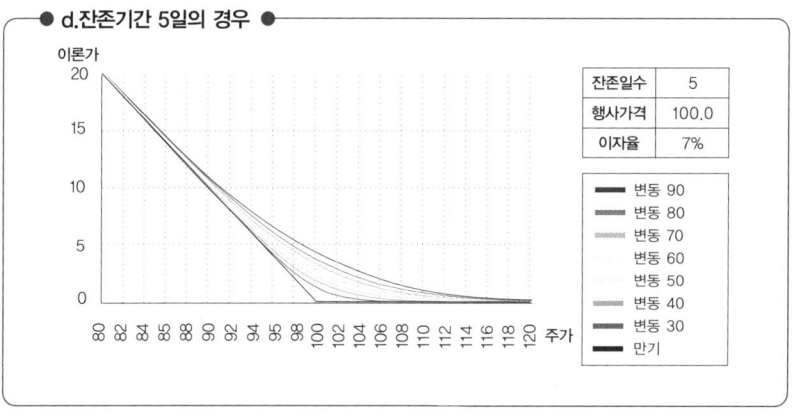

 4개의 그래프는 각각 잔존기간이 60일, 30일, 15일, 5일인 경우의 풋옵션의 이론가치를 비교하고 있습니다. 만기일이 다가올수록 옵션의 가치가 얼마나 하락하는지 살펴보기 바랍니다.